일본의 명품 장인에게 배운다

가죽공예로 만드는 브랜드 백

ㅁㅅㄴ

기술과 정성을 담아
최적의 비용으로 만드는
최고의 명품 가방

가방, 지갑 등 가죽제품은 모두 프로가 가진 최고의 기술을 모두 사용해 만들어진다고 여겨지지만 사실은 좀 다르다. 프로는 시간, 비용, 생산 효율 등을 고려하고 제작자의 전문성 등 여러 제약 하에서 가장 효과적인 제작 방법을 고른다.

명품 가방 제작이란, 단순히 장사를 넘어 품질을 우선해서 제작한 제품을 발매해서 물건을 파는 전략이다. 브랜드사에서는 제조 과정에서 전문적 지식을 가진 장인이 분업해서 생산하기 때문에 제품 품질로서는 최고의 레벨이다. 그러나 그렇다 하더라도 제품인 이상 비용이나 생산성을 고려해야만 한다.

이 책에서는, 상업성에 대한 제약은 걷어내고 명품 브랜드의 디자인, 형태, 내구성, 전체 분위기에서부터 디테일까지, 퀄리티 위주의 가방을 만드는 방법을 소개해보고자 한다.

명품 브랜드 급의 지식과 기술을 가진 샘플 장인 이케다씨의 설명로 두 종류의 브랜드 백을 만드는 방법을 소개한다.

일반적인 가죽공예에 쓰이는 기술이나 재료를 위주로 설계하였고, 재현 불가능한 기술이나 도구의 사용은 지양하였다. 재료와 구조에 대한 지식을 쌓을 수 있도록 품질을 올리는데 집중한 설명서이다. 일부 구입이 힘든 프로용 도구나 재료도 있지만, 정보와 공정을 정확하게 따라가면 일반적인 환경에서도 재현할 수 있게끔 구성했다.

샘플 장인이란?

디자이너가 구상한 디자인을 바탕으로, 재료, 패턴, 설계, 세부 만듦새, 제작 공정 등을 기획하고, 대량 생산 할 수 있도록 템플릿을 만드는, 말 그대로 샘플을 만드는 장인을 뜻한다. 제작에 관한 모든 기술이나 생산배경, 비용 등 모든 지식에 정통한 장인이다.

Contents

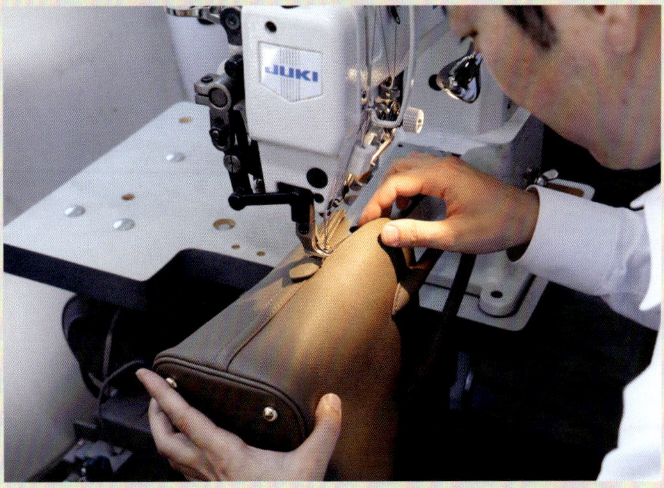

일본의 명품 장인에게 배운다

가죽공예로 만드는 브랜드 백

2WAY 숄더 토트 백

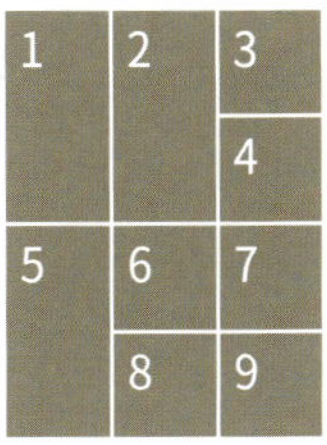

1. 사용하기 편하게 숄더 스트랩을 단 자립형 토트 백. 본체 겉의 양면에는 외부 포켓을 배치. 심재를 요소요소에 사용하여 쓸모있게 사용할 수 있는 포켓을 만들었다. 2.옆판은 본체 포켓의 높이에 맞춰 잘랐다. 또한 가방 형태를 유지하는 골격인 '파이핑'을 옆판에 둘렀다. 파이핑 노하우도 소개한다. 3·4.본체 안의 앞판 쪽에는 딱 붙는 포켓을, 뒷판 쪽에는 지퍼 포켓을 달았다. 포켓은 가방의 기능성을 강화해주는 것 뿐 아니라, 본체 형태가 유지되는 역할도 한다 5.숄더 스트랩을 꺼내면 A4 사이즈 서류를 넣는 핸드백, 비즈니스백이 된다. 6. 바닥은 앞판과 뒷판을 연결하는 방식이다. 7.옆판 안의 위에 다는 '옆판 띠'에는 숄더 스트랩의 개고리를 거는 D링 8.숄더 스트랩은 명품 백에서 많이 사용하는, 폭넓은 웨빙 끈 끝에 가죽 루프로 개고리를 연결하는 타입이다. 웨빙 끈을 가죽으로 감싸는 디자인도 있지만 여기서는 잘라내는 디자인으로 만드는 방법을 설명한다. 9.본체 띠에는 손잡이와 가방의 입구를 닫는 자석을 단다. 또한 제작 공정에서는 입구를 온전히 닫을 수 있도록 뚜껑 지퍼나 백의 형태가 변형되지 않게끔 원 터치로 개폐하는 '자석 플랩' 등, 옵션 파츠를 만드는 방법도 설명한다.

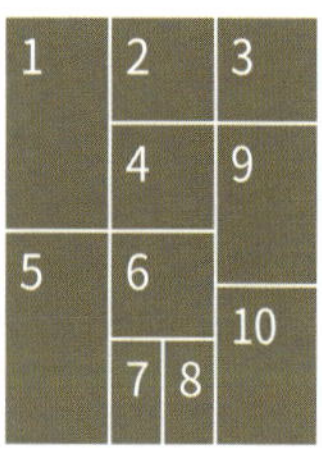

1. 산 형태의 본체 중앙에 손잡이, 양 끄트머리에는 숄더 스트랩 용 D링을 단, 스탠다드한 2WAY 타입 백. 심플하지만 관혼상제, 비즈니스 아이템으로 손색이 없는 정통 디자인이다. 앞판과 뒷판의 양 사이드를 이어서 만든다. 2. 정면에서 봐도, 옆에서 봐도 사다리꼴이다. 패턴은 2방향의 입체를 고려해서 가죽의 장력이나 두께, 본체 겉과 본체 안의 사이즈를 계산해서 만들기 때문에 곡선부나 꺾는 점을 밀리미터 단위로 세밀하게 설계하였다. 3.바닥에는 5개의 가방발을 달았다. 가방발 이외의 부분은 바닥에 닿지 않게 하기 위해 심재를 두껍게 붙여 단단하게 만들었다. 4.본체 안쪽도 양 사이드를 맞붙여서 만들고, 앞판, 뒷판 모두 포켓을 달아서 가방 형태를 유지할 수 있도록 힘을 받게 설계하였다. 5.사이드에는 지퍼 끝에 D링 모모를 달았다. 6.숄더 스트랩은 개고리와 버클을 백 옆에 달고 양끝이 좁은 스트랩로 길이를 자유롭게 조절한다. 7·8.손잡이와 모모는 예쁘고 단단하게 만들기 위해 손바느질 한다. 9.숄더 스트랩 외에는 정사이즈로 만드는 스탠다드한 디자인이다. 10. 본체와 바닥 사이에는 백의 구조를 유지하는 파이핑을 넣는다. 토트 백과는 다르게 원형으로 연결하는 테크닉을 설명한다.

부가티 지퍼 백

이 책의 기본지식과 테크닉

이 책에서 알려주는 백을 제작할 때 필요한 기본지식과 기초 테크닉을 설명한다.

피할 방법

가죽 가방을 만들 때 디테일을 좌우하는 중요한 요소가 피할 두께이다. 이 책에서 소개하는 가방에서는 겉감, 안감용 가죽, 심재를 다 합치면 20여종의 피할 방법이 사용된다. 각 피할 방법의 알파벳은 이 책의 '파츠 미리보기'(26~31, 150~155페이지)의 피할 위치에 표시해놓았다. 피할 시 두께 조절은 소재의 장력이나 질감에 따라, 또 만드는 방법에 따라 다 다르기 때문에 완벽하게 재현할 필요는 없지만, 가방을 만들 때 참고할 수 있도록 여기서는 모두 설명한다.

A 1.5mm 두께 시접 단 피할

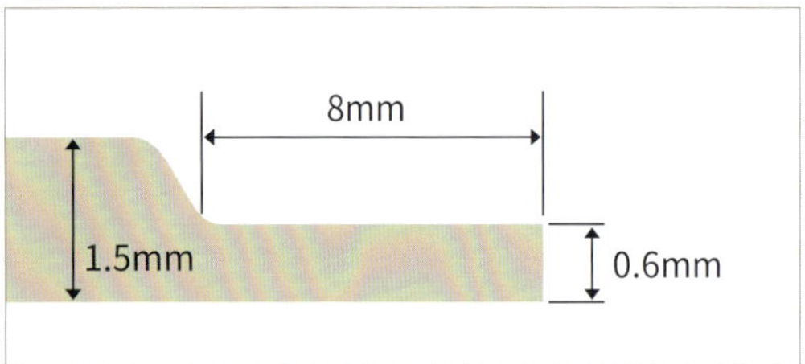

B 1.5mm(1.2mm)두께 시접 단 피할②

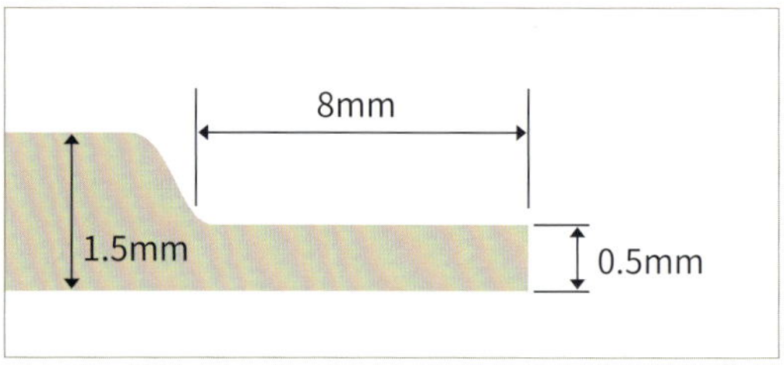

C 1.0mm 두께 시접 단 피할①

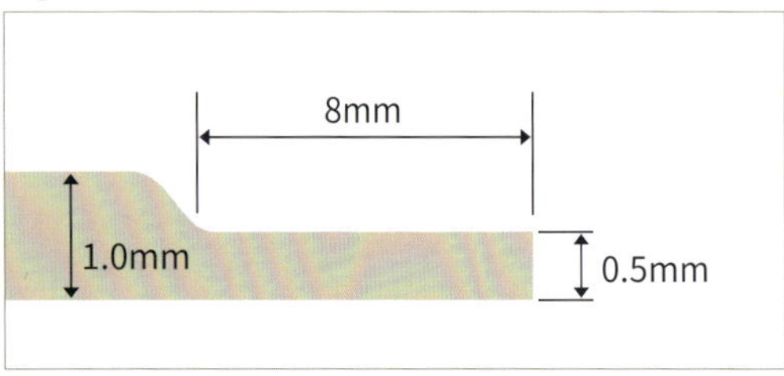

D 1.0mm 두께 시접 단 피할②

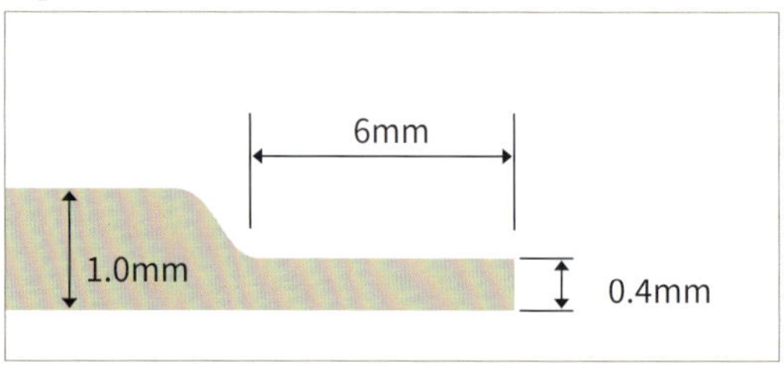

E 1.5mm 두께 인스티치 단 피할

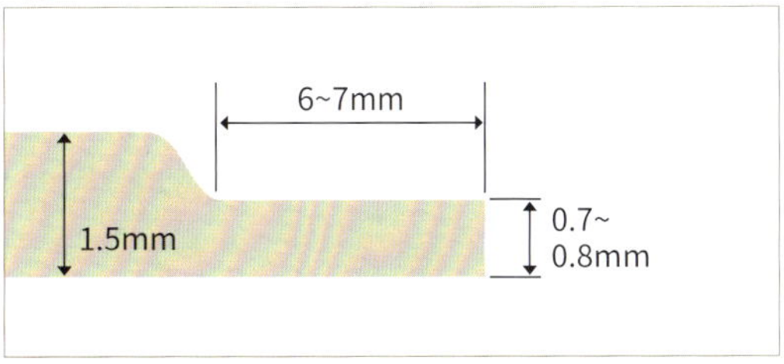

F 1.5mm 사선 피할 20mm

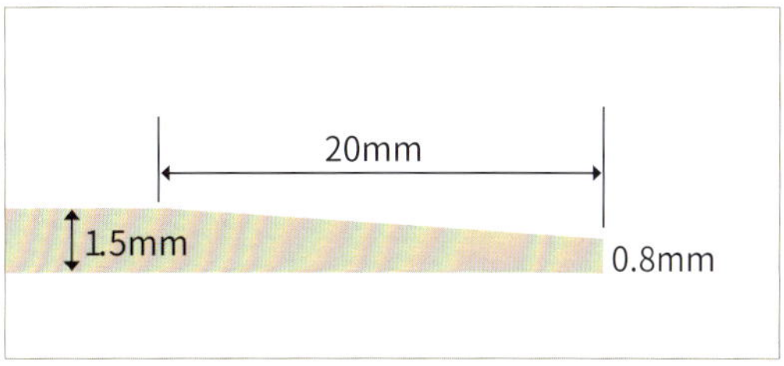

G 1.5mm 두께 제로 피할 10mm

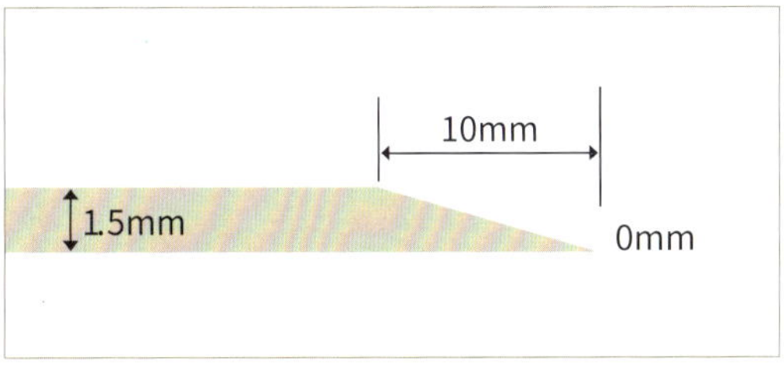

H 1.2mm 두께 제로 피할 10mm

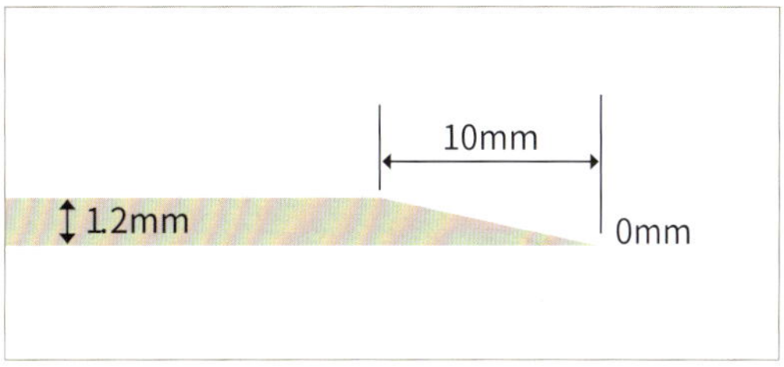

I 1.0mm 두께 제로 피할 6mm

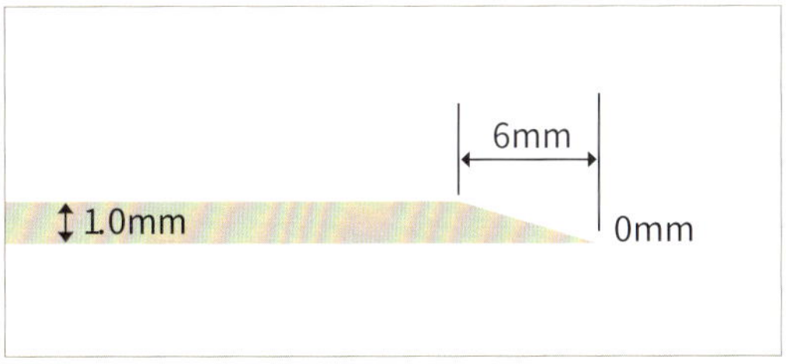

J 1.0mm 두께 제로 피할 10mm

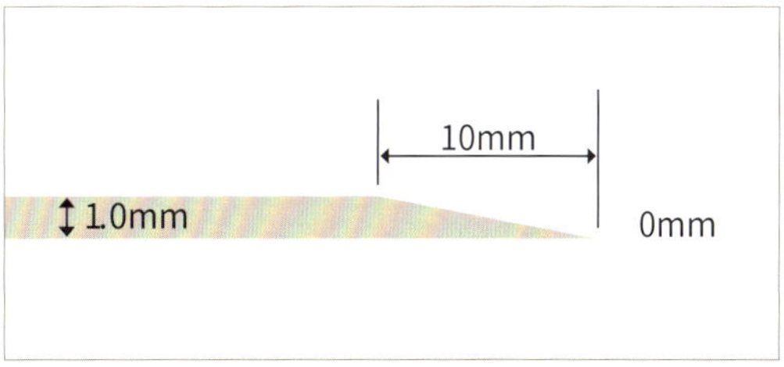

K 1.5mm 사선 피할9mm

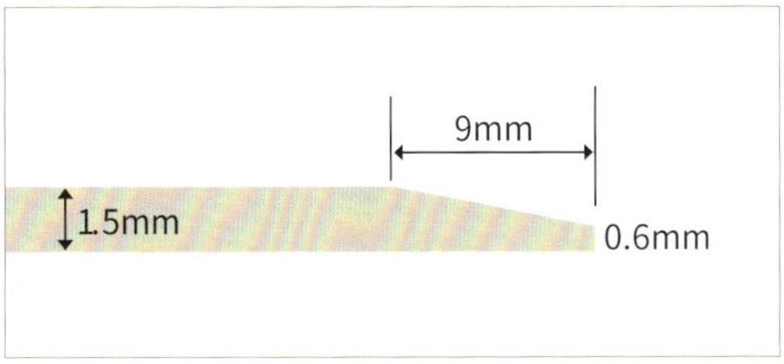

L 1.5mm 두께 제로 피할 20mm

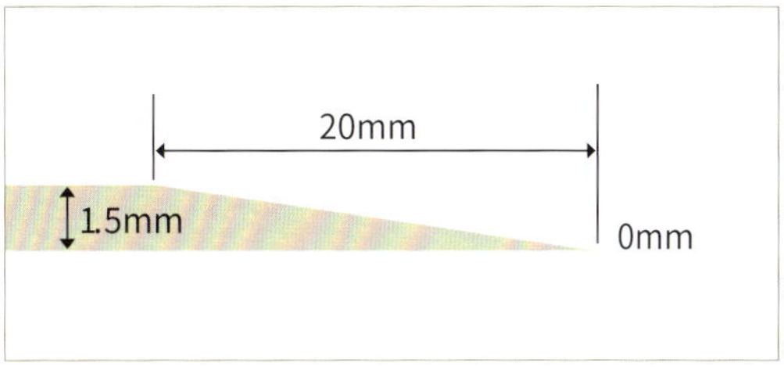

M 바이린·본텍스 단 피할

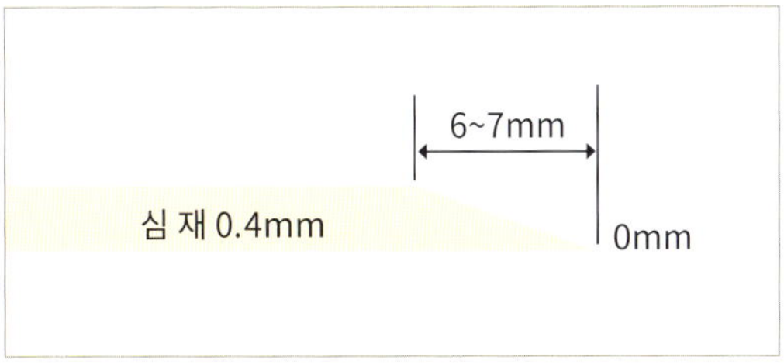

N 바닥 파이핑 피할

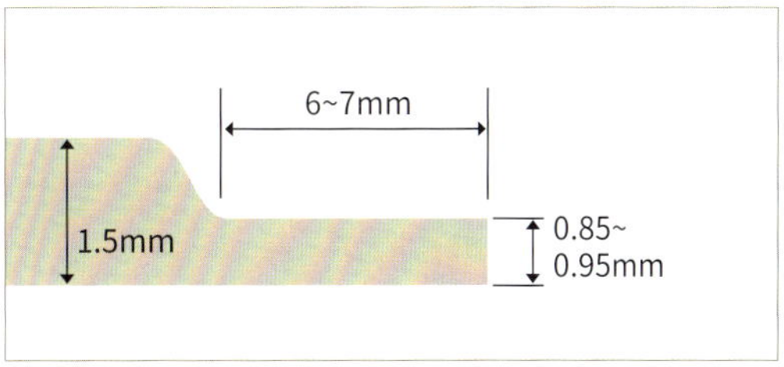

O 1.5mm 사선 피할 15mm

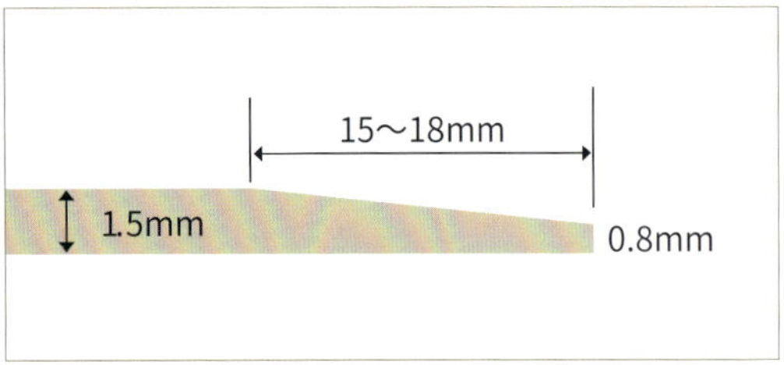

P 1.5mm 두께 제로 피할 14mm

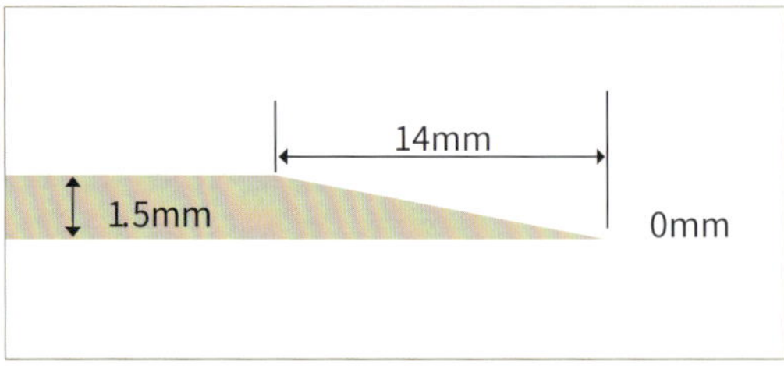

Q 1.5mm 사선 피할 14mm

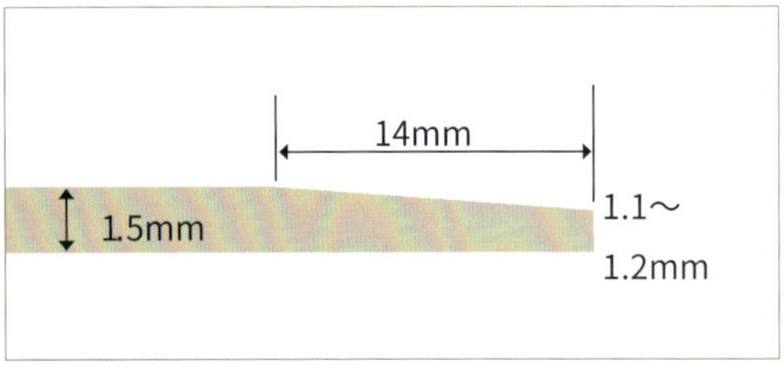

R 1.5mm 사선 피할5~6mm

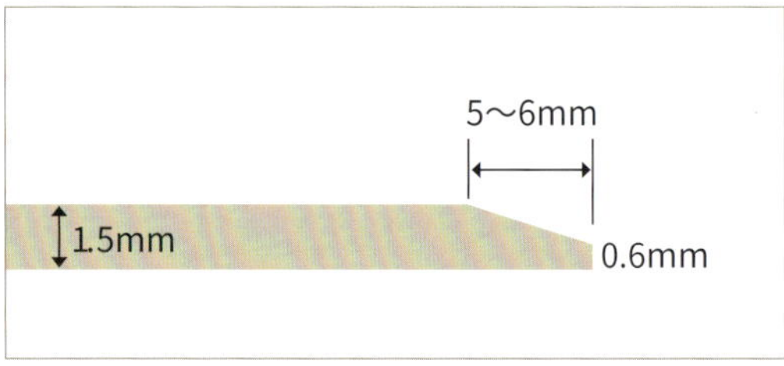

S 0.8mm 두께(안감용 가죽) 인스티치 단 피할

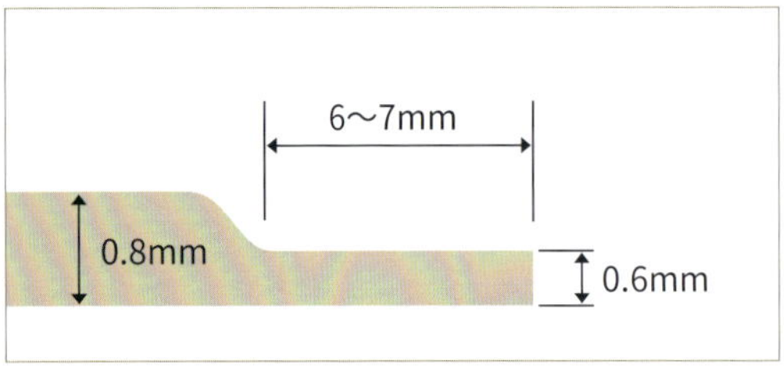

T 0.8mm 두께(안감용 가죽) 제로 피할

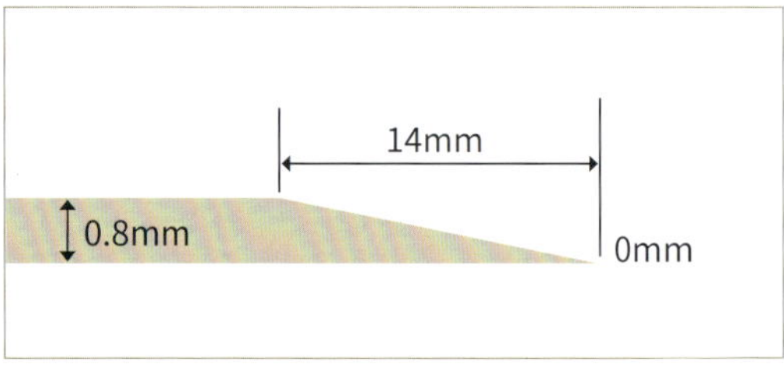

접착제

가방, 안감, 심재를 붙일 때는 기본적으로 '산다인'이라 불리는 고무 접착제를 사용한다. 일반적인 합성 고무 접착제여서, 개인이 사용하는 다른 브랜드의 접착제를 사용해도 좋다. 또한 실 끝을 자른 다음 숨길 때는 본드(사이비놀)을 쓴다. (※ 역자주 : 한국은 고무 접착제는 스타 본드, 켄다 본드를, 실을 고정할 때는 순간접착제를 많이 사용한다)

이 책에서는 접착제를 바를 적재적소에 다양한 도구가 등장한다. 각자 자주 사용하는 도구로 바르면 된다.

시접의 기본

시접 부분은 제작 공정에서 설명하면서 동시에 패턴에 '시접'이라고 표기하고 시접 라인(끝에는 V자 표시)을 그렸다.

또한 공정 중에서 시접만 나올 때는 공정 전체를 설명하지 않더라도 시접의 기본 공정 순서를 지켜가며 작업하도록 한다.

시접 라인은 파츠를 피할한 뒤에 은펜으로 선을 긋는 것이 원칙. 또한 특별한 이유가 없는 한, 이 책의 패턴에서는 단 끝에서 8mm 폭으로 시접한다

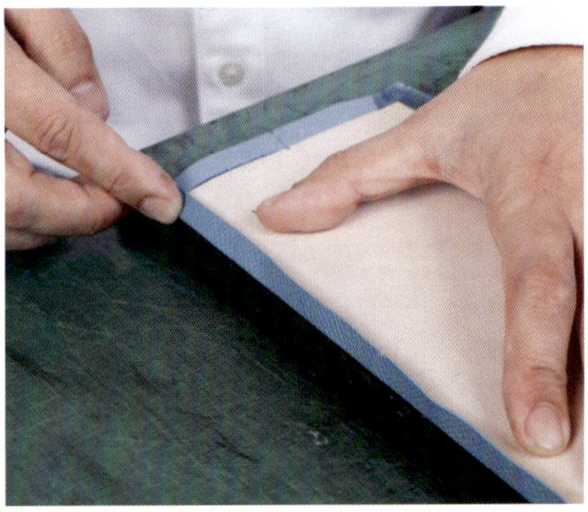

가죽의 뒷면에 표시한 심재의 끝에 맞춰 시접하는 경우가 많다. 기본은 8mm에서 시접하기 때문에 16mm 폭으로 고무 접착제를 바른다. 고무 접착제가 마르면 먼저 시접 라인에 맞춰 접는 선을 긋는다

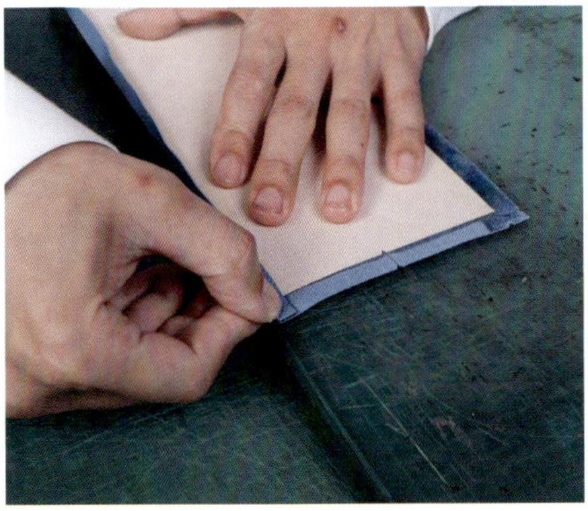

접는 선을 그은 후에는 끝에서부터 접어나간다. 힘주는 방향이 균등하지 않으면 시접 라인이 우글거리게 되므로 주의

심재 끝 라인에 맞춰 시접하지 않는 경우는 가이드가 없기 때문에 접기가 힘들다. 이럴 때는 손끝에서 안쪽을 향해, 시접하는 폭이 균등한지 체크하면서 작업하는 것이 좋다

소재① 가죽

이 책에서 사용하고 있는 겉감용 가죽 소재는 무늬가 있는 카프 가죽이다. 인스티치 가방에도, 아웃스티치 가방에서도 사용되는 메이저한 종류이다. 이 책의 가방은 2종류 모두 인스티치로, 제작 시 뒤집는 과정이 있기 때문에, 장력이 너무 강하거나 주름이 눈에 띄는 가죽은 추천하지 않는다. 단단하면서 유연하고, 잘 늘어나는 타입의 적당한 가죽을 고르도록 한다.

이 책에서는 파츠 두께, 시접 두께를 모두 기재하였으나, 다른 가죽을 쓰면 장력도 다르기 때문에 소재에 맞춰 두께를 조절할 필요가 있다

소재② 안감

토트 백의 안감은 고급 가죽제품의 안감에서 사용되는 '본 세느'라는 스웨이드를 사용하였다. 부드러운 천 같은 질감을 가지고 있어 안감으로 자주 사용되는 제품이다.
다만 일반적으로 많이 쓰는 두께 0.4mm 정도의 안감용 천이 구하기도 쉽고 제작도 편하기 때문에 이런 안감 재료를 사용해도 괜찮다.
지퍼 백은 본체 안에 이탈리아 킵 가죽을 사용하였다. 본체 안의 형태를 단단하게 유지하기 위해서 어느 정도 장력이 있는 가죽을 쓰는 것이 좋다.

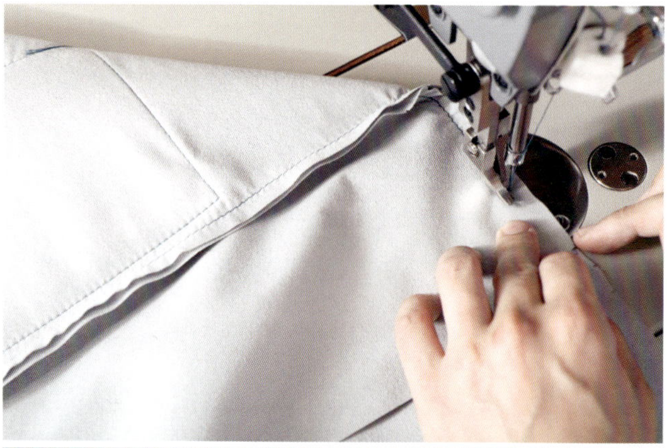

사'진 위'는 '본 세느'로 본체 안을 만들고 있는 모습. 잘 늘어나는 소재는 곡선 구간에서는 바느질하다 미끄러질 수 있으므로 불안하다면 늘어나지 않는 소재를 사용해도 좋다. '사진 아래'는 부가티 지퍼 백의 본체 안. 복잡한 형태를 유지하기 위해 어느 정도 장력이 있는 소재를 사용할 필요가 있다

소재③ 심재

백의 형태를 깔끔하게 만들기 위해서는 각 부분의 장력을 섬세하게 조절해야 하기 때문에 심재를 많이 사용한다. 주로 겉감 가죽의 장력을 보강하는 '본택#9401'이나, 전체적으로 장력을 올려주는 '바이린(0.4mm 두께)', 띠나 바닥의 강도를 올려주는 '본텍스((0.4mm 두께)', 손잡이의 내구성을 향상시켜주는 '슬라이서(0.7mm 두께)'를 사용한다.

끝을 피할하거나 2장 이상 겹쳐 두께를 조절하기도 하지만, 함께 사용하는 소재나 형태에 따라 미세 조절하며 사용하도록 한다.

본택은 본체나 옆판 안에 붙이고 파츠의 강도를 올리는 심재. 부드러운 가죽으로 만드는 백의 형태를 유지할 수 있게 도와준다

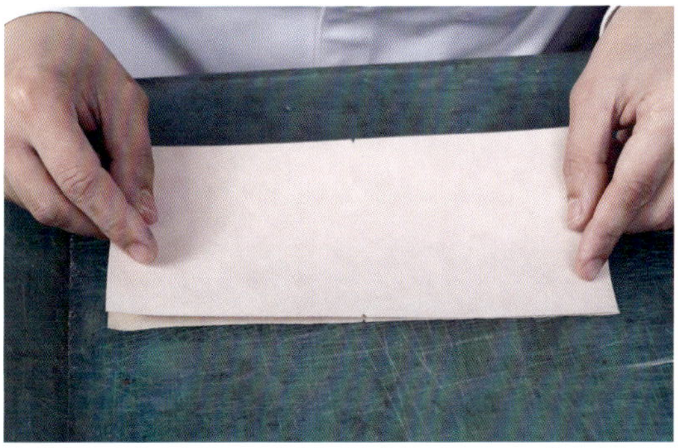
이 책에서는 바이린을 많이 사용한다. 기본은 0.4mm 두께를 사용하지만 2장 겹쳐 강도를 높일 때도 있다

토트 백의 손잡이에는 슬라이서를 붙이고 가운데에 볼록하게 입체감을 준다. 두께 0.7mm를 두 장 겹쳐서 확실하게 부피감을 만든다

소재④ 미싱 실

이 책은 기본적으로 미싱을 사용해서 조립하기 때문에 실은 '에이스 크라운'을 사용한다. 손바느질을 주로 하는 사람들에게는 익숙하지 않을 수도 있지만, 미싱 실은 꼬인 방향이 반대이므로 사용할 때 주의한다.

실의 두께는 윗실은 #8, 아랫실은 #20을 쓴다. 미싱 특성상, 아랫실이 #20보다 두꺼우면 바느질하기 어렵기 때문에 가방을 만들 때는 윗실이 두꺼워도 아랫실만큼은 얇은 실을 쓰는 것이 기본이다(아랫실은 보통 가려져서 잘 보이지 않는다).

'에이스 크라운'은 미싱용 폴리에스테르 실이다. 동일한 미싱용 폴리에스테르 실 '비니모'를 사용해도 좋다

미싱 종류

이 책에서 사용하는 미싱은 가방 봉제 시 많이 사용하는 타프 미싱이다. 기본적으로는 가죽을 박는 파워가 있는 JUKI의 공업용 후물 미싱을 쓴다. 박는 부분이 팔처럼 관 형태로 나와 있어서, 봉투모양 가방의 입구도 박을 수 있다.
공정 중 사진에서 일자 박기 부분은 평판 미싱을 사용하고 있지만, 타프 미싱으로도 충분히 작업할 수 있다.
또한 이 책의 가방에도, 디자인 상, 타프 미싱으로 박을 수 없는 부분이 있다. 여기서는 손바느질하거나 아래에 구멍을 뚫어 옆에서 박는 테크닉으로 커버하였다.

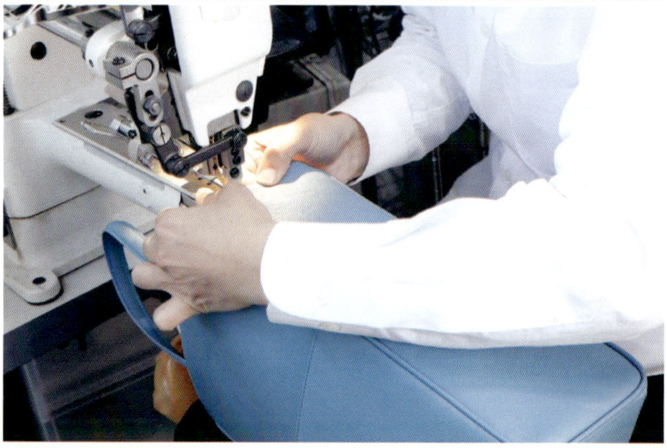

일자 박기 구간은 평판 미싱을 쓰면 편하지만 타프 미싱으로도 작업할 수 있다. 봉투 모양은 포스트 미싱(말뚝 미싱)으로도 만들 수 있으며, 이 책에서는 타프 미싱을 기본으로 설명한다

미싱 바늘 종류

미싱 바늘은 종류에 따라 뾰족한 끝의 형태가 다양하다.
①은 바깥에서 보이는 바느질 땀에 사용하는 숫바늘로, 칼바늘이라고도 불린다. 얇고 긴 구멍이 뚫려서 실이 양 끝에 걸리기 때문에 사선형의 예쁜 스티치가 생긴다.
본체 안을 바느질하거나 지퍼 포켓의 양 끝 등, 천으로 봉투를 만들어 바느질하는 경우는 ②의 둥근 바늘을 쓴다. ①과 ③의 숫바늘은 천의 직조를 찢어버릴 수 있어 좋지 않다(겉에서 보이는 바늘 땀은 바느질 모양이 예쁘게 보이는 ①을 쓰는 경우가 많다)
③은 안감 바느질에서 쓴다. 바느질 땀이 일자로 연결되는 숫바늘로 세로 칼바늘이다. 바늘이 가늘기 때문에 안에서 열어서 봐도 구멍이나 실이 눈에 띄지 않는다.
바늘의 두께는 윗실의 #8에 맞춰서 16번, 18번 정도가 표준이다. 공업용 미싱 바늘은 가정용, 작업용 미싱 바늘과 호환되지 않는다.

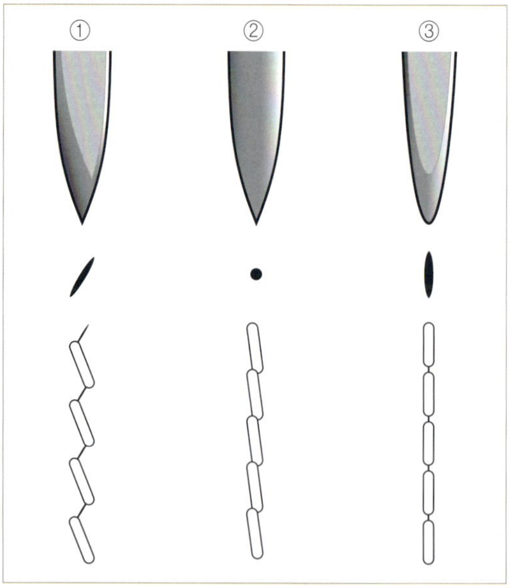

작업공정의 설명에서는 사용하는 바늘의 종류를 표기하지 않았다. 특별한 설명이 없는 한 여기서 설명한 룰 대로 바늘을 사용한다

노루발

이 책에서는 일반적인 노루발을 쓰고 있지만 일부 특수한 노루발이 필요할 때도 있다.
먼저 2WAY 숄더 토트 백의 파이핑을 바느질하는 '파이핑 노루발'이다. 파이핑에 폴리심을 넣어 일반적인 노루발으로는 바느질하기 어렵기 때문에 전용 파이핑 노루발을 쓴다. 옵션으로는 폴리심을 사용하지 않은 파이핑도 소개하고 있으므로 파이핑 노루발이 없는 경우는 이 방법으로 파이핑 작업을 하면 된다.
또 하나는 부가티 지퍼 백의 손잡이를 바느질할 때, 손잡이 심재의 딱 붙는 바느질에서 바늘의 오른쪽만 누르는 '역노루발'이 필요하다. 역노루발이 없다면 손바느질로 커버한다.
또한 일반 노루발이 들어가지 않는 좁은 부분은 전후좌우를 깎아낸 가공 노루발을 사용한다.

역 노루발

깎아낸 노루발

공업용 미싱의 특수 노루발은 시판점이 많지 않아 가죽 미싱 전문점에서 구입해야 한다

실 매듭

땀의 끝을 매듭짓는 방법은 여러가지가 있다.
일반적으로는 위아래 실을 둘다 안쪽으로 밀어넣어서 밖으로 튀어나오지 않도록 본드로 마감하는 방법이 있다. 단단하게 마감되고 밖에서도 보이지 않아 깔끔하기 때문에 실을 빼낼 스페이스가 있으면 이 방법을 우선적으로 쓰도록 한다.
두 번째로는 열을 가해 실을 구멍 근처에서 자르는 방법이 있다. 본드로 매듭지을 공간이 없고 실 자르는 부분이 밖으로 보일 수 밖에 없는 경우는 이 방법을 쓴다. 열펜이 있으면 쉽게 실을 끊을 수 있기 때문에 미싱으로 가방을 만들 때는 메이저한 마감법이다.
이 외에도 상황에 따라 다양한 매듭법이 있다.

매듭 지을 때는 되돌아 박아서 실 강도를 올리는 등 쉽고, 깔끔하게 마감하는 여러 방법을 다양하게 사용한다

보강의 개념

안감이나 심재, 손잡이 등, 가방의 파츠 곳곳마다 '보강'을 한다. 구부러지기 쉬운 곳, 늘어날 위험이 있는 곳을 효과적으로 보강하는 노하우도 이 책에서 알려준다.

무게나 힘을 받는 부분의 바느질 땀을 보강 테이프로 보강하는 케이스가 많이 등장한다. 원칙은 바로 위에 있는 다른 땀과 가능한 한 연결되도록 테이프를 붙이는 것이다. 가죽에 대미지가 우려되거나 보강 테이프가 다른 바느질 땀과 연결해서 붙일 공간이 나오지 않는 경우는 보강 효과가 떨어진다.

예를 들어 손잡이 바느질 땀을 보강하기 위해 붙이는 테이프는 세로 방향으로 붙이고 입구의 심재 바느질 땀에 연결되도록 한다. 모든 보강은 동일한 원리로 붙이고 연결하므로 개념을 잘 이해해야 한다

단면 마감 방법

이 책에서의 단면 마감 방법은 기본적으로 '엣지 코트'라는 페인트로 단면을 칠하는 기법을 사용한다. 작업 순서는 다음과 같다.

① 단면에 크리저로 장식선을 긋는다

② 사포로 단면을 평평하게 다듬는다

③ 마감제(엣지 코트)를 발라 깔끔하게 마감한다

크리저는 열 때문에 마감제가 녹을 수 있으므로 마감제를 바르기 전에 긋는 것이 원칙이다.

마감제는 4회 정도 덧바르는 것을 기본으로 하되, 상황에 따라 가감한다. 한번 바를 때마다 완전히 건조 후 덧발라야 한다.

제작 공정 중 단순히 '단면을 마감한다' 라고 적힌 경우 위의 순서대로 작업하면 된다. 작업자의 취향에 따라 다른 방법으로 마감해도 무방하다.

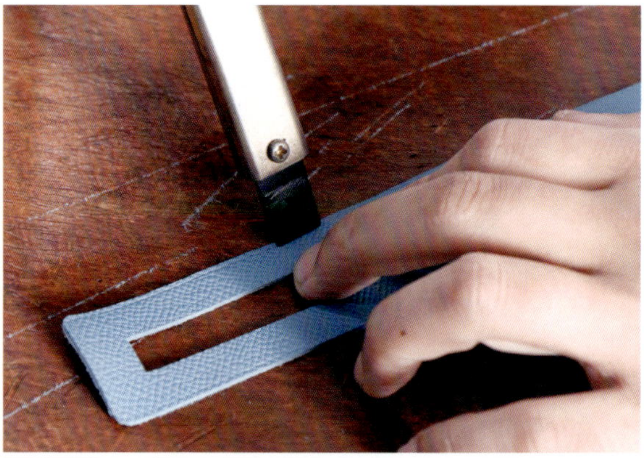

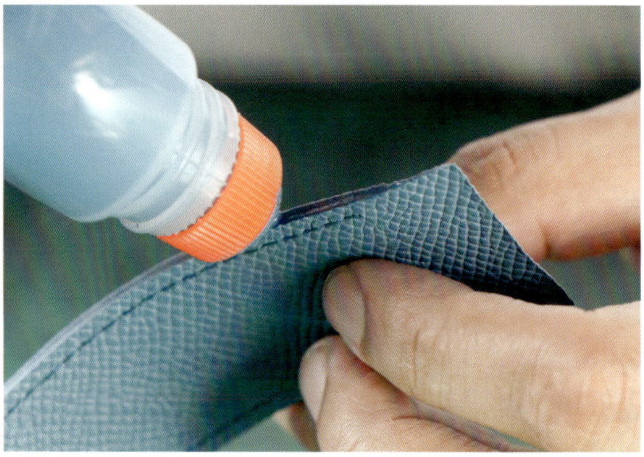

가방 조립이 완료된 후에는 단면 마감을 할 수 없는 경우도 있기 때문에 크리저나 단면 작업을 하는 타이밍에 대해서는 공정 중에 설명한다

명품 브랜드 백의

제작 기술

2WAY 숄더 토트 백

세로로 긴 토트 백에 개고리를 단 숄더 스트랩을 단 스탠다드한 디자인. 짐을 넣어도 형태가 반듯하게 유지될 수 있도록 각 부분에 심재, 안감, 바느질 땀 보강, 파이핑 등, 여러 기술을 써서 만들었다. 입구를 여닫을 때는 자석이 기본이고 뚜껑을 완전히 닫을 수 있는 지퍼, 원터치로 개폐할 수 있는 편리한 플랩 타입 자석도 소개한다.

구조와 제작 순서

각 파츠 위치, 이 책에서의 제작 순서를 설명한다. 순서 일부는 효율보다는 쉽게 이해할 수 있게 구성했으니 전체를 읽은 후 필요에 따라 자신이 재구성하면 좋다.

본체 겉의 구조

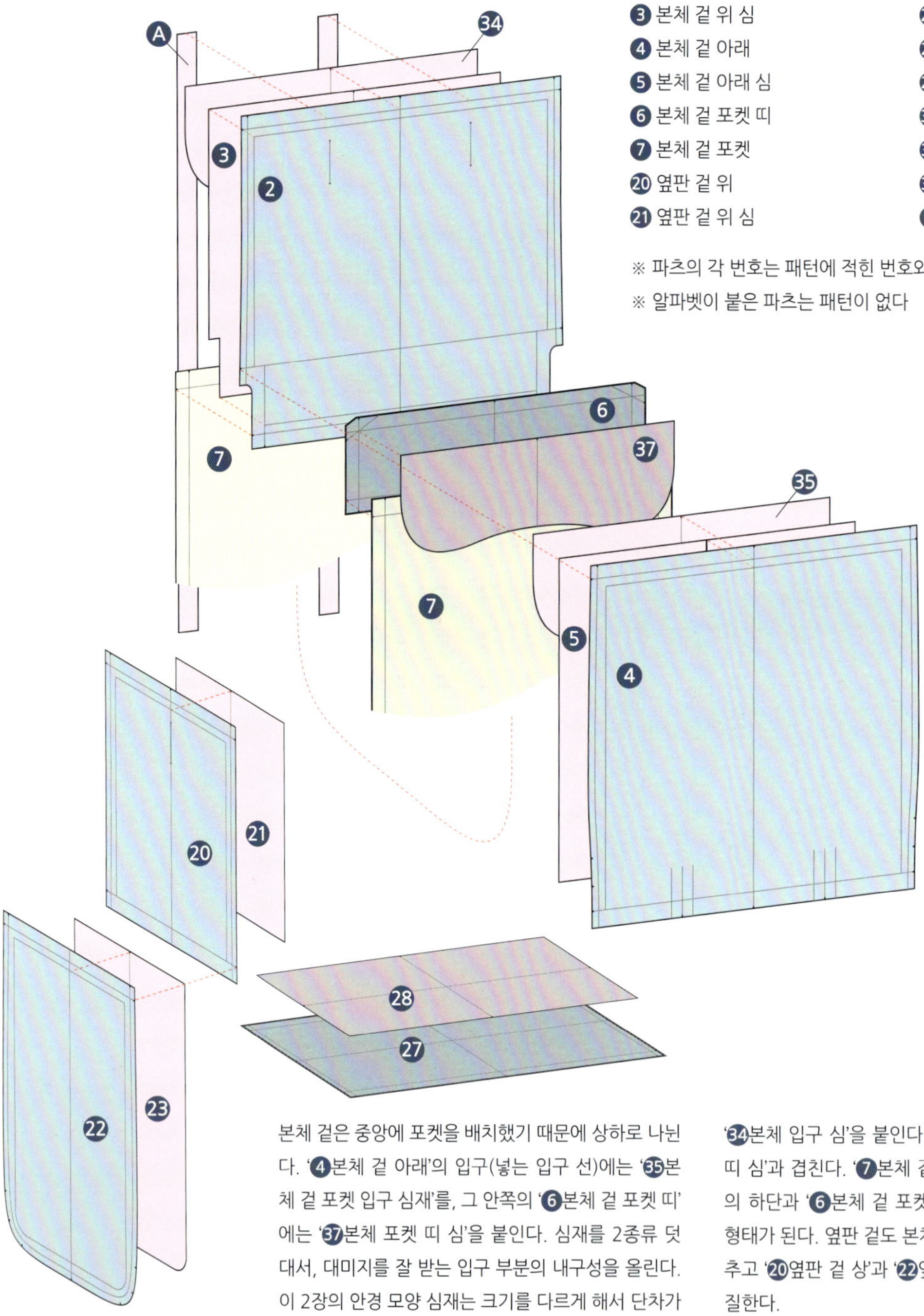

- ❷ 본체 겉 위
- ❸ 본체 겉 위 심
- ❹ 본체 겉 아래
- ❺ 본체 겉 아래 심
- ❻ 본체 겉 포켓 띠
- ❼ 본체 겉 포켓
- ⑳ 옆판 겉 위
- ㉑ 옆판 겉 위 심
- ㉒ 옆판 겉 아래
- ㉓ 옆판 겉 아래 심
- ㉗ 바닥 겉
- ㉘ 바닥 겉 심
- ㉞ 본체 입구 심
- ㉟ 본체 겉 포켓 입구 심
- ㊲ 본체 포켓 띠 심
- Ⓐ 세로 보강 심

※ 파츠의 각 번호는 패턴에 적힌 번호와 동일하다
※ 알파벳이 붙은 파츠는 패턴이 없다

본체 겉은 중앙에 포켓을 배치했기 때문에 상하로 나뉜다. '❹본체 겉 아래'의 입구(넣는 입구 선)에는 '㉟본체 겉 포켓 입구 심재'를, 그 안쪽의 '❻본체 겉 포켓 띠'에는 '㊲본체 포켓 띠 심'을 붙인다. 심재를 2종류 덧대서, 대미지를 잘 받는 입구 부분의 내구성을 올린다. 이 2장의 안경 모양 심재는 크기를 다르게 해서 단차가 드러나지 않게 했다.'❷본체 겉 위'에도 동일한 형태의 '㉞본체 입구 심'을 붙인다. 이것은 본체 안의 '㊱본체 띠 심'과 겹친다. '❼본체 겉 포켓 띠'는 '❷본체 겉 위'의 하단과 '❻본체 겉 포켓 띠'의 사이에 달아서 봉투 형태가 된다. 옆판 겉도 본체 겉 포켓의 입구 라인에 맞추고 '⑳옆판 겉 상'과 '㉒옆판 겉 아래'로 나눠서 바느질한다.

본체 겉의 조립

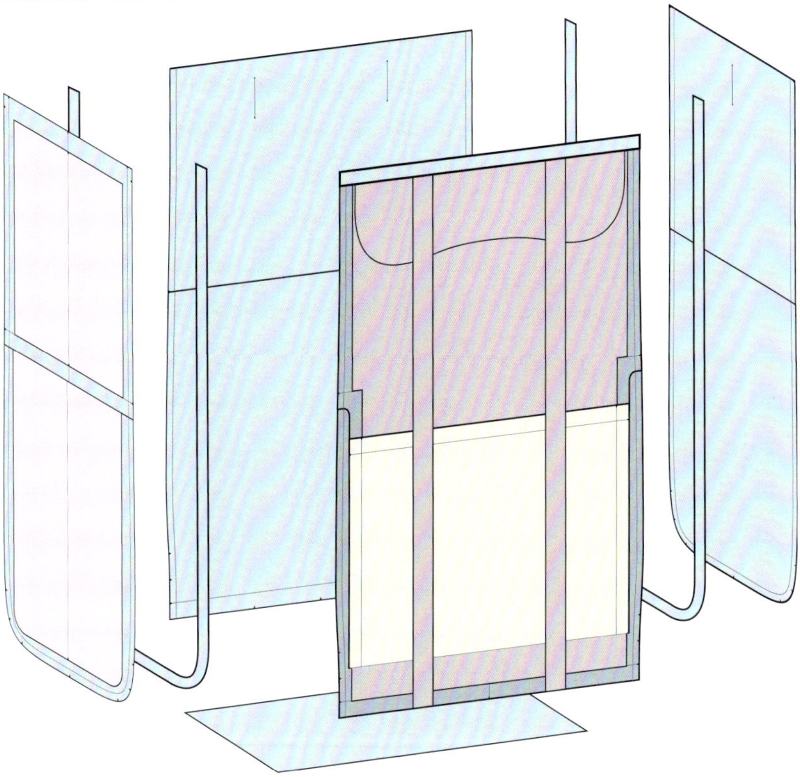

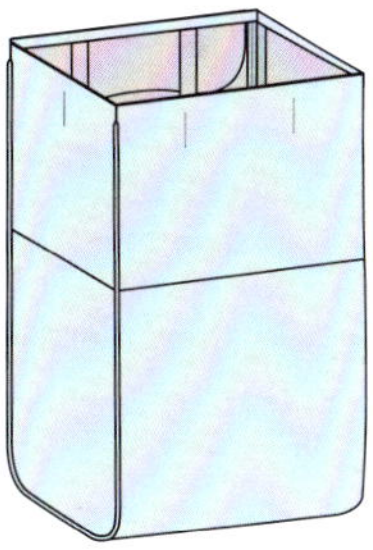

'본체 겉', '옆판 겉', '바닥 겉'이 완성되었다면 이 큰 세 파츠를 조립한다. 먼저 본체 겉을 'Ⓐ세로 보강 심(왼쪽 페이지)'으로 에워싸고 바닥 겉과 연결한다. 옆판 겉에는 파이핑을 반대로 바느질한 다음, 본체~바닥의 1장짜리 파츠의 양 사이드에 옆판 겉을 인스티치로 단다. 왼쪽 페이지에 기재한 대로 심재를 붙이고 각 끝을 시접하는 타이밍이 복잡하기 때문에 제작 공정에서 확인하도록 한다.

[순서① 본체 겉의 파츠 만들기~본체 겉의 조립]

본체 안의 구조

※ 파츠의 각 번호는 패턴에 적힌 번호와 동일하다
※ 알파벳이 붙은 파츠는 패턴이 없다

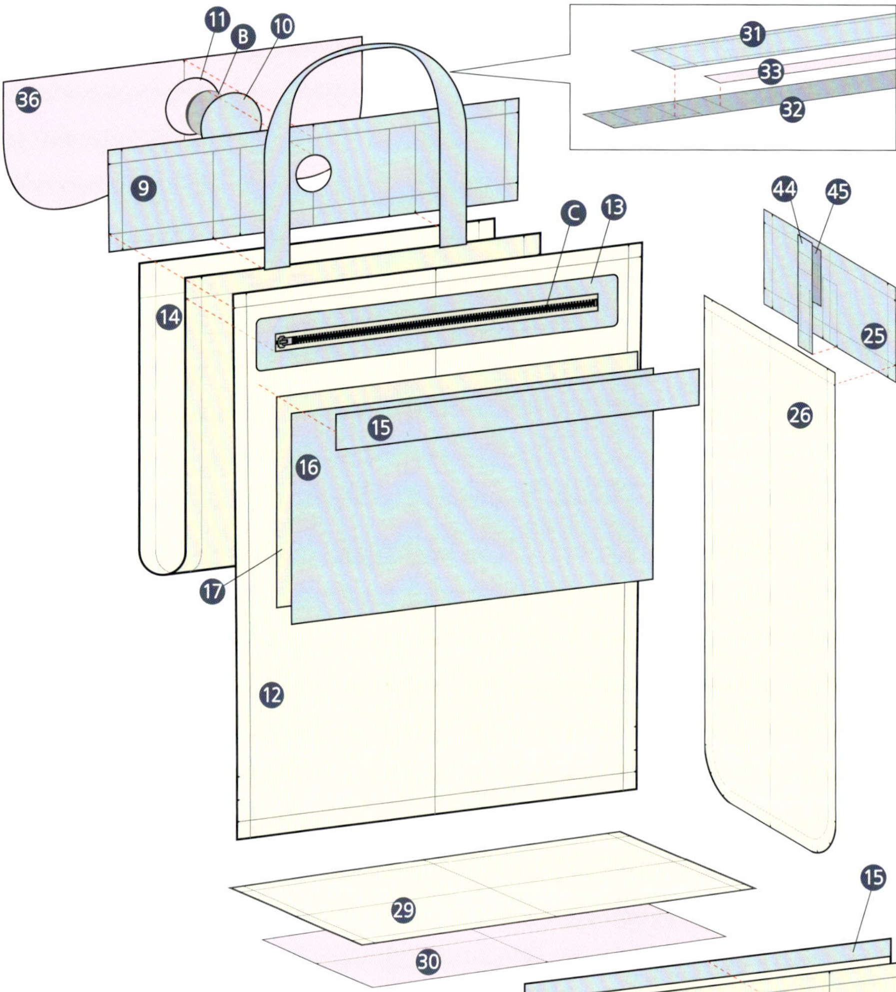

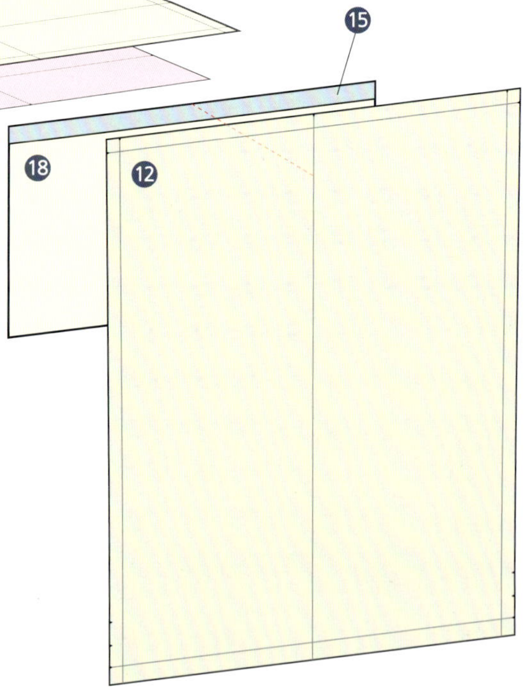

- ❾ 본체 띠
- ❿ 자석 커버
- ⓫ 자석 커버 심
- ⓬ 본체 안
- ⓭ 지퍼 포켓 창틀
- ⓮ 지퍼 포켓
- ⓯ 전체 포켓 시접
- ⓰ 뒷판 쪽 전체 포켓
- ⓱ 뒷판 쪽 전체 포켓 안
- ⓲ 앞판 쪽 전체 포켓
- ㉕ 옆판 띠
- ㉖ 옆판 띠 아래
- ㉙ 바닥 안
- ㉚ 바닥 안 심
- ㉛ 손잡이 겉
- ㉜ 손잡이 안
- ㉝ 손잡이 심
- ㊱ 본체 띠 심
- ㊹ 모모 가죽
- ㊺ 모모 가죽 안
- Ⓑ 자석
- Ⓒ 3호 지퍼

본체 겉은 본체에서 옆판에 걸쳐 한 바퀴 띠를 두른다. '❾본체 띠'에는 자석을 다는 파츠와 '손잡이', '㊱본체 띠 심'이 달리고, '㉕옆판 띠'에는 숄더 용 모모가 달린다. '⓬본체 안'의 뒷판 쪽에는 '지퍼 포켓'과 '전체 포켓(가죽)'의 2종의 포켓을 달고, 앞 본체 앞에는 '전체 포켓(안감)'만 달고, 각 포켓은, 본체 안에 달기 때문에 미싱으로 할 수 있는 만큼 바느질 폭을 넓힌다. 조립하면 본체 안과 바닥 안을 1장의 파츠에 바느질한 후, 양 사이드에 옆판 안을 바느질한다.

본체 겉과 본체 안의 조립

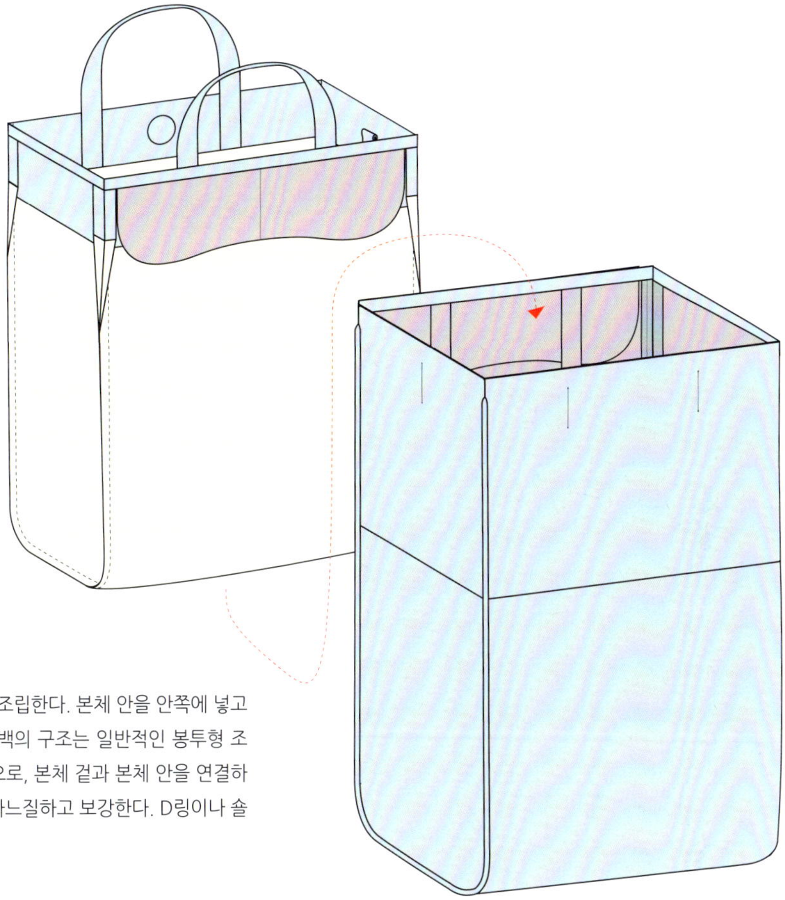

본체 겉와 본체 안을 만든 후 조립한다. 본체 안을 안쪽에 넣고 입구를 한 바퀴 바느질한다. 백의 구조는 일반적인 봉투형 조립 방법과 동일하다. 마지막으로, 본체 겉과 본체 안을 연결하도록 손잡이와 모모 부분을 바느질하고 보강한다. D링이나 숄더 스트랩을 달면 완성.

[순서② 본체 안의 파츠 만들기~본체 겉과 본체 안의 조립]

파츠 미리보기

2WAY 숄더 토트 백에 사용되는 모든 파츠를 한 번에 소개한다. 파츠에 붙이는 번호는 패턴과 동일하다. 패턴에 없는 파츠는 알파벳으로 표기하였다.

파츠에 적힌 알파벳은 10페이지 피할 방법과 동일하다. 동일한 파츠가 여러 장 있는 경우 한 번만 기재하였고 피할 방법은 모두 동일하다.

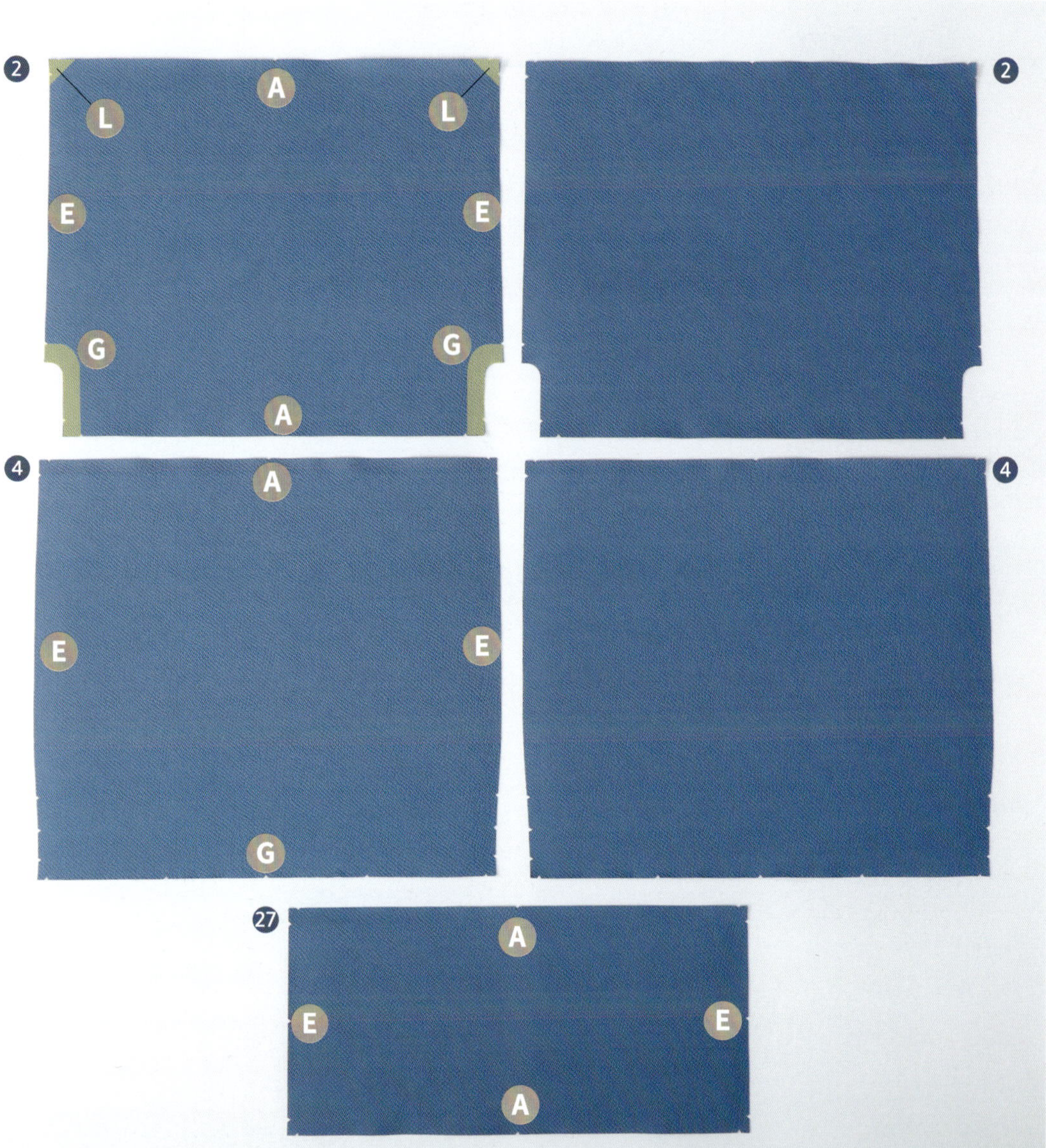

❷ 본체 겉 위[가죽(1.5mm 두께)/2장]
❹ 본체 겉 아래[가죽(1.5mm 두께)/2장]
㉗ 바닥 겉[가죽(1.5mm 두께)/1장]

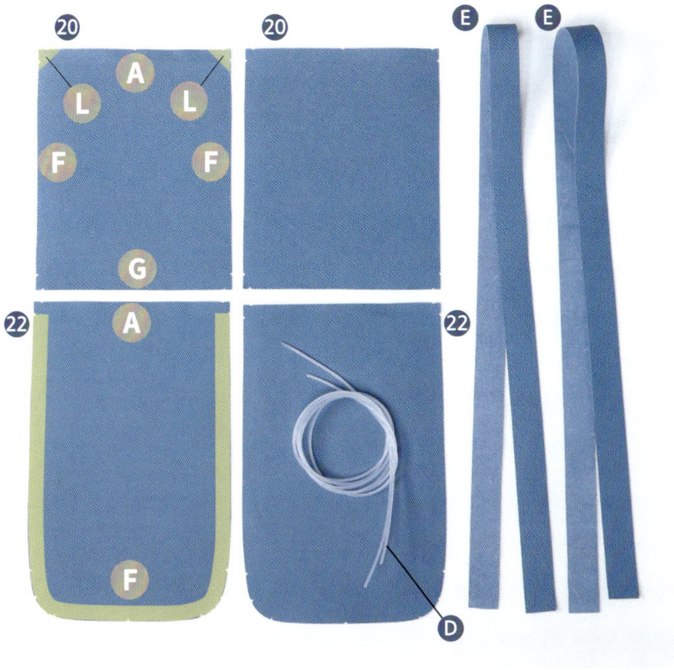

⑳ 옆판 겉 위
[가죽(1.5mm 두께)/2장]
㉒ 옆판 겉 아래
[가죽(1.5mm 두께)/2장]
Ⓓ 파이핑 심
[폴리 심(1.8mm)/75.5cm/2개]
Ⓔ 파이핑
[가죽(0.8~0.9mm 두께)/폭 20mm/길이 77cm/2장]

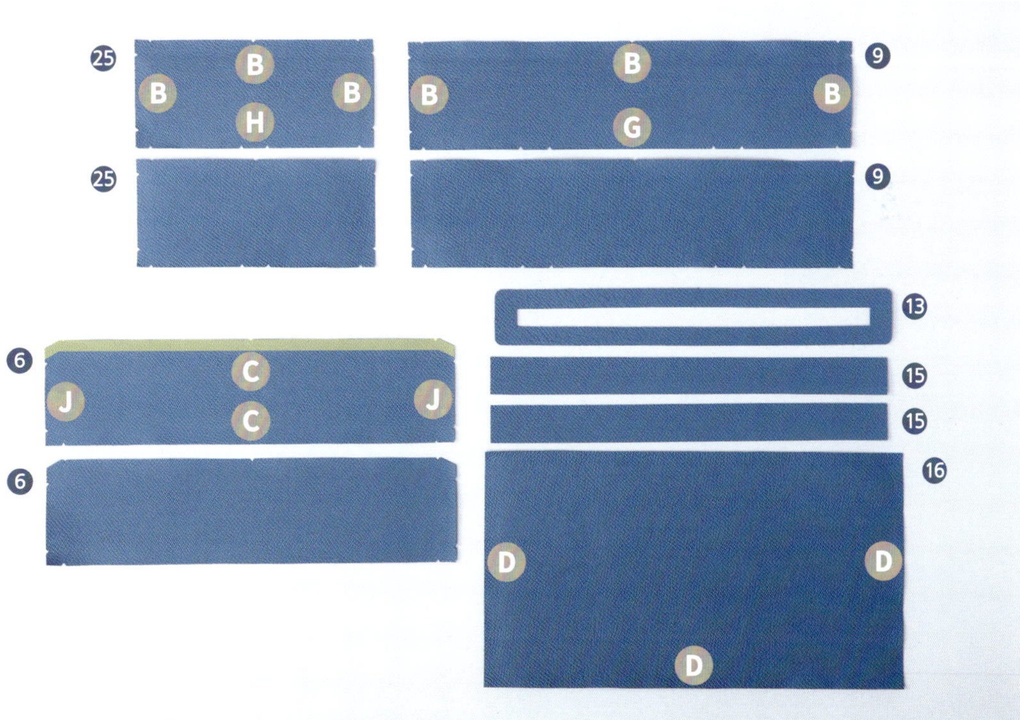

㉕ 옆판 띠[가죽(1.2mm 두께)/2장]
⑨ 본체 띠[가죽(1.5mm 두께)/2장]
⑥ 본체 겉 포켓 띠[가죽(1.0mm 두께)/2장]
⑬ 지퍼 포켓 창틀[가죽(1.2mm 두께)/1장]
⑮ 전체 포켓 시접[가죽(0.8mm 두께)/2장]
⑯ 뒷판쪽 전체 포켓[가죽(1.0mm 두께)/1장]

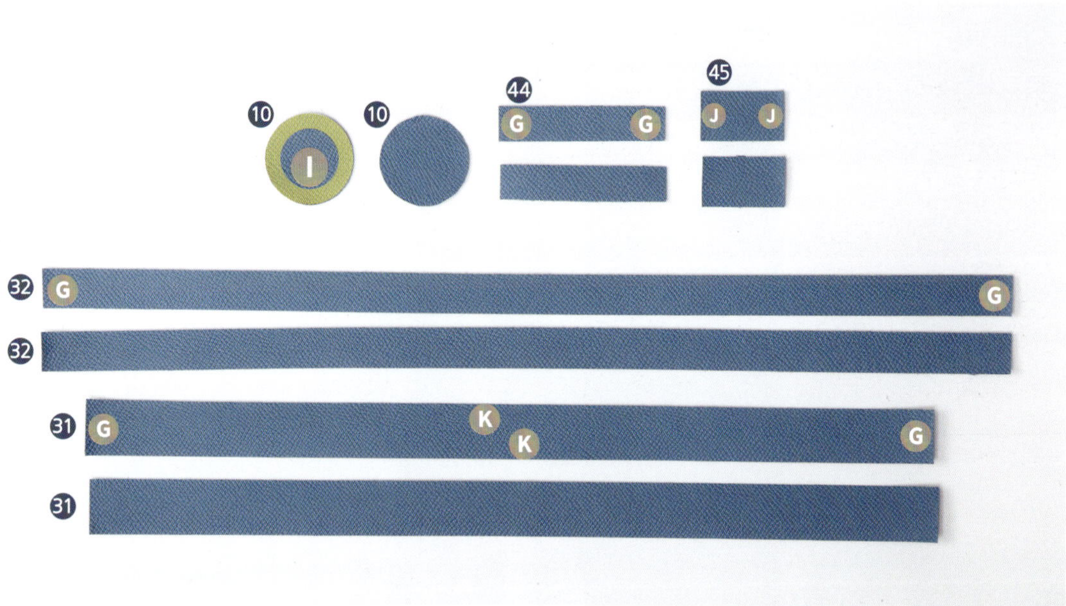

⑩ 자석 커버[가죽(1.0mm 두께)/2장]
※딱딱한 가죽을 쓸 때는 0.8~1.0mm 로 피할한다

㊹ 모모 가죽[가죽(1.5mm 두께)/2장]

㊺ 모모 가죽 안[가죽(1.0mm 두께)/2장]

㉜ 손잡이 안[가죽(1.5mm 두께)/2장]
㉛ 손잡이 겉[가죽(1.5mm 두께)/2장]

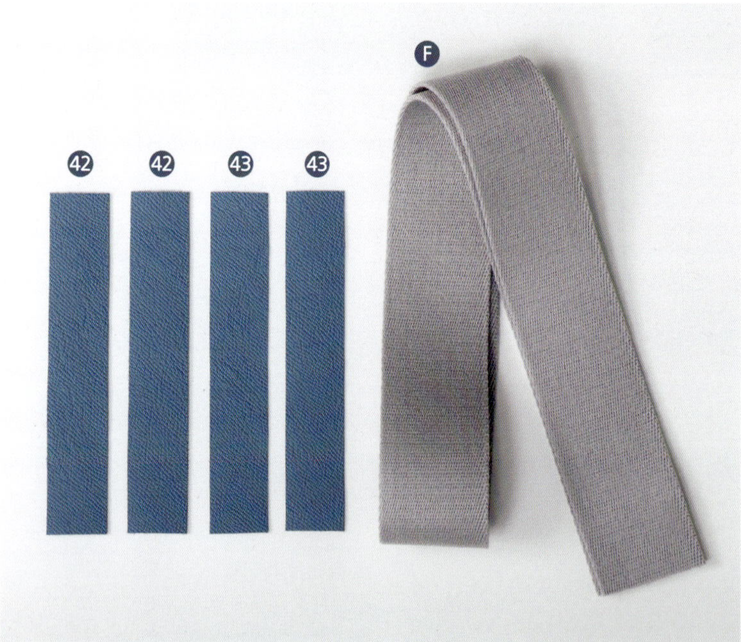

㊷ 숄더 모모 가죽 겉
[가죽(1.5mm 두께)/2장]

㊸ 숄더 모모 가죽 안
[가죽(1.0mm 두께)/2장]

Ⓕ 숄더 스트랩
[아크릴 테이프 폭 50mm/
길이 86cm/1개]

18 앞판쪽 전체 포켓[천/1장]
14 지퍼 포켓[천/1장]
7 본체 겉 포켓[천/2장]

26 옆판 띠 아래[천/2장]
12 본체 안[천/2장]
17 뒷판쪽 전체 포켓 안[천/1장]
29 바닥 안[천/1장]

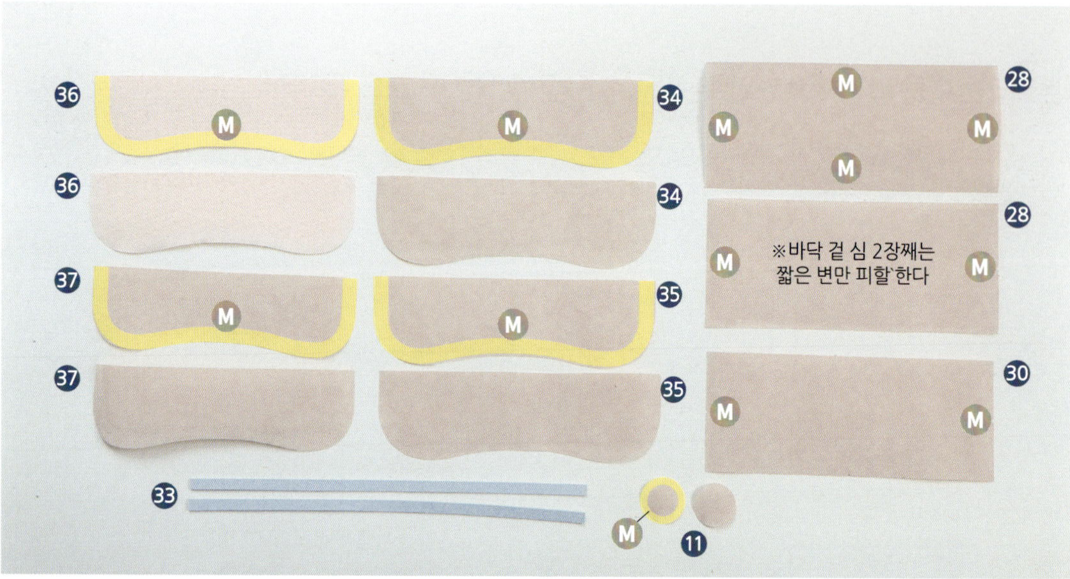

34 본체 입구 심[심재(바이린 0.4mm 두께)/2장]
35 본체 겉 포켓 입구 심
[심재(바이린 0.4mm 두께)/2장]
36 본체 띠 심
[심재(본텍스 0.4mm 두께)/2장]
37 본체 포켓 띠 심
[심재(바이린 0.4mm 두께)/2장]
28 바닥 겉 심[심재(바이린 0.4mm 두께)/2장]
30 바닥 안 심[심재(바이린 0.4mm 두께)/1장]

33 손잡이 심
[심재(슬라이서 0.7mm를 2장 겹친다)/2장]
11 자석 커버 심
[심재(바이린 0.4mm 두께)/2장]
3 본체 겉 위 심[심재(본택 #9401)/2장]
5 본체 겉 아래 심[심재(본택 #9401)/2장]
21 옆판 겉 위 심[심재(본택 #9401)/2장]
23 옆판 겉 아래 심[심재(본택 #9401)/2장]

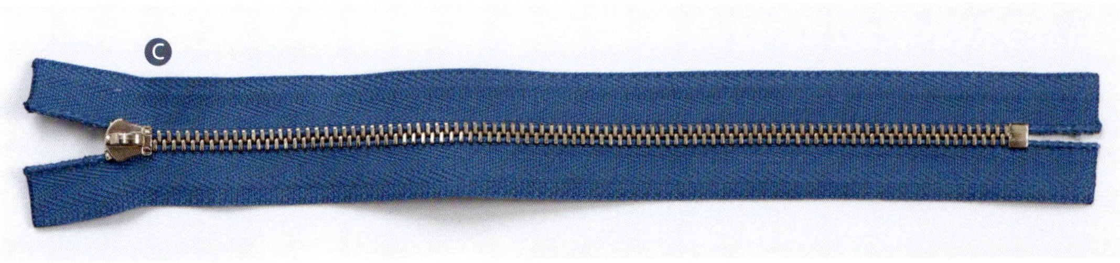

C 지퍼[No.3/195mm × 1개]

G 개고리[폭 15~18mm/2개]
※책에서 사용하는 개고리는 15mm이지만 숄더 모모 패턴에 맞춰 골라서 사용해도 좋다.

H D링[폭 15mm/2개]

B 자석[직경 18mm/1세트]

패턴 미리보기

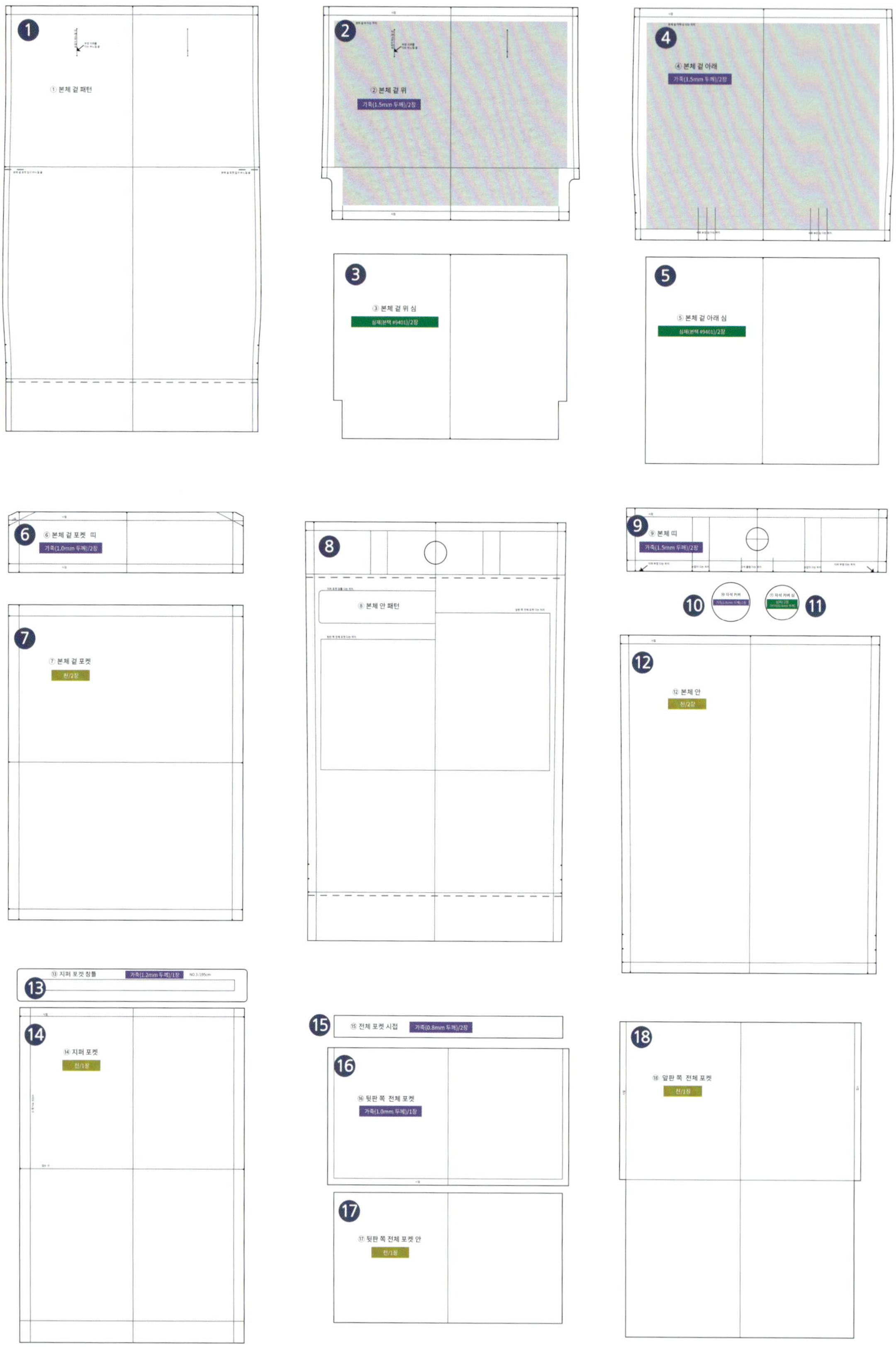
① 본체 겉 패턴
② 본체 겉 위
가죽(1.5mm 두께)/2장
③ 본체 겉 위 심
심제(본택 #9401)/2장
④ 본체 겉 아래
가죽(1.5mm 두께)/2장
⑤ 본체 겉 아래 심
심제(본택 #9401)/2장
⑥ 본체 겉 포켓 띠
가죽(1.0mm 두께)/2장
⑦ 본체 겉 포켓
천/2장
⑧ 본체 안 패턴
⑨ 본체 띠
가죽(1.5mm 두께)/2장
⑫ 본체 안
천/2장
⑬ 지퍼 포켓 장틀
가죽(1.2mm 두께)/1장
⑭ 지퍼 포켓
천/1장
⑮ 전체 포켓 시접
가죽(0.8mm 두께)/2장
⑯ 뒷판 쪽 전체 포켓
가죽(1.0mm 두께)/1장
⑰ 뒷판 쪽 전체 포켓 안
천/1장
⑱ 앞판 쪽 전체 포켓
천/1장

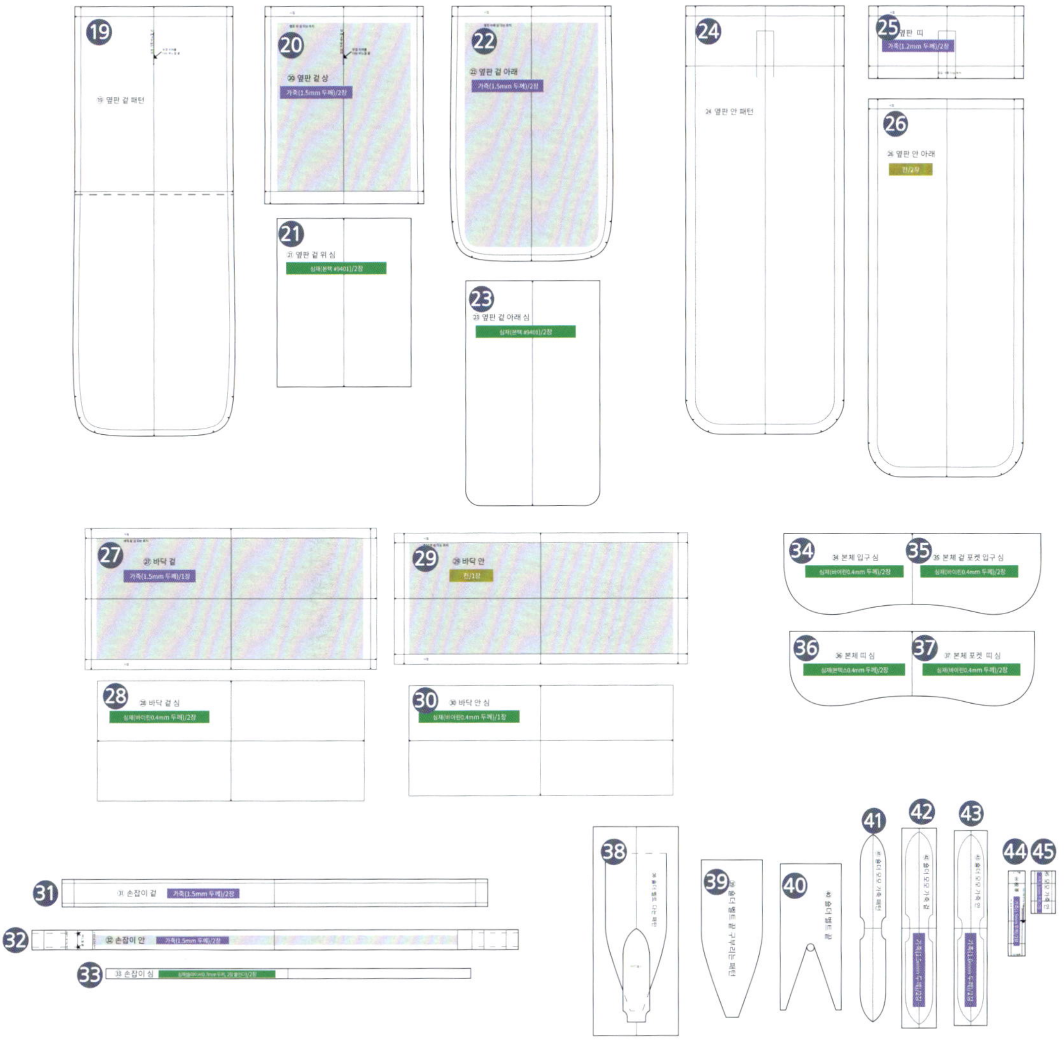

1 본체 겉 패턴 ⋯ 삽지·앞
2 본체 겉 위 ⋯ p.240-241
3 본체 겉 위 심 ⋯ p.242-243
4 본체 겉 아래 ⋯ p.244-245
5 본체 겉 아래 심 ⋯ p.246-247
6 본체 겉 포켓 띠 ⋯ p.242-243
7 본체 겉 포켓 ⋯ p.250-251
8 본체 안 패턴 ⋯ 삽지·앞
9 본체 띠 ⋯ 삽지·앞
10 자석 커버 ⋯ 삽지·앞
11 자석 커버 심 ⋯ 삽지·앞
12 본체 안 ⋯ 삽지·앞
13 지퍼 포켓 창틀 ⋯ 삽지·앞
14 지퍼 포켓 ⋯ p.254-255
15 전체 포켓 시접 ⋯ p.253
16 뒷판 쪽 전체 포켓 ⋯ p.249
17 뒷판 쪽 전체 포켓 안 ⋯ p.252
18 앞판 쪽 전체 포켓 ⋯ p.256-257
19 옆판 겉 패턴 ⋯ 삽지·앞
20 옆판 겉 위 ⋯ p.258
21 옆판 겉 위 심 ⋯ p.258
22 옆판 겉 아래 ⋯ p.259
23 옆판 겉 아래 심 ⋯ p.264
24 옆판 안 패턴 ⋯ 삽지·앞
25 옆판 띠 ⋯ 삽지·앞
26 옆판 띠 아래 ⋯ 삽지·앞
27 바닥 겉 ⋯ p.260
28 바닥 겉 심 ⋯ p.261
29 바닥 안 ⋯ p.262
30 바닥 안 심 ⋯ p.263
31 손잡이 겉 ⋯ 삽지·앞
32 손잡이 안 ⋯ 삽지·앞
33 손잡이 심 ⋯ 삽지·앞
34 본체 입구 심 ⋯ p.248
35 본체 겉 포켓 입구 심 ⋯ p.248
36 본체 띠 심 ⋯ p.248
37 포켓 띠 심 ⋯ p.248
38 숄더 스트랩 다는 패턴 ⋯ p.253
39 숄더 스트랩 단 구부리는 패턴 ⋯ p.253
40 숄더 스트랩 단 ⋯ p.253
41 숄더 스트랩 모모 가죽 패턴 ⋯ 삽지·앞
42 숄더 모모 가죽 겉 ⋯ 삽지·앞
43 숄더 모모 가죽 안 ⋯ 삽지·앞
44 모모 가죽 ⋯ 삽지·앞
45 모모 가죽 안 ⋯ 삽지·앞

본체 겉의 파츠를 만든다

본체 겉을 구성하는 파츠를 만든다. 옆판은 연결만 하면 되어서 심플하지만 본체는 포켓과 띠가 있어서 구조와 연결 방법에 주의한다.

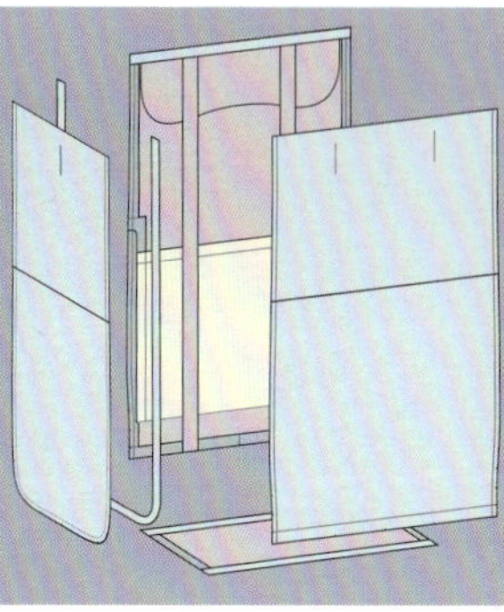

이 단계에서는크게 '바닥 겉', '옆판 겉', '본체 겉', '파이핑' 총 4 종류를 만든다

바닥 겉을 만든다

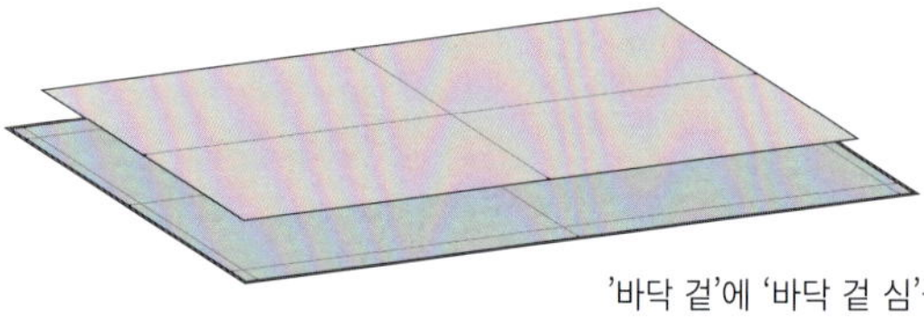

'바닥 겉'에 '바닥 겉 심'을 붙이고 양 사이드의 튀어나온 변을 시접한다

01 '바닥 겉 심' 2장의 전면에 고무 접착제를 바른다

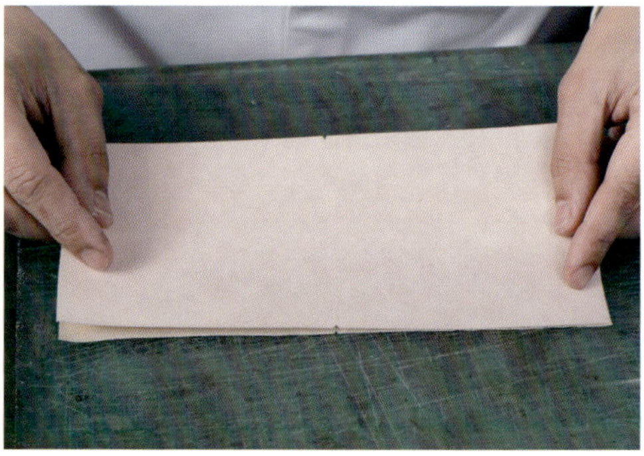

02 끝을 나란히 맞춰서 붙인다

03 롤러로 확실하게 압착한다

POINT

두꺼운 심재를 1장 붙이면 한 방향으로 구부러지기 쉽다. 얇은 심재를 2장 쓰면서 구부러지는 방향을 다르게 해서 맞붙이면 한 방향으로 구부러지는 현상을 막고 강도도 올릴 수 있다.

04 ’바닥 겉’ 센터를 맞추는 십자 선을 긋고 ‘바닥 겉 심’을 센터에 맞춰 겹친 후 선을 긋는다

05 ’바닥 겉의 04에 그은 심의 선 안쪽, ‘바닥 겉 심’의 전면에 고무 접착제를 바른다

06 선에 맞춰 ‘바닥 겉 심’을 놓은 후, 안쪽에서 평행하게 ‘바닥 겉’의 겉쪽에서 눌러가면서 붙여나간다

바닥 겉의 긴 변을 시접한다

07 ’바닥 겉’의 긴 변을 시접하기 위해 붙는 부분에 고무 접착제를 바른다

POINT

V자 표시를 겹치는 라인(심재 끝)에 맞춰 시접하기 때문에 여기를 센터로 해서 밖과 안이 균등한 폭이 되도록 고무 접착제를 바른다. 조금 튀어나와도 괜찮고 눈대중으로 발라도 OK.

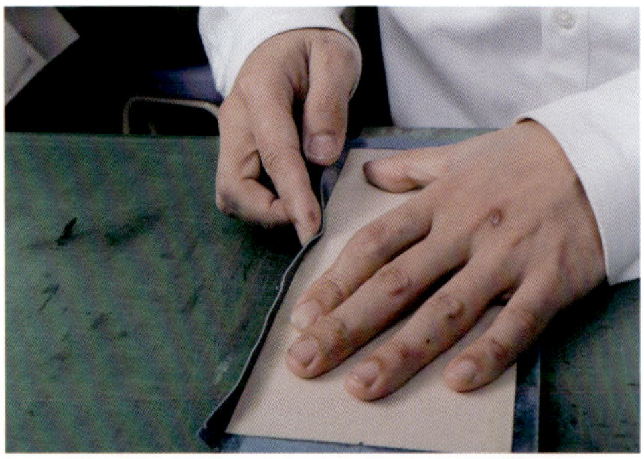

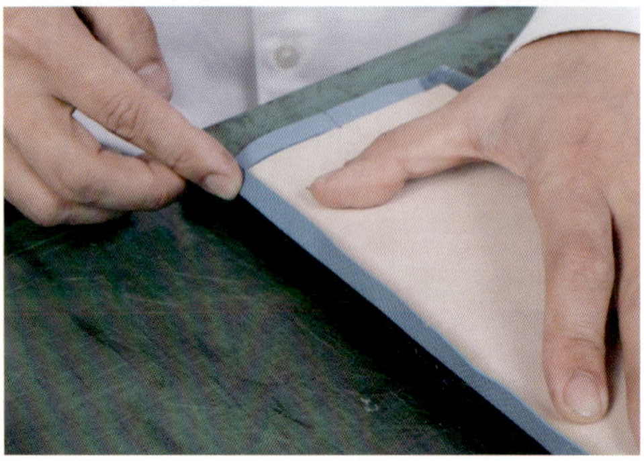

08 '바닥 겉'의 긴 변을 V자 겹치는 라인(심 끝)에 맞춰 구부려서 자국을 낸다

09 접는 선에 맞춰 시접해서 붙인다

10 양 사이드의 긴 변을 둘 다 시접한다

옆판 겉을 만든다

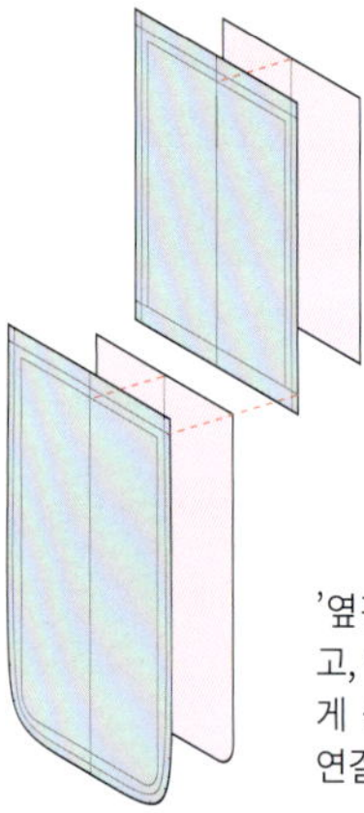

'옆판 겉 아래'에 심을 붙이고, 윗변을 시접한 뒤, 동일하게 심을 붙인 '옆판 겉 위'와 연결해서 바느질한다

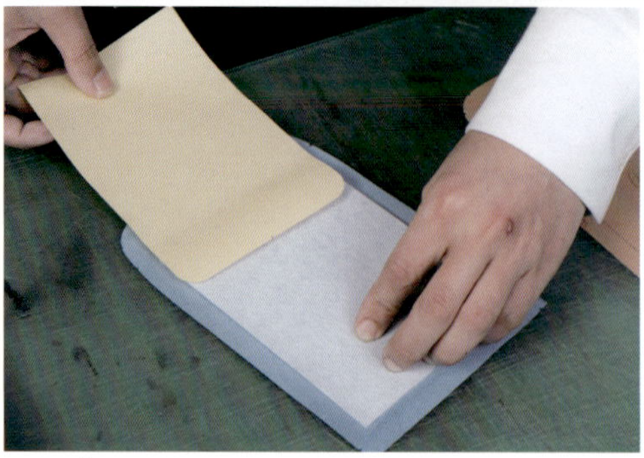

11 '옆판 겉 아래'의 심재 붙이는 위치에 '옆판 겉 아래 심(본택)'을 붙인다

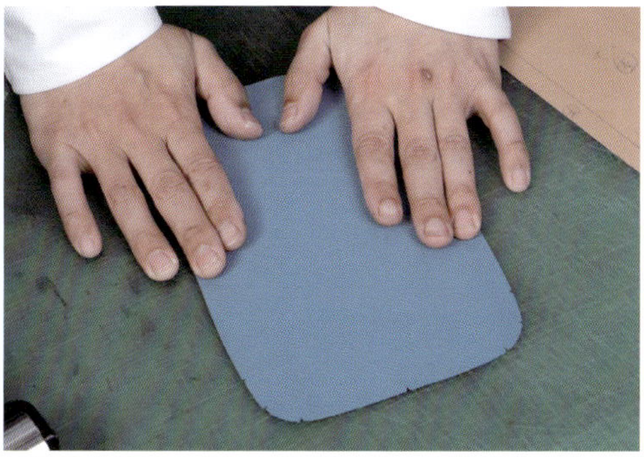

12 심을 가볍게 붙인 후, 안쪽이 평평해지도록 겉에서 눌러서 확실히 붙인다

13 '옆판 겉 아래'의 윗변을, 8mm로 시접한다(피할한다). 심재의 끝에 맞추는 것이 아니므로 시접한 라인이 망가지지 않도록 주의한다

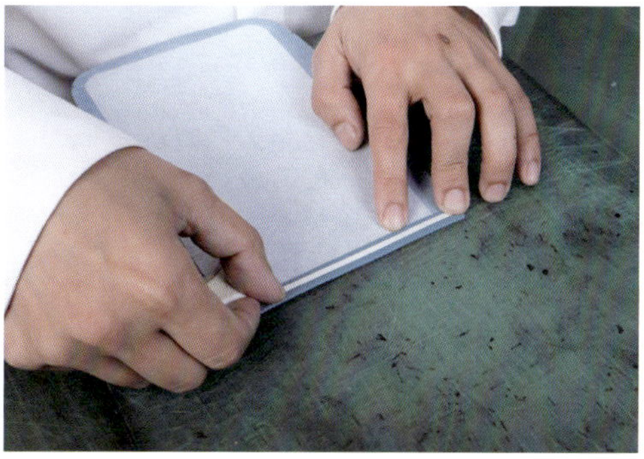

14 '옆판 겉 아래'의 윗변에 끝에서 2.5mm 폭으로 3mm 양면 테이프를 붙이고, '옆판 겉 위'와 맞붙인다

POINT

미싱 바느질 땀을 기본 2.5mm로 설정했으므로 이 바느질 폭 만큼 간격을 두고 양면테이프를 붙인다. 맞붙일 때는 V자 표시에 맞춰 딱 맞게 붙인다.

15 '옆판 겉 패턴'에 겹쳐서 사이즈를 체크한다 비뚤어졌다면 자르거나 해서 조절한다

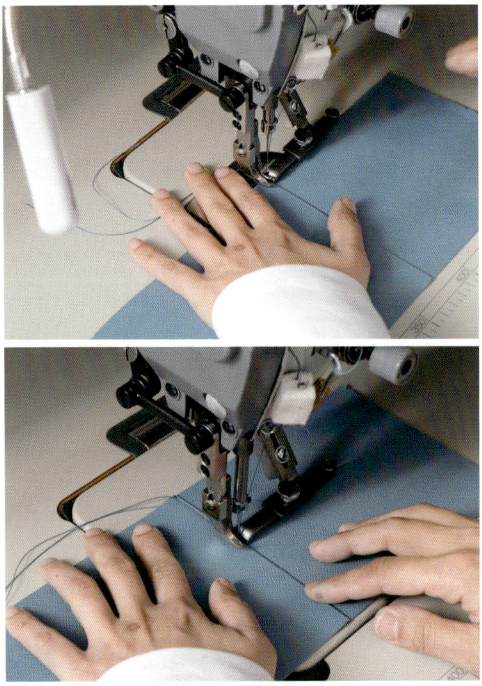

16 옆판 겉의 연결 땀을 2.5mm 폭으로 바느질한다

POINT

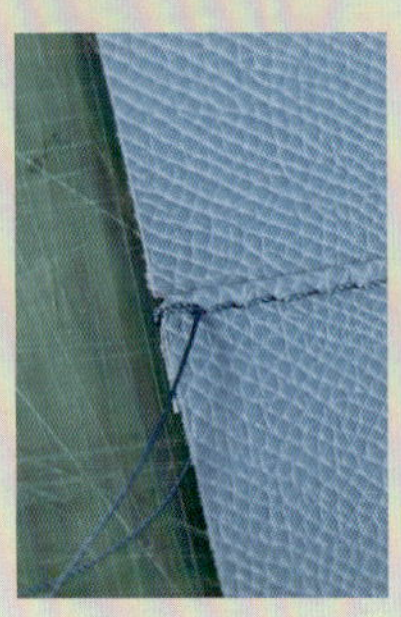

실은 열펜으로 마감하거나 그 전에 1땀 되돌아와서 끊는다. 되돌아와서 바느질할 때는 인스티치 한 후 겉에서 보이지 않도록 작업한다

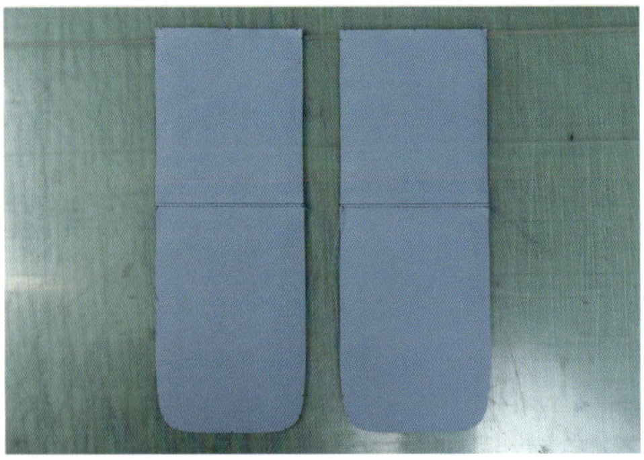

17 옆판 겉 2장을 모두 바느질한다

본체 포켓을 만든다

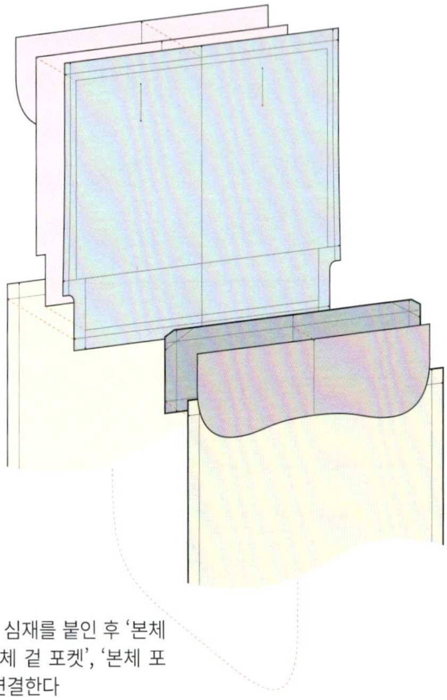

각 파츠에 심재를 붙인 후 '본체 겉 위, '본체 겉 포켓', '본체 포켓 띠'를 연결한다

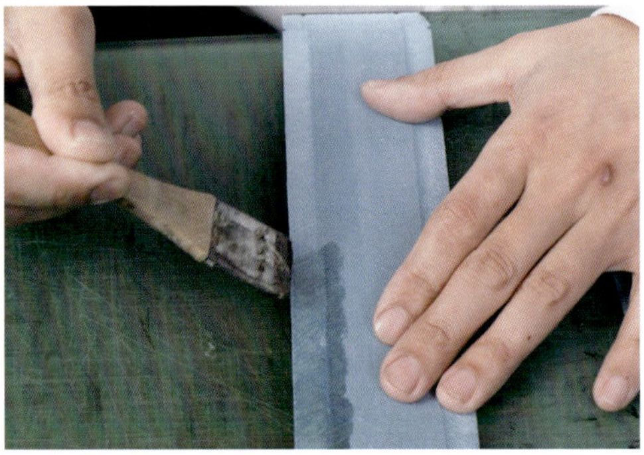

18 '본체 포켓 띠'의 하단(테이버가 없는 쪽 끝)을 8mm로 시접하기 때문에 16mm 으로 고무 접착제를 바른다

19 시접 라인을 따라 시접한다

20 시접한 시접 라인에서 2.5mm 띄우고 3mm 폭 양면 테이프를 붙인다

21 V 표시를 하고 '본체 겉 포켓'과 맞붙인다

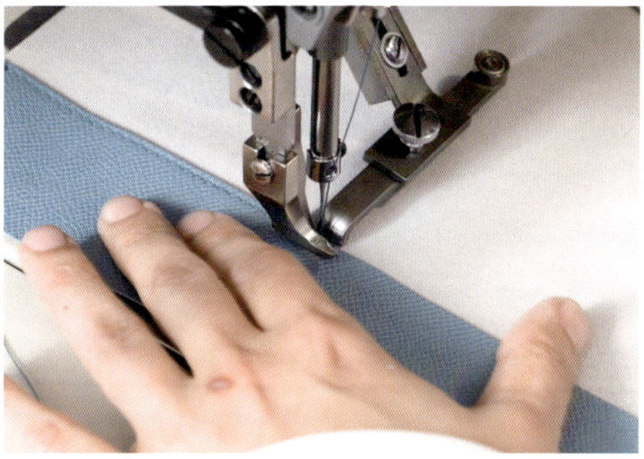

22 연결해서 2.5mm 폭으로 바느질한다. 옆판 겉과 동일하게 끝에서 1땀 돌아온다

23 본체 포켓 2장을 완성하였다

본체 포켓에 심을 붙인다

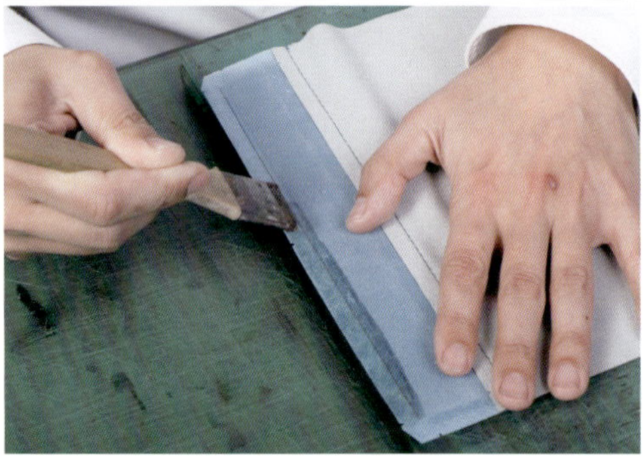

24 '본체 포켓 띠 심'의 상단 5mm 폭, '본체 포켓 띠'의 상단 13mm 폭에 고무 접착제를 바른다(눈대중도 OK)

25 '본체 포켓 띠'의 시접 라인(끝에서 8mm에 맞춰 '본체 포켓 띠 심'을 붙인다. 가볍게 붙인 뒤 겉에서 눌러서 압착한다

26 '본체 포켓 띠'의 상단은 테이버에 맞춰 시접하기 때문에 V자로 칼집을 낸다

POINT

V자로 칼집을 내는 것은 시접한 가죽이 겹치면서 주름이 생기는 것을 방지하기 위해서이다. 칼집 깊이는 8mm 시접 라인보다 2mm 얕게 만들어서 시접한 후에 겉에서 보이지 않게 한다.

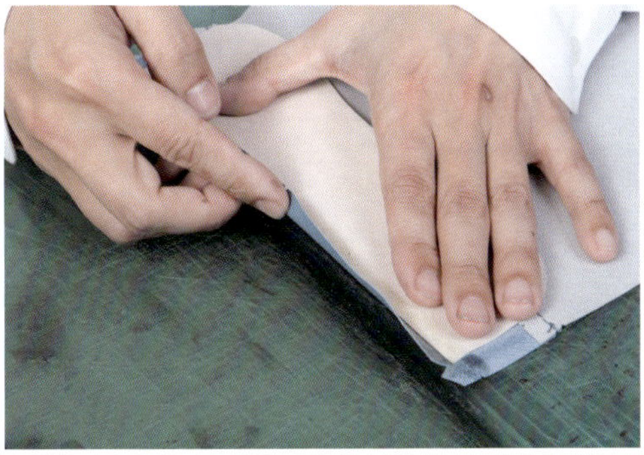

27 고무 접착제를 바르고 8mm 라인에 맞춰 시접한다. 양 끝의 테이버 부분도 선에 맞춰 깨끗하게 접는다

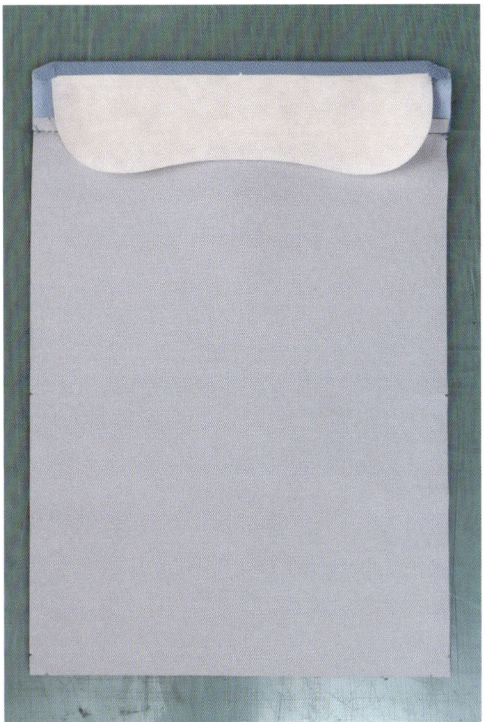

28 본체 포켓의 띠에 심을 붙인 상태. 두 장 만든다

본체 겉 위에 본체 포켓을 단다

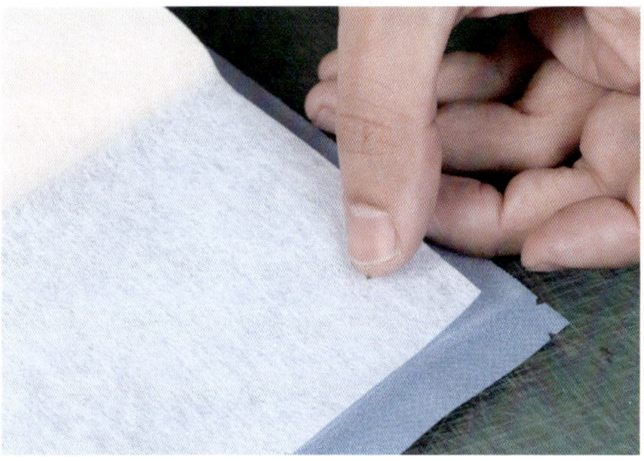

29 '본체 겉 상'의 심을 붙이는 위치에 맞춰 본체 겉 심(본텍스)을 붙인다

30 '본체 겉 상'의 하단의 8mm를 뒤집는다

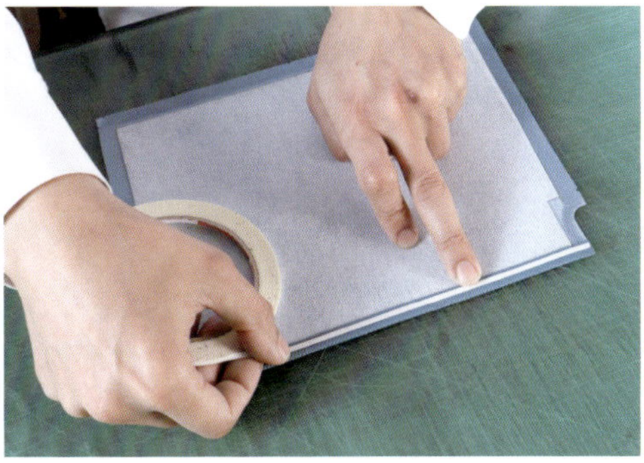

31 시접한 하단에 시접에서 2.5mm 띄우고 3mm 폭으로 양면 테이프를 붙인다

32 '본체 겉 상'을 본체 포켓의 상단 바느질에 맞추는 띠 반대쪽에 붙인다

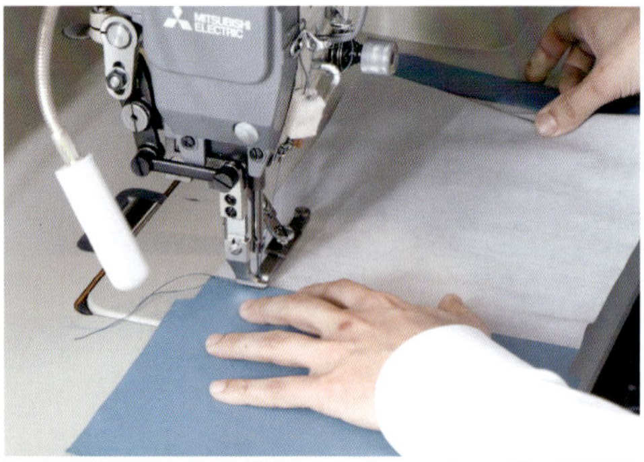

33 2.5mm 폭으로 바느질한다. 양끝은 1땀 되돌아온다. 동일한 순서로 2장 만든다

본체 겉 아래를 만든다

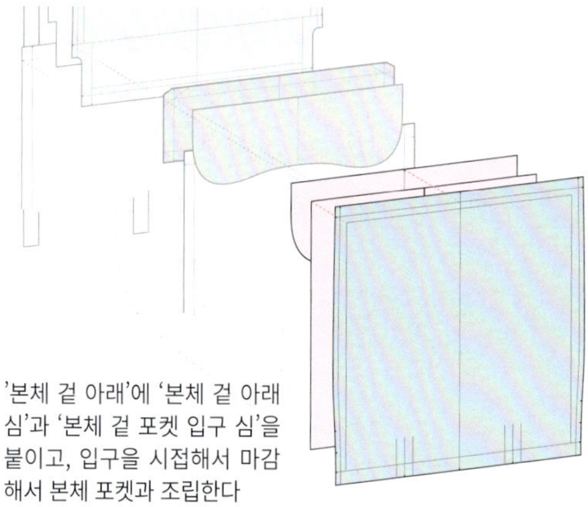

'본체 겉 아래'에 '본체 겉 아래 심'과 '본체 겉 포켓 입구 심'을 붙이고, 입구을 시접해서 마감해서 본체 포켓과 조립한다

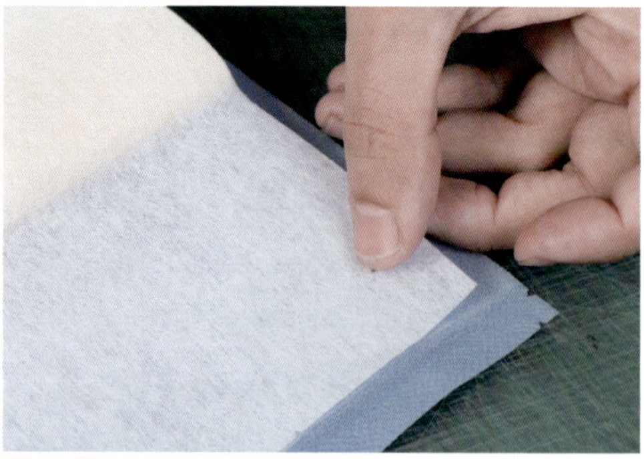

34 붙이는 위치에 맞춰 '본체 겉 아래'에 '본체 겉 아래 심(본텍스)'을 붙인다

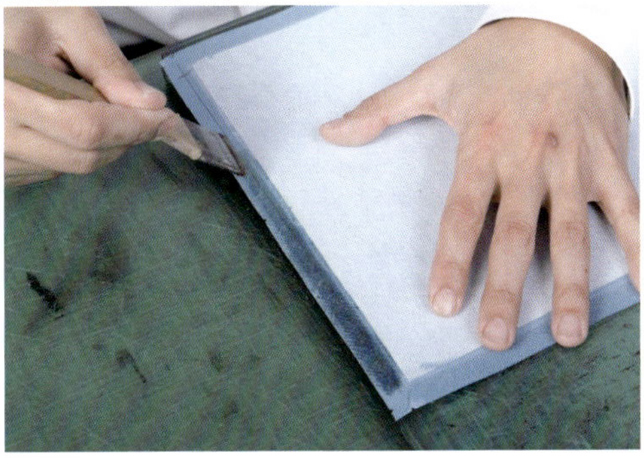

35 '본체 겉 포켓 입구 심'의 상단 5mm 폭, '본체 겉 아래'의 상단에 13mm 폭으로 고무 접착제를 바른다(접착 폭은 눈대중으로 재도 무방하다)

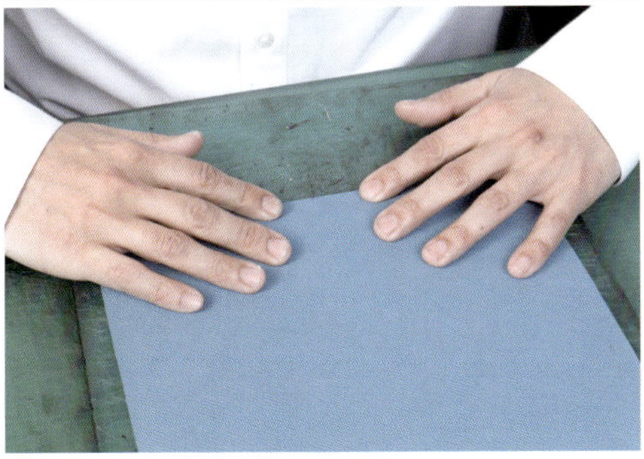

36 '본체 겉 아래' 상단의 시접 라인(끝에서 8mm)에 맞춰 '본체 겉 포켓 입구 심'을 붙이고, 겉에서 압착한다

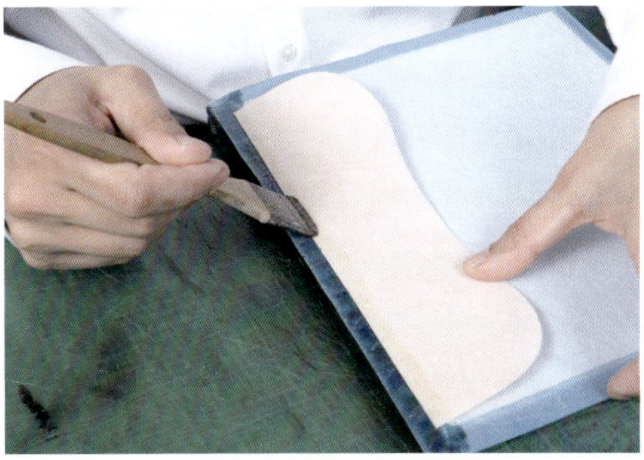

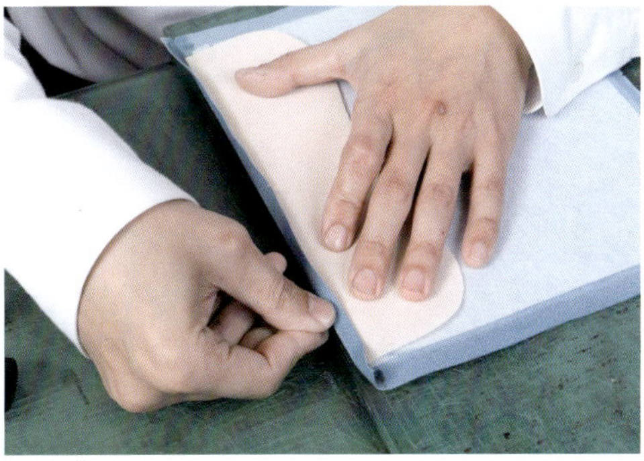

37 고무 접착제를 바르고 본체 겉 아래의 상단을 8mm 시접한다. 동일한 순서로 2장 만든다

본체 겉 위와 본체 겉 아래을 연결한다

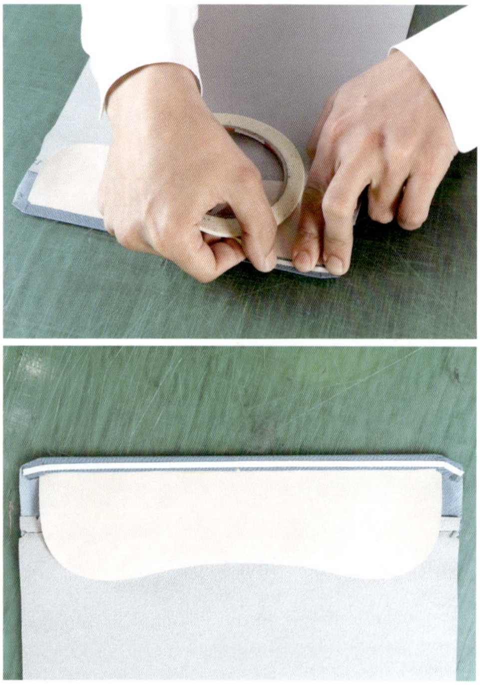

38 '본체 포켓 띠' 부분의 상단에 2.5mm 남기고 3mm폭의 양면 테이프를 붙인다. 테이버 부분도 시접한다

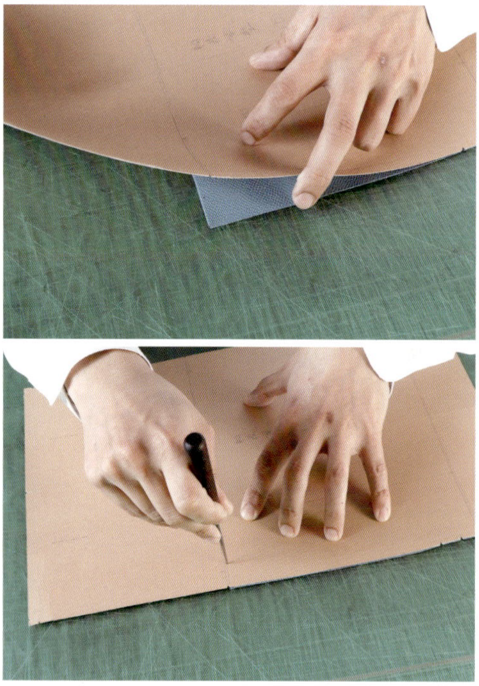

39 '본체 겉 아래'에 '본체 겉 패턴'을 겹치고 포켓 입구의 양 끝에 있는 바느질 시작과 끝 점을 표시한다

40 38에서 붙인 양면 테이프에 '본체 포켓 띠'와 '본체 겉 아래'를 시접과 센터를 맞춰 붙인다

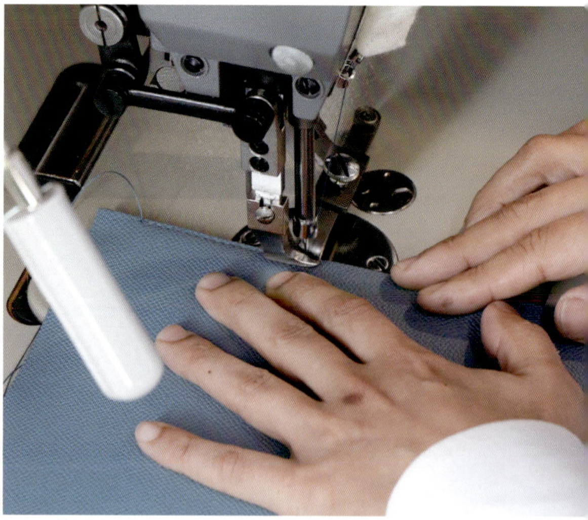

41 39에서 표시한 바느질 시작과 끝 점보다 1땀 밖에서부터 바느질을 시작해서 바느질이 끝난 뒤 1땀 더 바느질 한다. 되돌아올 필요는 없다

42 바느질이 끝나면 양 끝의 남은 실을 모두 안쪽으로 밀어 넣는다

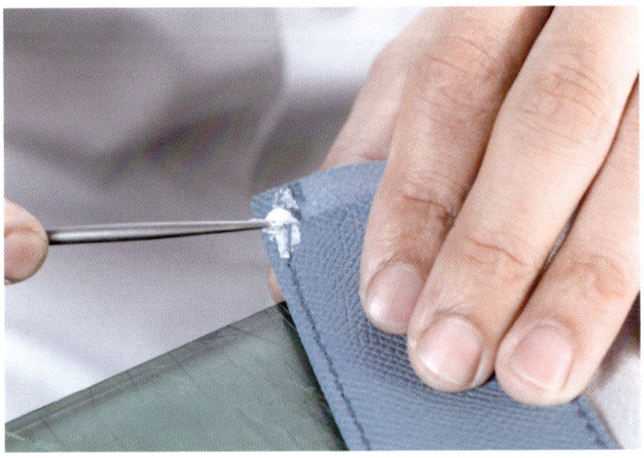

43 밖에서 실이 보이지 않도록 한 후 본드로 막고 짧게 자른다

본체 포켓을 봉투 모양으로 만든다

44 본체 겉 위의 좁아지는 부분부터 본체 포켓의 접는 위치까지 양쪽에 5mm폭의 양면 테이프를 붙인다

45 본체 포켓을 접고 본체 겉 아래의 바느질 시접을 본체 겉 위의 V컷 자국에 맞춰 버느질한다

46 시접을 올바른 위치에 붙인 다음, 안쪽으로 뒤집어서 포켓 양 사이드를 붙여서 봉투 형태로 만든다

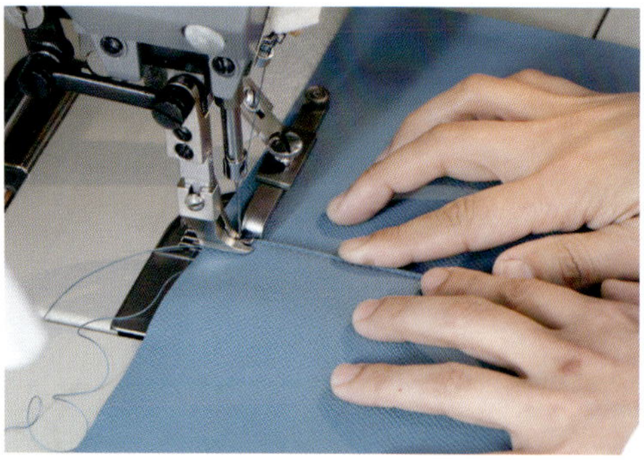

47 본체 겉 아래 입구의 양 끝을, 시접의 바느질 땀(44페이지의 공정 41)과 연결되도록 옆을 향해 박는다

POINT

끝은 1땀 돌아오면서 바느질을 시작하고 바느질 끝 선에 다시 한 번 되돌아박아서 멈춘다. 44페이지의 41에서 바느질 끝 점보다 1땀 밖에서 바느질하기 때문에 이렇게 하면 1땀이 겹쳐져서 연결된다. 사진의 표시의 위치가 바느질 끝.

48 실은 바느질의 구멍에 거의 맞닿는 위치에서 열펜으로 자른다

49 안쪽(바느질 끝 쪽)의 실은 아랫실, 윗실 모두 안쪽으로 꺼내서 본드로 구멍을 막는다

50 본체 겉 아래를 젖히고 띠를 붙인 본체 포켓의 양쪽을 10mm 폭으로 바느질한다. 바느질 시작과 끝은 2~3회 되돌아오면 좋다

POINT

포켓의 바로 위 가장자리에서 바느질하기 때문에 2~3땀까지는 바느질 구멍을 옆으로 뉘어서 바느질하면 좋다. 또한 바느질 폭의 10mm는 포켓(천)의 상단에 새겨놓은 V자 표시를 기준점으로 삼으면 된다.

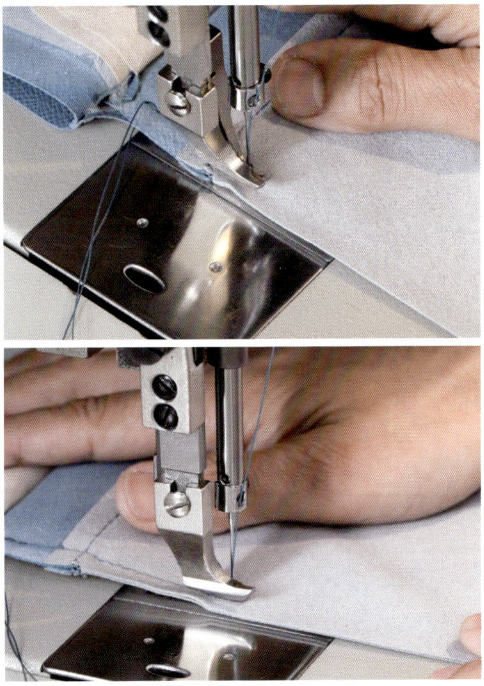

51 이대로 포켓 바닥쪽까지 바느질한다

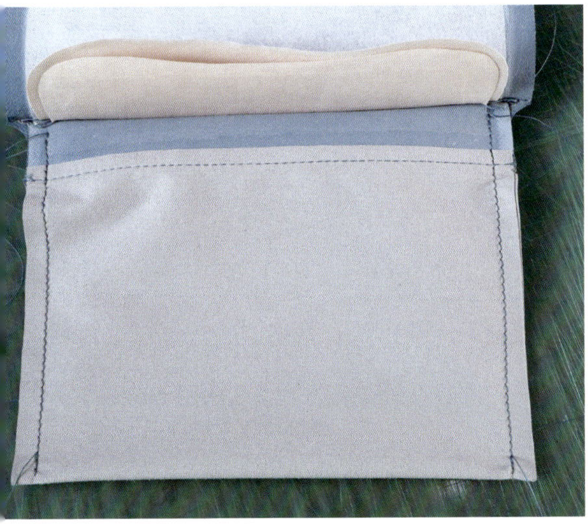

52 양 사이드를 동일하게 바느질한다

POINT

'본판 겉 포켓 입구 심'보다도, 바로 안쪽에 겹쳐지는 '본체 포켓 띠 심' 쪽이 조금 작다. 겹칠 때 단차가 생기는 것을 최소화하기 위해서이다.

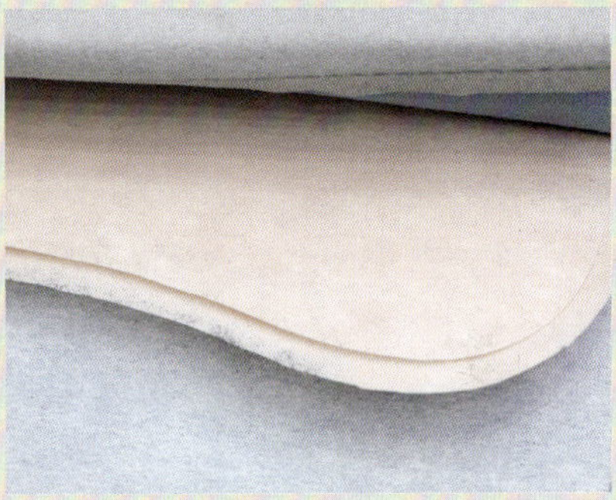

53 동일한 순서로 본체 겉을 2장 만든다

파이핑을 만든다

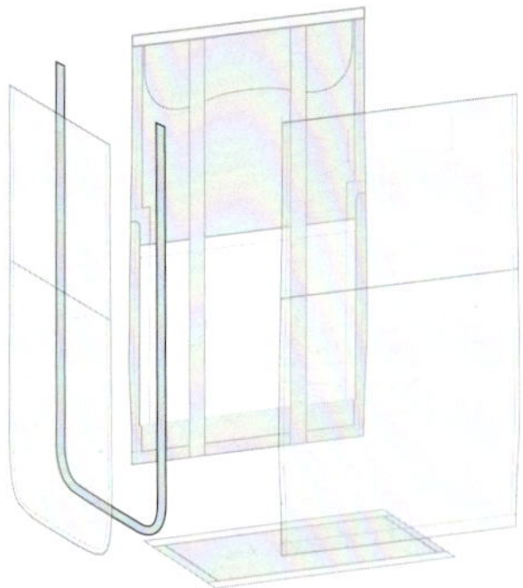

본체 겉과 옆판 겉의 인스티치 부분을 연결하는 파이핑을 만든다. 가방이 자립할 수 있도록 장력이 있는 폴리심을 사용했다

54 파이핑 가죽은 폭 20mm로 1장 길이는 77cm, 폴리심은 두께가 1.8mm로, 길이 75.5cm로 잘라놓는다

55 파이핑 가죽의 한쪽 단을 3mm 피할하고 안쪽면 전체에 고무 접착제를 바른다

56 고무 접착제를 바르고 한쪽 끝 15mm 떨어진 곳에서 가죽의 센터에 폴리심을 올린다

57 폴리심을 감싸듯 가죽을 접고 끝과 끝을 이어서 붙여나간다. 고무 접착제를 바르지 않은 쪽 끝은 그 상태로 놔둬도 괜찮다(오른쪽 페이지 아래 사진 참조)

58 주걱으로 누르면서 압착해나간다. 동일하게 2개를 만든다

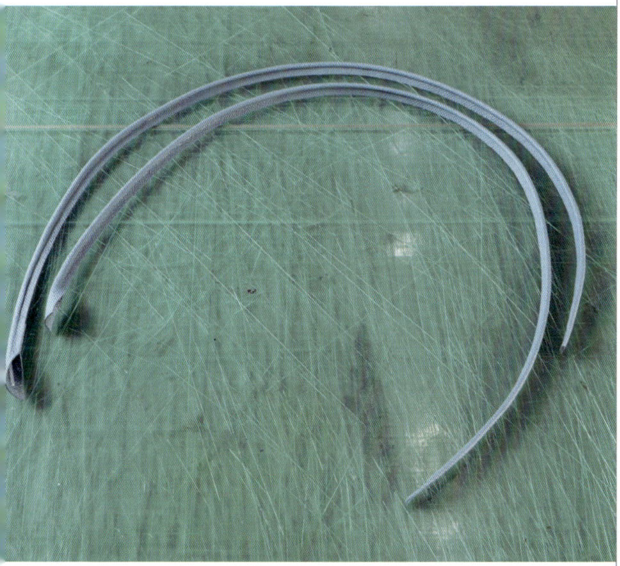

POINT

이상으로 본체 겉을 구성하는 주요 파츠인 '본체 겉', '옆판 겉', '바닥 겉', '파이핑'이 완성되었다. 다음 페이지부터는 이 파츠에 붙는 심재 등을 추가하여 본체를 완성해 나갈 예정이다.

본체 겉을 조립한다

앞 페이지까지 만든 파츠를 조립해서 본체를 만든다. 심재를 삽입하는 방법이나 인스티치 등 포인트가 많은 스텝이다.

앞에서 만든 '본체 겉', '옆판 겉', '바닥 겉', '파이핑'을 조립해 나간다.

본체 겉에 본체 입구 심을 붙인다

본체 겉 상단(입구)의 안쪽에 '본체 입구 심'과 세로 보강 심을 붙이면서 바닥 겉 파츠와 연결해서 조립한다

01 '본체 겉 패턴'에서 바느질선 아래위의 표시점을 찍는다 (뚜껑 옆판 지퍼 사용 시에는 짧아지므로 주의)

02 표시점을 은펜으로 연결해서 재봉틀로 헛바느질(바늘에 실을 끼우지 않고 박는 바느질)해서 구멍만 낸다

POINT

이 부분은 마지막에 다는 핸들과 함께 바느질하지만, 타프 미싱으로는 봉투 형태를 세로 방향으로 바느질 할 수가 없다. 그러나 이 시점에서 먼저 아래 바느질구멍을 뚫어놓으면 손으로 밀면서 옆 방향으로 바느질할 수가 있다. '말뚝 미싱'이 있거나 손바느질로 마감하는 경우는 불필요한 테크닉이다.

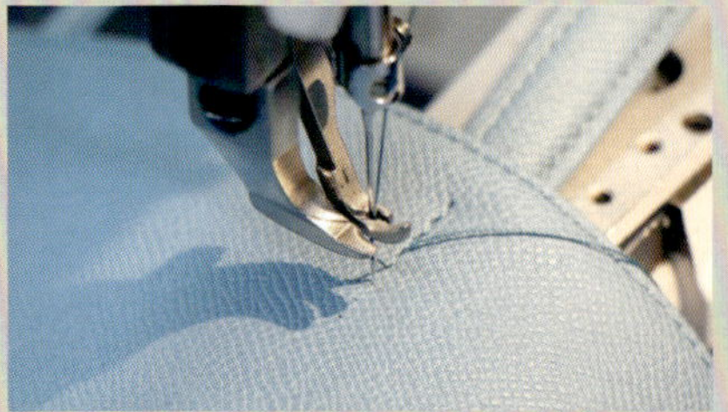

03 본체 겉의 사안(안쪽)에 V자 컷에 맞춰 8mm 라인을 그린다

04 본체 겉의 상단은 13mm 폭, '본체 입구 심'의 상단은 5mm 폭으로 고무 접착제를 바른다

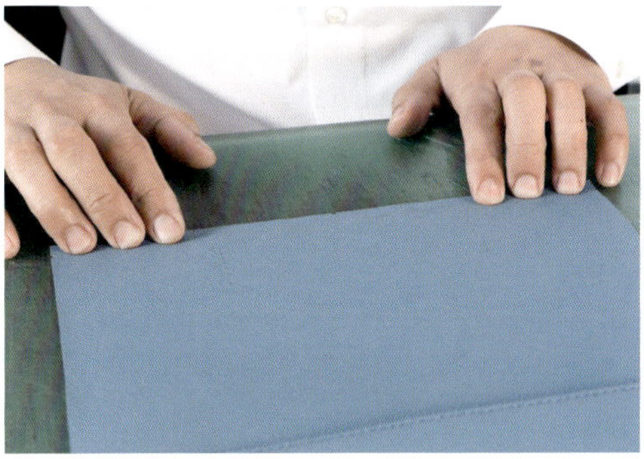

05 라인을 따라 센터를 맞춰 '본체 입구 심'을 가볍게 붙이고 겉에서 눌러가며 압착한다

본체 겉에 세로 보강 심을 붙인다

06 세로 보강 심(패턴 있음)을 4장 잘라낸다. 얇고 늘어나지 않는 천을 사용하는데, 여기서는 코튼버버리를 썼다. 사이즈는 길이 342mm, 폭 14mm

07 세로 보강 심의 끝에 5mm폭의 양면 테이프를 붙인다

08 본체 겉의 바닥쪽 세로 보강 심을 붙이는 위치(V자 표시)에 센터를 맞춰 세로 보강 심을 붙인다. 입구(상단) 쪽은 붙이지 않는다

POINT

이 세로 보강 심은 서스펜더 처럼 겉 본체 위아래를 지지하고 가방에 물건을 넣었을 때 무게가 아래로 쏠리지 않도록 보강해주는 역할을 한다. 효과에 대해서는 다음 공정에서 설명한다.

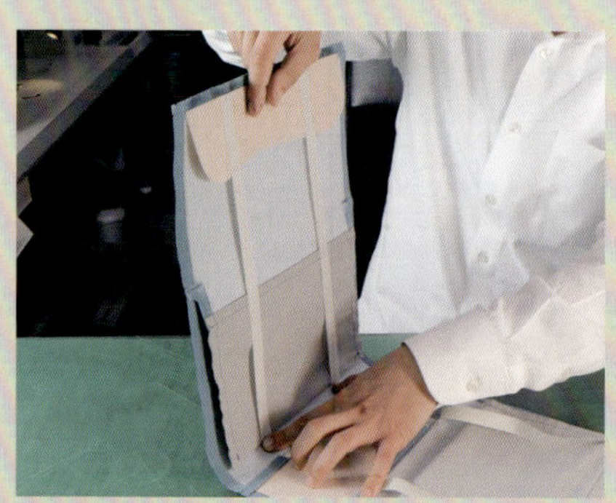

세로 보강 심의 길이(342mm)는 본체 세로 길이보다 3mm정도 짧다. 위의 사진처럼 바닥을 기준으로 구부려 접었을 때 딱 맞는 길이이다.

본체 겉과 바닥 겉을 연결한다

09 바닥 겉의 긴 쪽에 시접에서 2.5mm 남기고 3mm 폭의 양면 테이프를 붙인다. V자 표시에 맞춰 본체 겉을 맞춰 붙인다

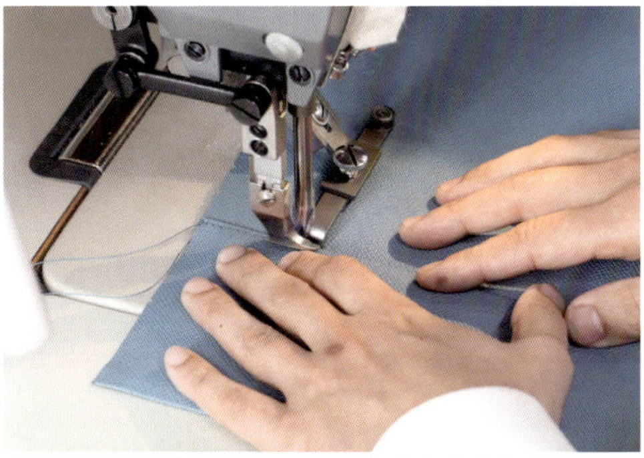

10 2.5mm 폭으로 바느질한다. 실 양 끝은 1땀 돌아와서 바느질한 뒤 열펜으로 처리한다

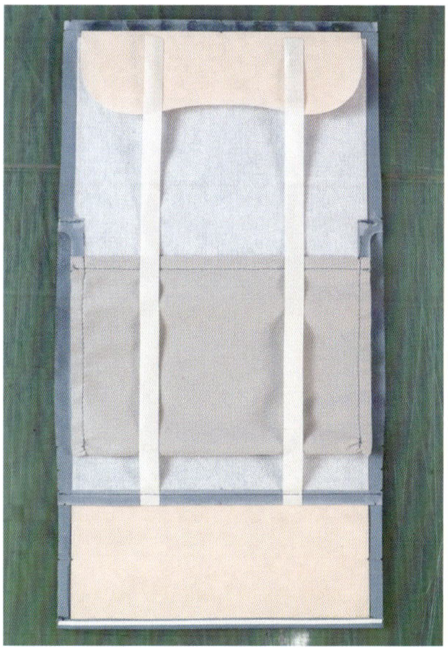

11 안쪽에서 보면 세로 보강 심이 바느질되어서 확실하게 고정된 것을 알 수 있다. 동일하게 반대쪽도 연결해서 바느질한다

본체 겉의 입구를 시접한다

12 2장의 본체 겉과 바닥 겉을 연결한 상태

13 본체 겉에 '본체 겉 패턴'을 겹치고 '손잡이 바느질 선'의 연장선상에 있는 입구 심 상단을 표시한다(4곳). 이것이 세로 보강 심을 다는 위치가 된다

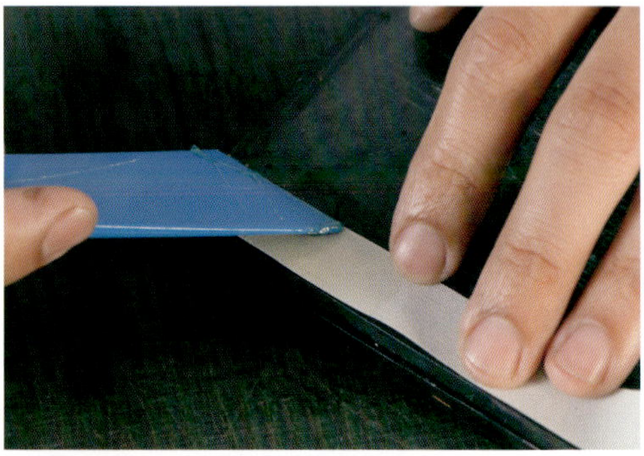

14 세로 보강 심의 입구 쪽과 본체 겉의 붙이는 위치에 50mm 길이로 고무 접착제를 바른다. 접착제 바르는 위치는 핸들 바느질선과 겹친다

15 평평한 상태에서 붙이면 3mm 정도 짧지만 조금 늘려서 입구 심의 상단에 맞춰서 붙인다. 여기서 텐션이 걸리지 않도록 하면서 세로 보강 심을 잘라서 딱 맞춘다

POINT

세로 보강 심을 붙인 후에는 본체가 확실히 보강되었는지 확인하는 것이 좋다. 본체 입구 주변을 잡고 바닥 쪽을 아래로 당겼을 때 포켓이 밑으로 벌어지지 않으면 제대로 작업한 것이다.

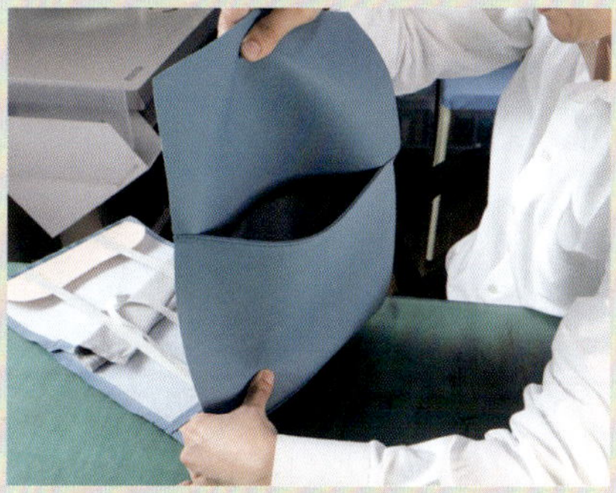

보강이 제대로 되지 않으면 이렇게 포켓 부분이 바닥과 함께 당겨지면서 형태가 망가진다

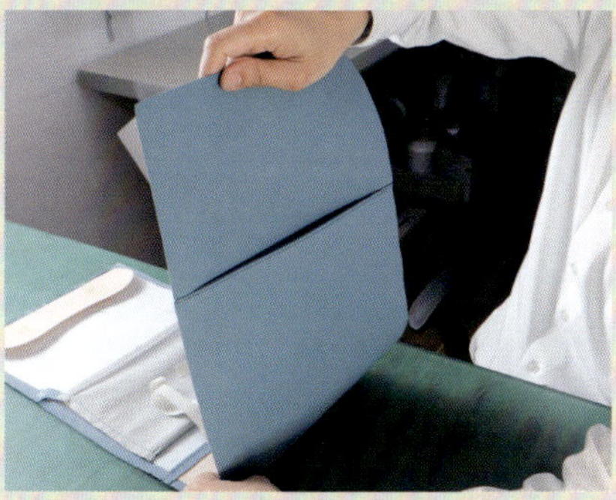

보강이 잘 되었다면 당겨도 본체가 아래로 무너지지 않고 형태가 유지된다

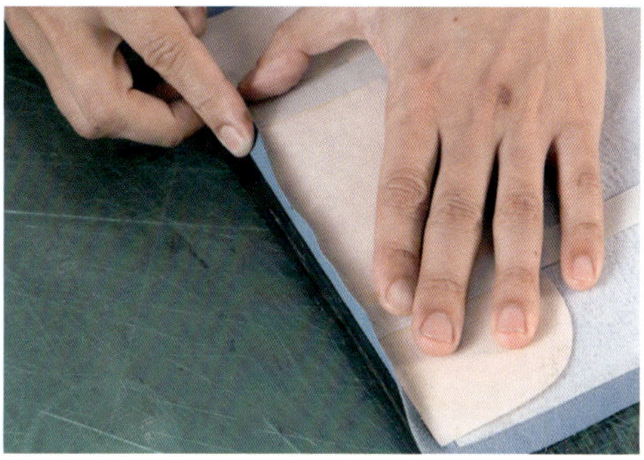

16 본체 겉의 입구에 고무 접착제를 바르고, 8mm 라인으로 시접한다. 다만 양 끝 30mm 정도는 붙이지 않고 떠 있도록 한다

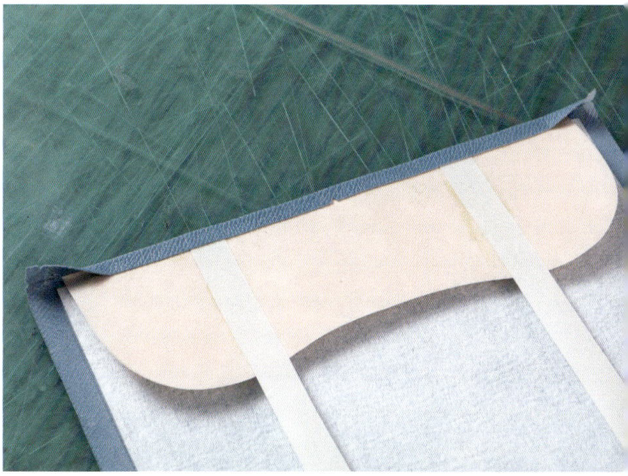

옆판 겉에 파이핑을 가봉한다

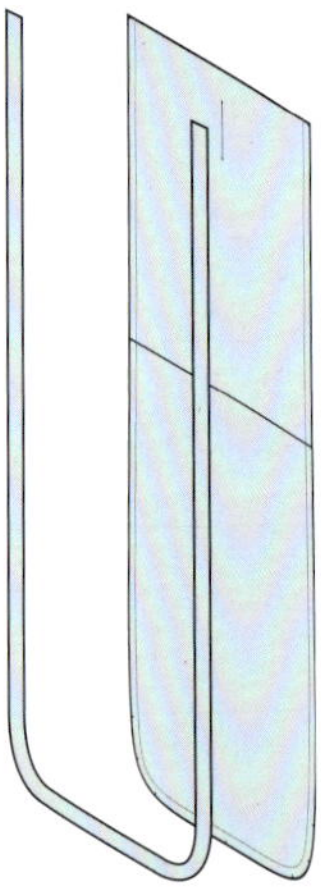

파이핑은 먼저 옆판에 임시로 달아둔다. 안쪽 끝이 밖으로 빠져나가기 때문에 입구에 근접해서 바느질한다. 또한 바느질 할 때는 옆판과 파이핑을 테두리의 단면에 딱 맞춰 나란히 놓는 것이 중요하다

17 재봉틀에 '파이핑 노루발'을 단다. 옆판과 파이핑 테두리를 나란히 해서 3.5~4mm 폭으로 박는다

POINT

바느질 시작은 파이핑을 단 끝부터이다. V자 표시에서 1.5mm 아래에서 파이핑 끝(폴리 심이 없는 부위)을 완전히 구부려서 밖으로 뺀다. 구부러진 위치에 바늘을 꽂고 2땀 정도로 교차해서 밖으로 바느질하고, 반대로 바느질하면서 진행한다.

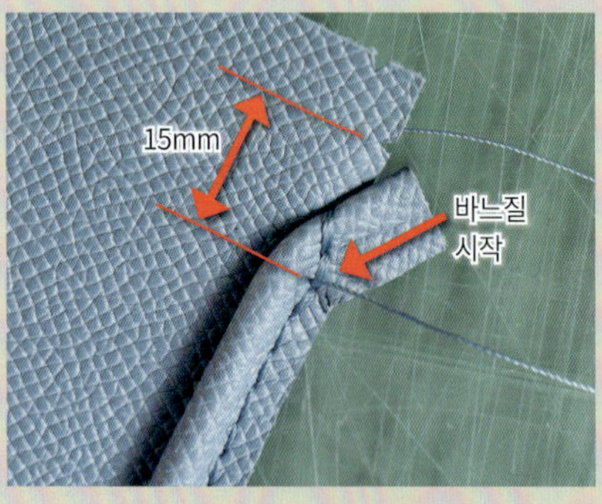

POINT

폴리 심을 넣은 파이핑을 바느질할 때, 심의 두께 때문에 노루발이 미끄러지거나 눌리지 않는 것을 막기 위해서 파이핑 노루발이 필요하다. 파이핑 노루발을 사용하지 않는 파이핑은 140페이지에 소개한다.

바닥을 평평하게 누르는 노루발 안쪽에 파이핑이 들어갈 수 있도록 얇게 파인 형태가 '파이핑 노루발'이다

파이핑에 심을 넣지 않고 붙이지 않은 채 가봉하고 가죽 장력만으로 부풀리는 방법도 있다

18 가이드를 사용해서 3.5~4mm 폭으로 바느질한다

19 커브는 테두리가 어긋나기 쉽기 때문에 확실히 바늘을 눌러가면서 가이드에 맞춰 정확하게 바느질한다

POINT

흔한 실수로, 커브를 잘 맞췄다고 생각하고 파이핑을 왼쪽(커브 안쪽)으로 당기는 경우가 있다. 이렇게 바느질하면 파이핑의 테두리가 안쪽으로 어긋난다. 파이핑을 완전히 늘린 상태로 바느질 대상을 회전하면서 바늘 바로 옆 가이드 부분에 테두리를 나란히 하면서 바느질하면 실패하지 않는다.

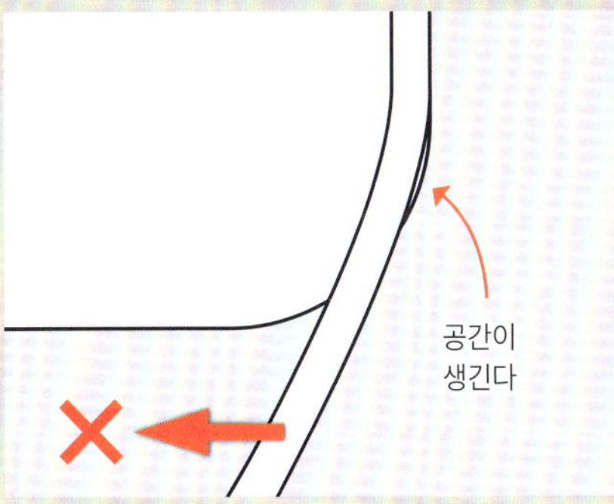

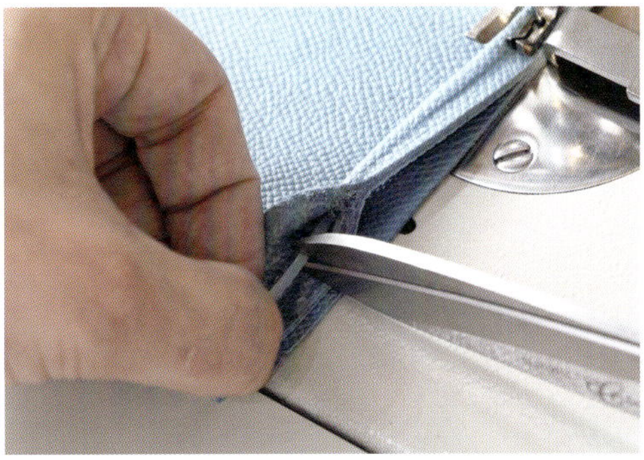

20 바느질 끝 5cm 전까지 박은 다음 폴리 심의 끝을 V자 표시에서 15mm 정도로 잘라내고 가죽을 붙인다

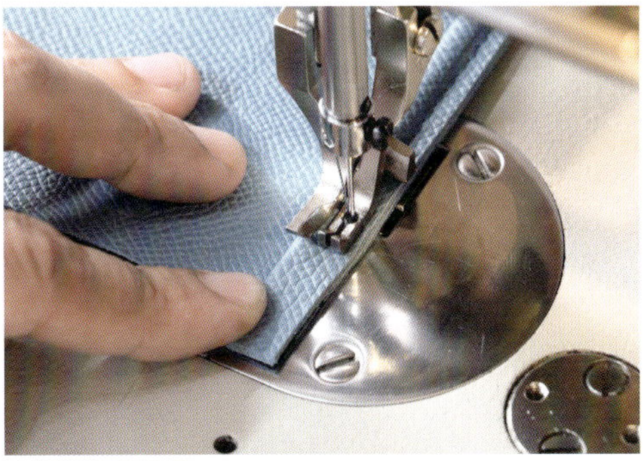

21 바느질 시작과 동일한 형태가 되도록, 폴리 심의 자르는 부분에서 바깥쪽을 확실하게 밖으로 구부린 상태에서 바느질을 진행한다

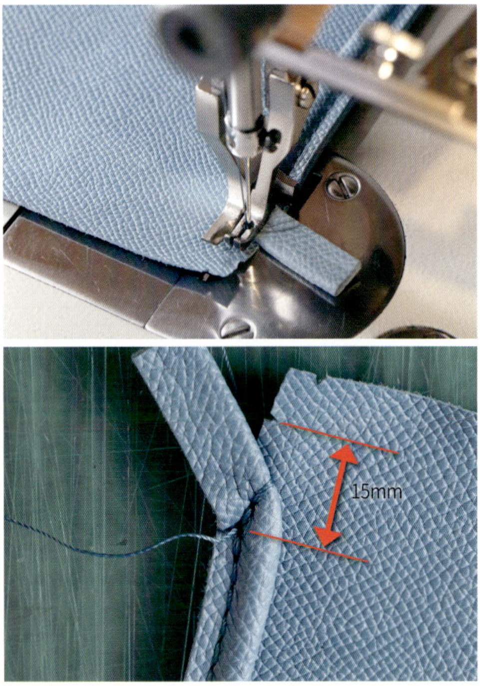

22 파이핑을 구부린 상태에서 바느질을 진행하고, 단차를 넘어서면 반대로 바느질해서 실을 자른다

POINT

바느질 시작과 동일하게 반대쪽으로 바느질해서 마무리한다. V자 표시에서 15mm 위치에서 파이핑을 구부리고, 2땀으로 단차를 넘어선다. 그리고 3땀 돌아와서 1땀 다시 박으면 바느질 끝의 구멍(파이핑을 구부린 구멍)으로 돌아온다.

POINT

파이핑은 바느질 시작과 끝 위치는 확실하게 구부려서 여기서 2땀 이내로 단차를 넘기도록 한다. 파이핑이 확실하게 구부러질 수 있게 안쪽에 V자 표시를 넣으면 좋다.

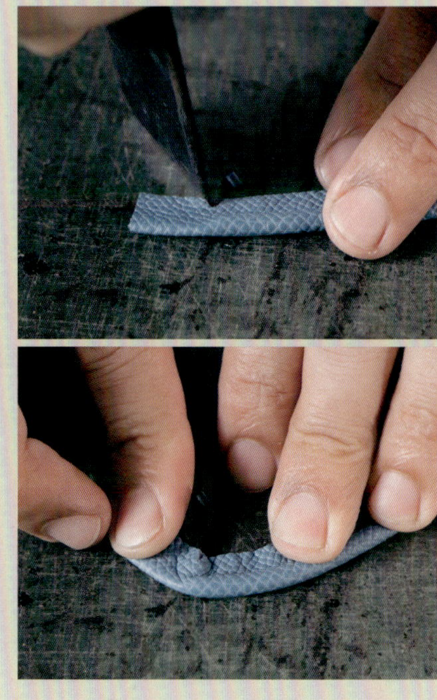

23 파이핑이 빠져나온 부분은 옆판 테두리에 맞춰 여유분을 잘라낸다

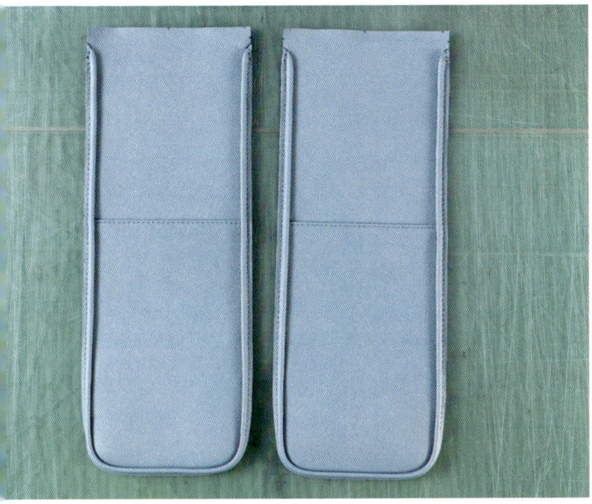

24 양 쪽 옆판에 동일하게 파이핑을 가봉 한 상태

25 옆판 패턴을 겹치고 가죽에 모모 바느질 표시를 낸다 (뚜껑 옆판 지퍼 사용 시에는 짧으므로 주의)

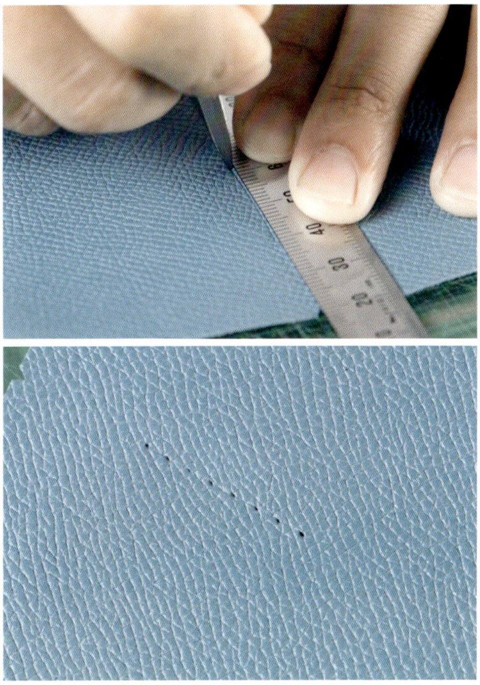

26 표시한 선에 맞춰 실을 끼우지 않은 미싱으로 '헛바느질' 한다(50페이지 02와 동일한 작업)

27 옆판 입구를 8mm로 시접하기 때문에 16mm폭으로 고무 접착제를 바른다. 다만 양끝 30mm 정도는 붙이지 않기 때문에 이 부분은 접착제를 바르지 않는다

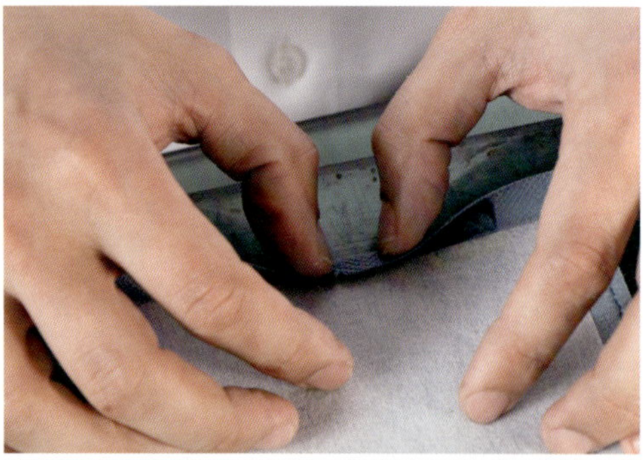

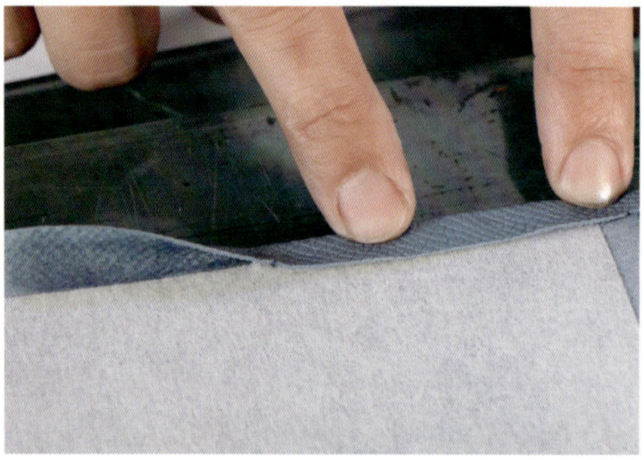

28 양 끝 30mm정도는 붙이지 않고 붕 띄운 상태로 놔두고 8mm폭으로 시접한다

29 끝을 남기고 시접한 상태. 반대쪽 옆판도 동일한 형태로 작업한다

본체 겉과 옆판 겉을 바느질한다

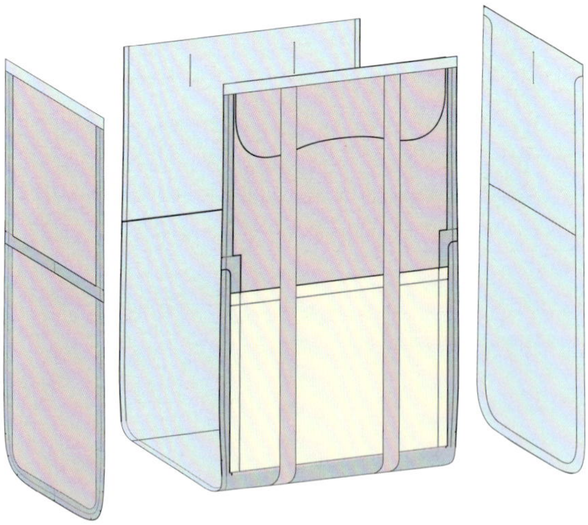

앞서 바닥 겉과 미리 합체해둔 '본판 겉'과, 파이핑을 가봉해둔 '옆판 겉'을 바느질해서 합체한다. 미싱에는 파이핑 노루발을 달고 바느질폭은 5mm로 테두리를 잘 맞춰가면서 바느질한다

30 옆판을 위로 놓고 가운데를 겹친 단면을 확실하게 나란히 놓는다. 입구의 V자 표시(시접 표시)에 맞춰 바느질을 시작한다

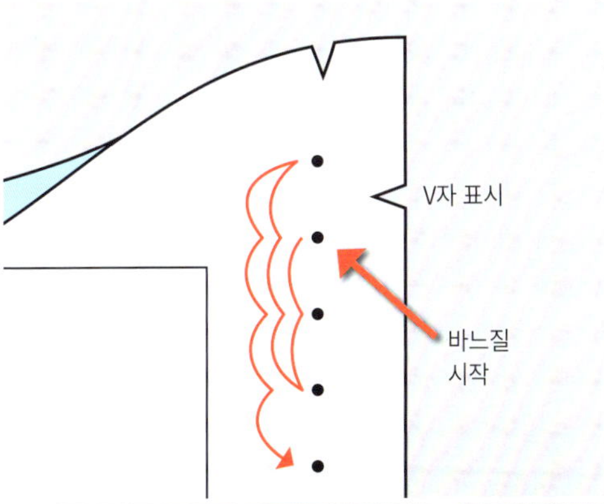

31 최초의 바늘은 V자 표시의 바로 옆에서 뚫는다. 반 땀 아래로 내려서 여기서부터 2땀 진행하고 3땀 되돌아온다(위의 그림 참조). 그대로 단면을 평평하게 나란히 놓고 5mm폭으로 바느질한다

32 그대로 똑바로 바느질해나가면, 커브의 V자 표시가 1땀으로 맞춰진다

POINT

V자 표시 위치가 맞춰지지 않으면 재단이나 조립 시 오차가 생겼을 가능성이 있다. 그렇다고 직선 구간이라 파츠를 늘려서 억지로 당겨서 위치를 맞추면 오히려 형태가 망가질 수 있다.

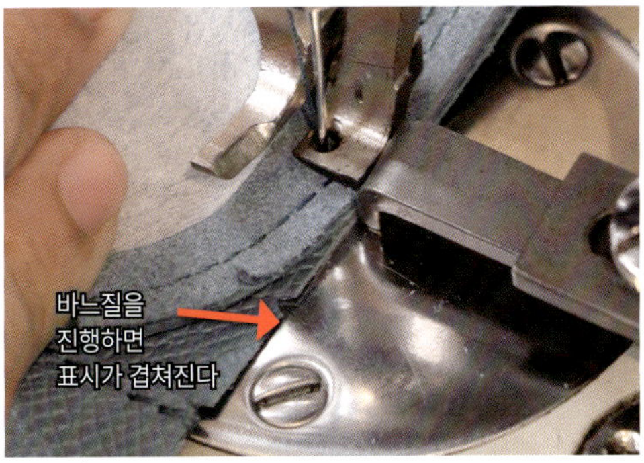

33 표시된 위치는 옆판 쪽이 길어 보여서 맞춰지지 않는 것처럼 보일 수도 있지만 바느질 땀(테두리로부터 5mm 안쪽)에서 길이를 재는 것이므로 바느질을 진행해 나가다보면 자연스럽게 맞춰진다

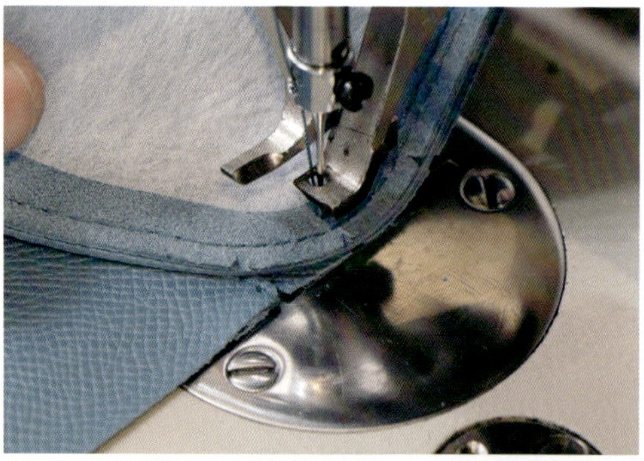

34 V자 표시의 위치가 겹쳐지고 단면이 나란히 맞춰지는 것을 확인해가면서 정확하게 바느질한다

35 직선 구간에 들어가면 센터의 V자 표시를 맞추도록 주의해서 정확하게 직선으로 박는다

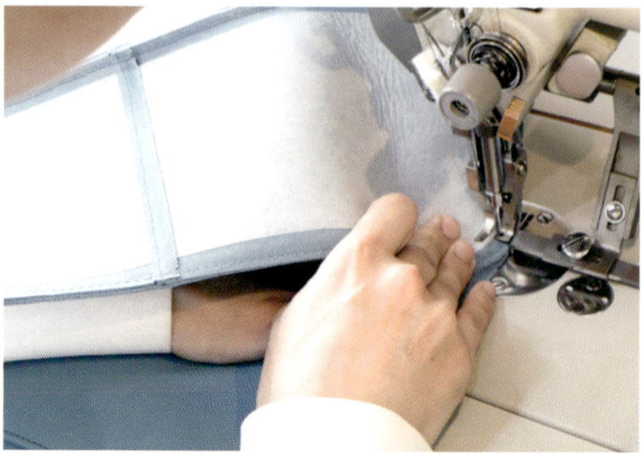

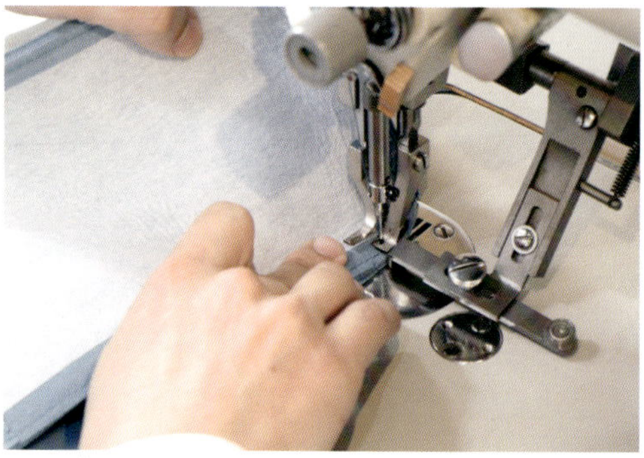

36 다른 쪽 커브도 앞과 동일하게 박는다. 직선 구간은 일자로 박고 마지막은 처음과 역순으로 되돌아박는다

POINT

두 번째 커브를 바느질하면 파츠가 봉투 형태로 입체가 된다. 전체를 확실히 잡아가면서 바느질하도록 한다.

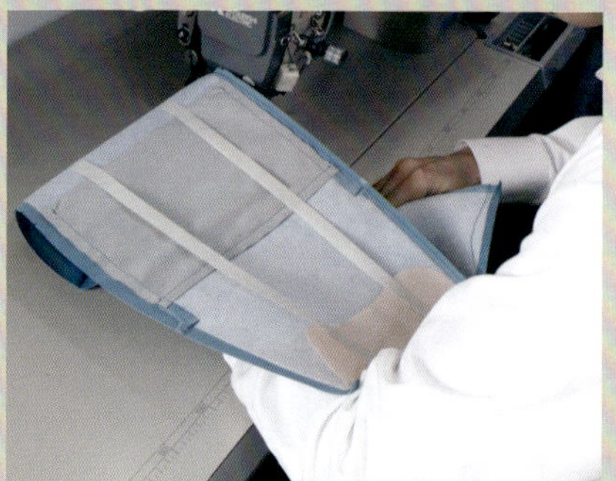

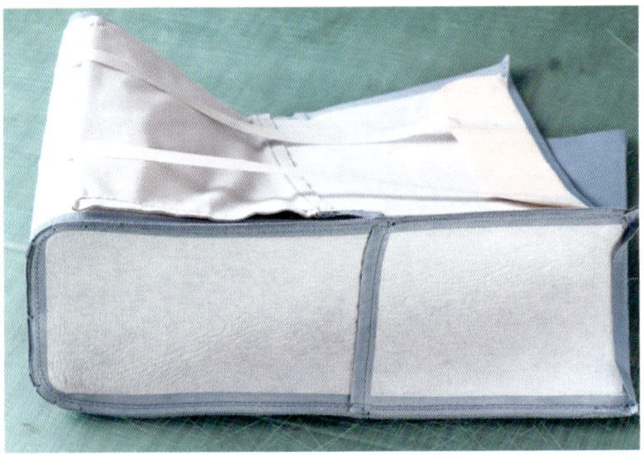

37 한쪽 옆판의 바느질을 끝낸 상태. 본cp, 파이핑, 옆판의 단면이 연결되고 표시가 겹쳐지면 완벽

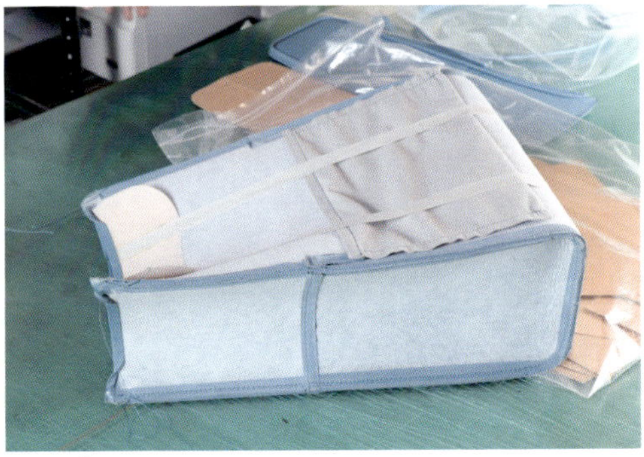

38 동일하게 반대쪽 옆판도 바느질해서 합체한다

본체를 뒤집는다

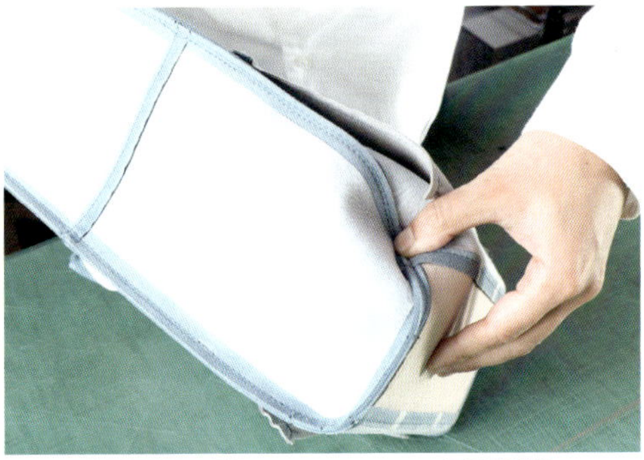

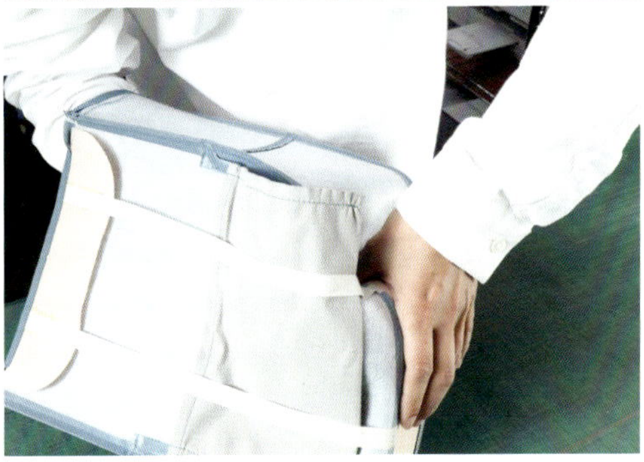

39 먼저 모서리를 눌러서 안으로 쪼그라뜨린다. 가죽에 상처가 나거나 주름이 지지 않게 조심해서 작업한다

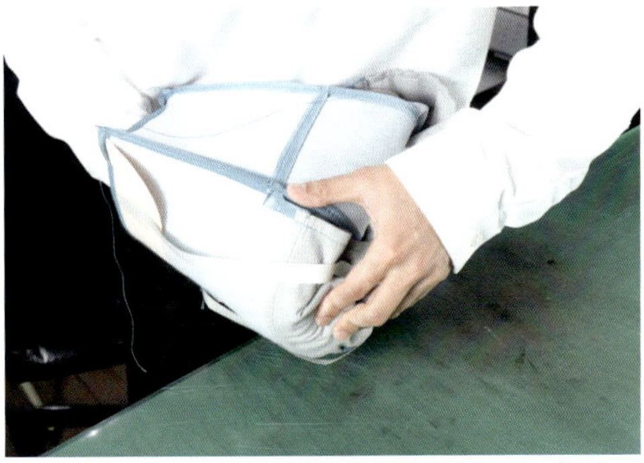

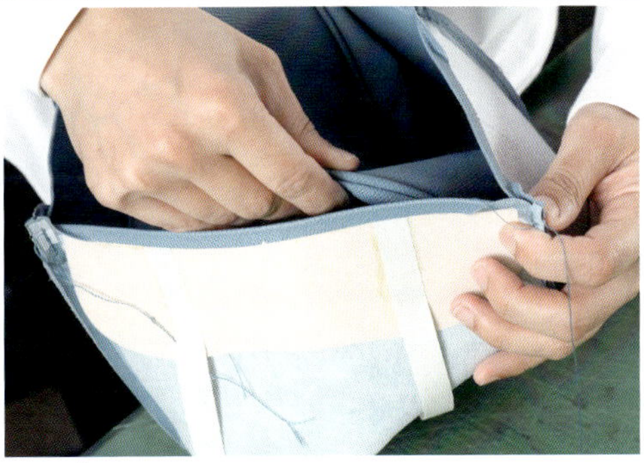

40 어느 정도 안으로 쪼그라지면 안쪽에서 바닥을 잡고 밖으로 꺼낸다

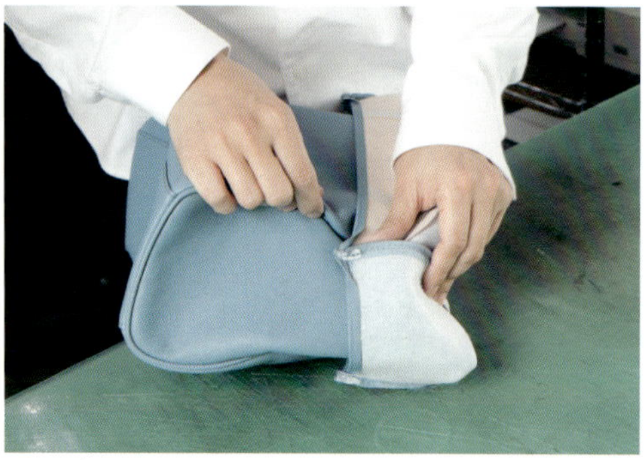

41 본체가 반쯤 밖으로 나오면 입구의 바느질 부분에 힘이 들어가지 않도록 주의하며 뒤집는다

42 입구를 뒤집을 때는 바느질 땀 가죽이 늘어나거나 바느질 땀이 풀리지 않도록 주의하면서 작업한다

POINT

입구를 뒤집을 때는 바느질 땀을 당기지 않vv도록 한다. 실이 풀리면 바로 보수하면서 작업해야 한다.

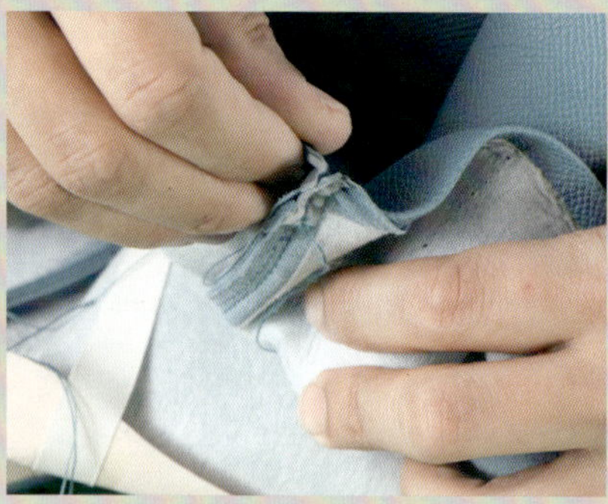

43 전부 뒤집었다면 바느질 땀을 집어서 확실하게 각을 잡아준다. 클램프로 눌러줘도 좋다

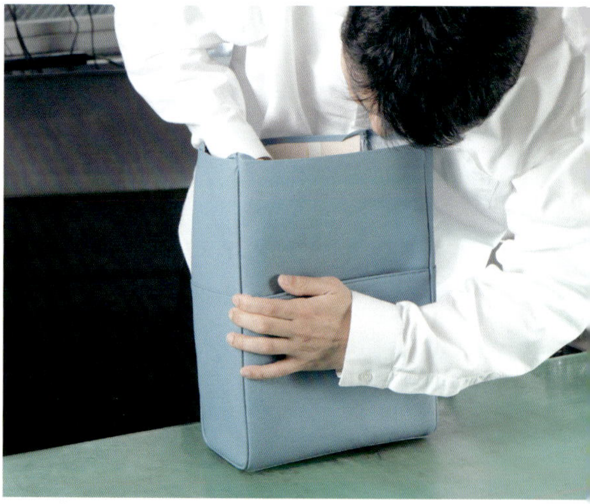

44 바느질 땀을 안쪽에서 밀면서 가방 전체의 형태를 만들어준다

45 입구의 실을 마감하기 전에 다시 한번 확실히 당기고 묶어서 단단하게 만든다

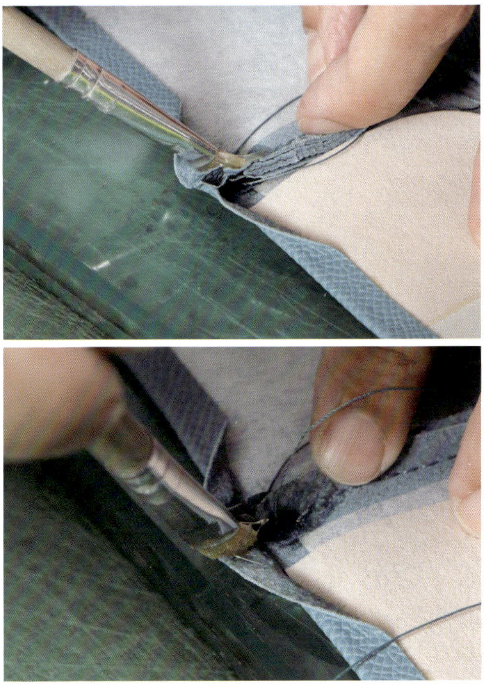

46 입구 근처의 시접을 반으로 나누기 위해 안쪽에서 고무 접착제를 바른다

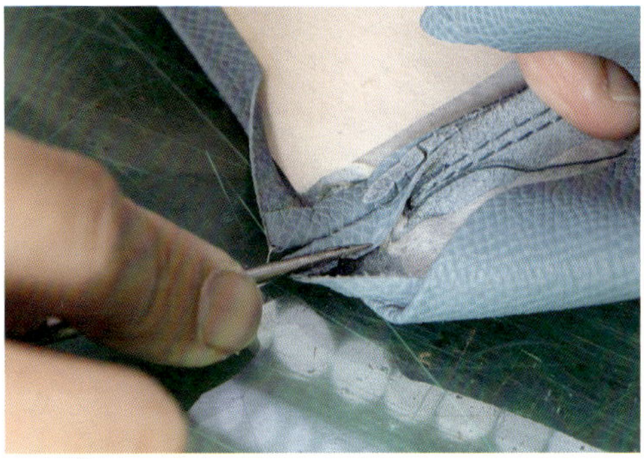

47 바느질 땀에서 시접을 반으로 나누고 붙인다. 표시에서 10mm정도 아래까지 시접을 가른다

48 시접을 반으로 가르고, 실도 접착제에 고정하도록 빠져나온 부분은 잘라낸다

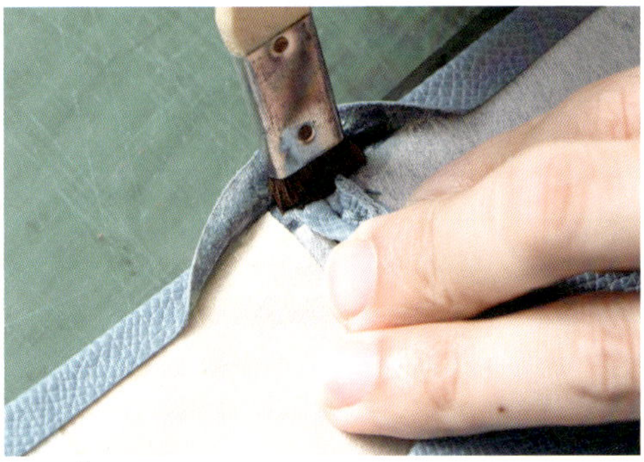

49 본체와 옆판 입구는 시접하지 않았기 때문에 여기서 한번에 시접할 수 있도록 고무 접착제를 바른다

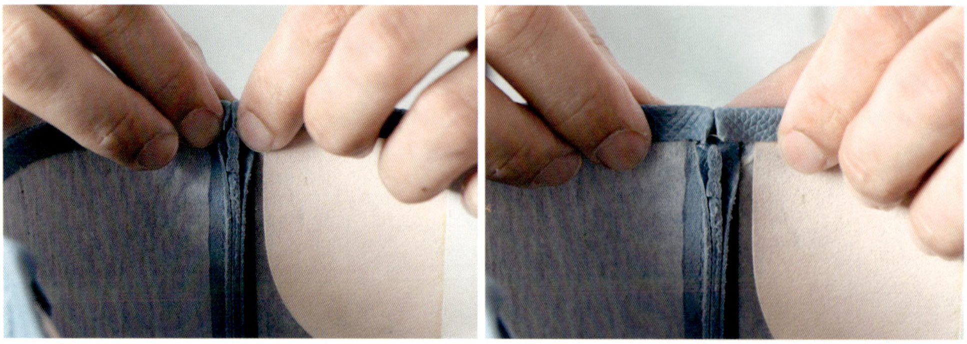

50 입구의 라인이 정확히 나오도록 주의하면서 바느질 땀 근처를 시접한다. 모두 4군데의 바느질 땀을 동시에 시접한다

본체 안의 파츠를 만든다

본체 안을 구성하는 각 파츠를 만든다.
띠, 3종류의 내부 포켓, 숄더 스트랩의 모모 등 작은 파츠에 주의할 것.

본체 안을 구성하는 본체 안, 옆판 안, 바닥 안과 함께, 내부 포켓, 본체 안 띠, 손잡이, 모모라 불리는 작은 파츠도 만든다

뒷판 안의 내부 포켓을 만든다

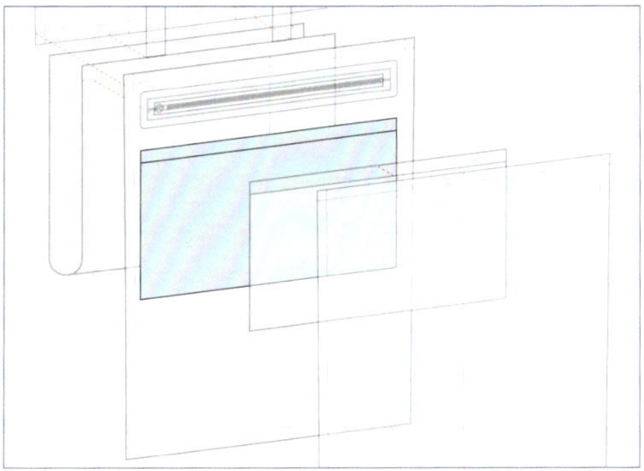

본체 안의 뒷판 쪽에 붙는 '지퍼 포켓'과 '전체 포켓' 중 전체 포켓 쪽을 만든다

01 '뒷판 쪽 전체 포켓'의 파츠 내피에 패턴에서 안감의 선을 표시하고 고무 접착제를 바른다

02 '뒷판 쪽 전체 포켓 뒤'의 전면에 고무 접착제를 바른다

03 선에 맞춰 안감을 붙이고, 겉에서 눌러서 붙인다. 피할하지 않은 쪽 변이 안감 쪽과 겹친다

04 롤러를 굴려 압착한다

05 겉쪽 파츠 네 각은 안감의 각과 맞춰 45도로 잘라낸다

06 겉 쪽의 파츠를 시접하기 위해 안감의 시접 4~5mm 폭에 고무 접착제를 바른다

07 3변을 시접한다

08 '전체 포켓 시접'의 뒤쪽 면에 한쪽 변 끝에서 8mm 라인을 긋는다. 전체 포켓 시접은 20mm 폭이므로 센터가 아니다

POINT

'전체 포켓 시접'의 단면이 조금 보이기 때문에, 피할해서 마감하고 싶다면 4변을 모두 마감해 둔다.

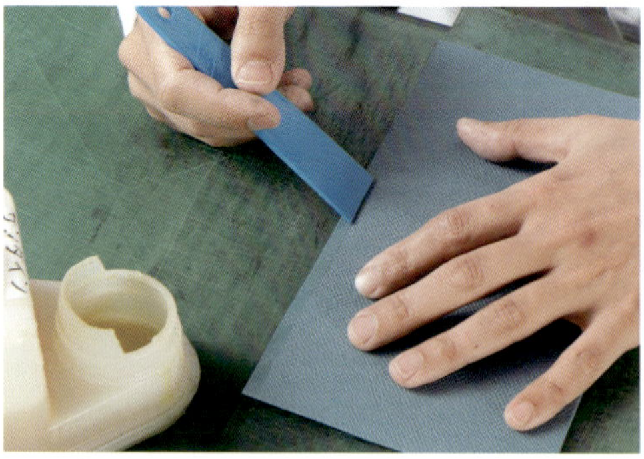

09 전체 포켓의 입구(시접하지 않은 변)의 겉에 8mm 보다 얇게 고무 접착제를 바른다

10 08에서 그은 라인과 함께 전체 포켓 시접의 한쪽 변 8mm 폭에도 고무 접착제를 바르고, 전체 포켓의 입구와 맞붙인다

11 전체 포켓 시접을 시접하기 위해 입구 뒤, 시접할 때 겹치는 부분에 고무 접착제를 바른다

12 전체 포켓 시접을 시접한다. 전체 포켓 겉 쪽에 보이는 폭이 9mm가 되면 OK (뒤는 다소 어긋나도 상관없다)

POINT

전체 포켓 시접은 붙이는 폭을 8mm, 보이는 폭을 9mm로 한다. 전체 포켓 시접 자체의 가죽 두께 분에 1mm, 시접에 2mm 정도 사용되기 때문에 전체 포켓 시접 패턴의 폭은 20mm로 잡았다

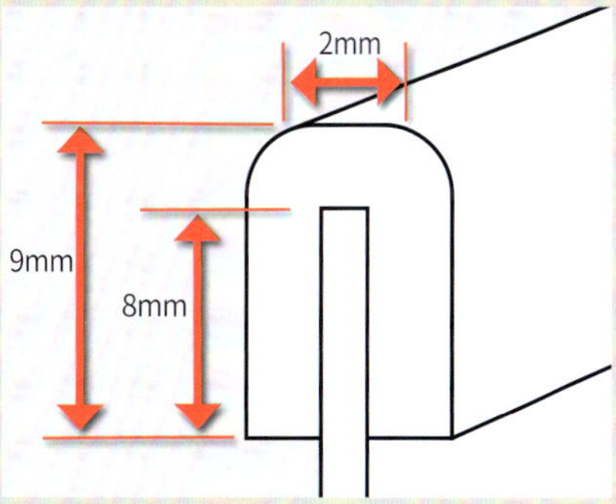

13 단면에서 2.5mm 정도의 위치에 바느질을 한다. 양끝은 1땀 돌아와서 실은 열펜으로 처리한다

앞판 쪽 내부 포켓을 만든다

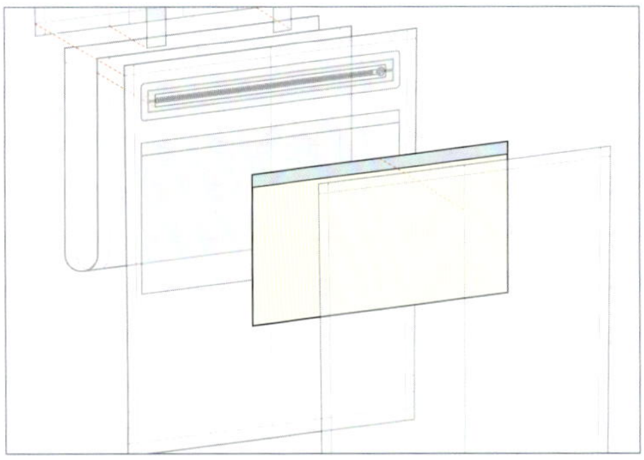

이어서, 앞판에 붙는 내부 포켓을 만든다. 뒷판 쪽과 다르게 본체의 소재가 천이다

14 '앞판 쪽 전체 포켓'의 네 변에 5~6mm 폭으로 고무 접착제를 바른다(양 사이드 위쪽 절반 튀어나온 부분만 11~12mm폭). 위아래를 절반으로 접어서 맞붙인다

15 위쪽 꼭지점은 45도로 잘라낸다

POINT

접힌 쪽이 아래로 간다. 잘라내는 쪽은 접힌 쪽이 아니라 입구 쪽 꼭지점. '시접'도 이쪽이다

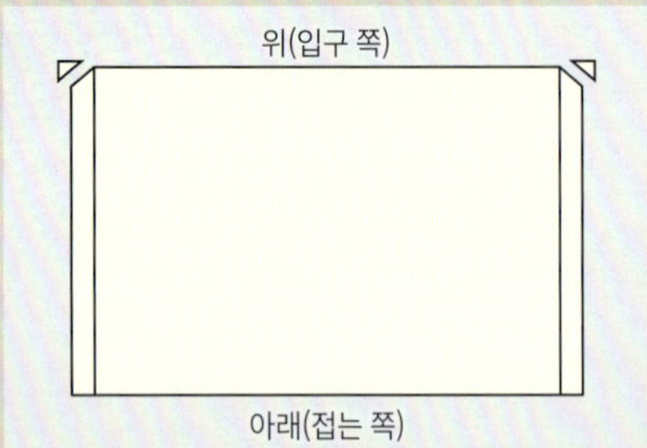

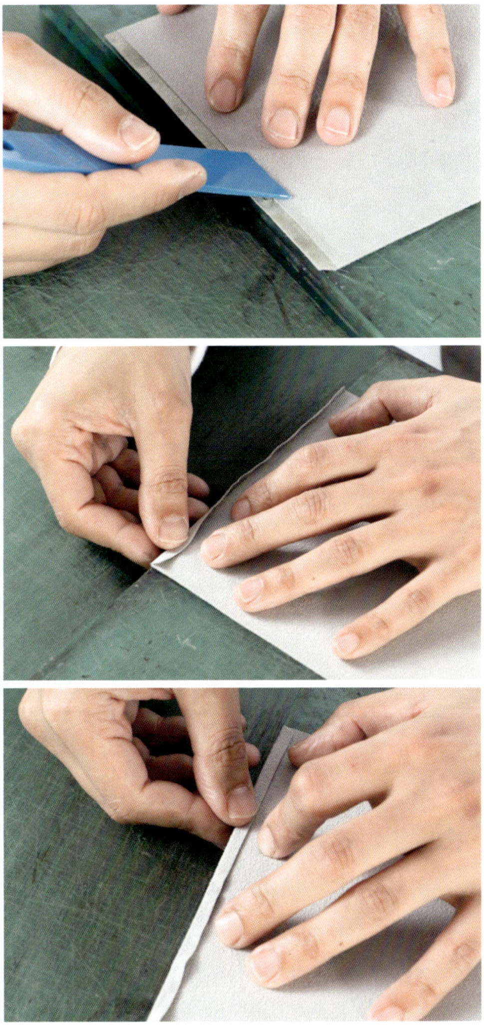

16 양 사이드에 고무 접착제를 바르고 시접한다

17 '전체 포켓 시접'의 뒷 면에, 한쪽 끝에서 8mm 폭의 라인을 긋는다

18 전체 포켓 시접의 8mm 폭과 전체 포켓 입구의 폭 8mm 폭에 고무 접착제를 바르고 맞붙인다

19 전체 포켓 시접을 시접하고 70페이지 13 공정과 동일하게 바느질한다

바닥 안을 만든다

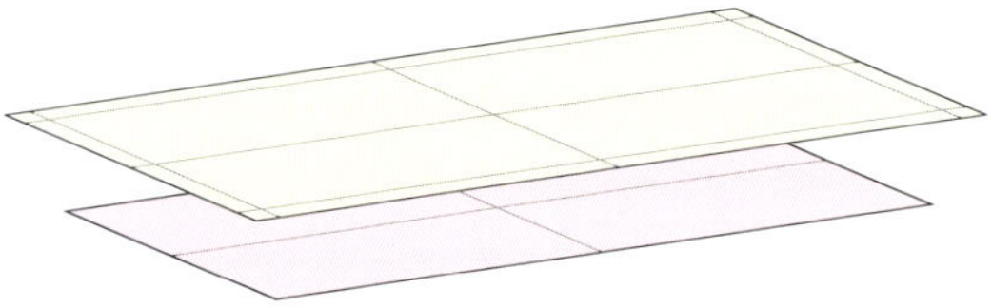

'바닥 안'에 '바닥 안 심'을 붙인 후 양 사이드를 시접한다

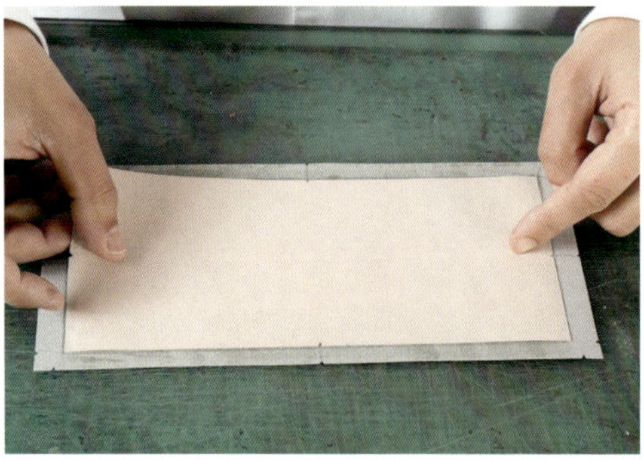

20 '바닥 안'과 '바닥 안 심'을 고무 접착제로 맞붙인다

POINT

붙이는 방법은 바닥 겉과 동일한 요령(35페이지)이다. 붙이는 선이나 센터 선을 그어두고 붙이는 선 안에 고무 접착제를 바르고 맞붙인다

21 양 사이드(긴 쪽 모서리 2곳)에 16mm 폭으로 고무 접착제를 바르고 8mm 폭으로 시접한다

22 양 사이드와 동일하게 시접한다

손잡이를 만든다

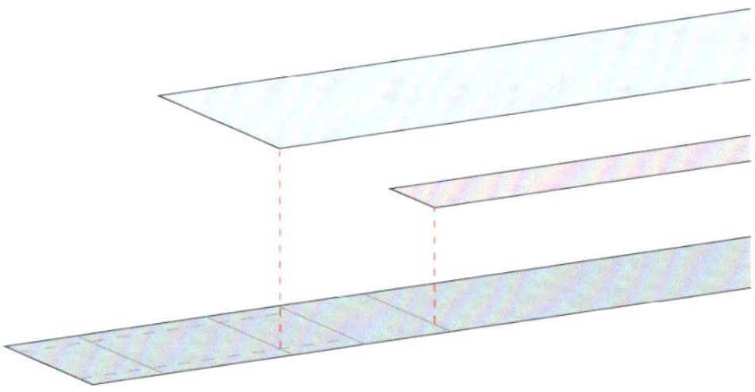

'손잡이 겉', '손잡이 심', '손잡이 안'을 붙이고 바느질한다. 심은 슬라이서 0.7mm 폭을 2장 맞붙여서 만든다. 또한 중앙 부분을 구부려서 맞붙이면서 손잡이 형태를 만든다

23 '손잡이 안'의 뒷면 전체에 고무 접착제를 바른다

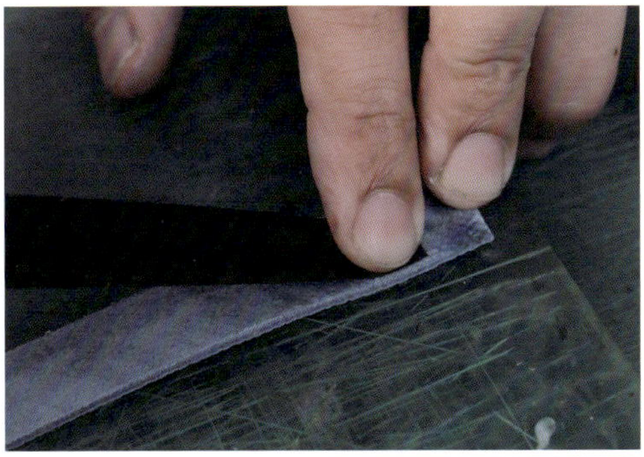

24 가죽이 늘어나는 것을 막기 위해 고무 접착제 위에 보강 테이프를 붙인다. 가죽 양 사이드는 3mm정도, 양 끝은 1cm 정도 남겨둔다

POINT

보강 테이프는 접착력이 약할 수 있기 때문에 고무 접착제를 바른 위에 붙이면 확실하게 접착할 수 있다. 또한 보강 테이프 두께를 선택할 수 있다면 얇은 쪽을 추천한다

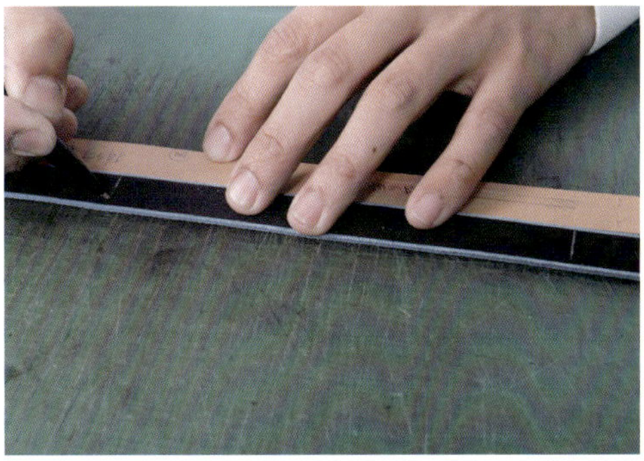

25 손잡이 안의 뒷면에 패턴에 표기된 '손잡이 심 붙이는 위치'와 '손잡이 겉 붙이는 위치'를 표시한다

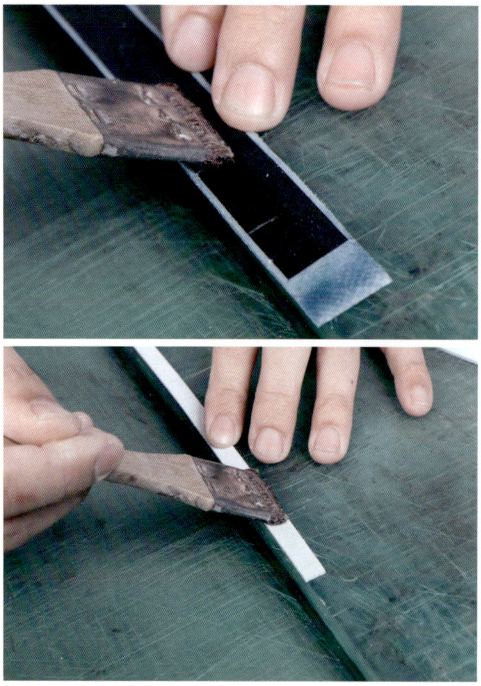

26 보강 테이프 위에 다시 한 번 고무 접착제를 바르고 '손잡이 심'의 한쪽 면에도 고무 접착제를 바른다

27 '심 붙이는 위치'의 표시에 맞춰 손잡이 심을 손잡이 안의 센터에 붙인다. 슬라이서는 늘어나는 재질이므로 평평한 상태에서 붙여도 된다

28 손잡이 심 위에 고무 접착제를 바르고 손잡이 겉의 뒷면 전체에도 고무 접착제를 바른다

29 센터에 맞춰 붙이기 때문에 패턴의 센터 위치를 가죽에도 표시해둔다

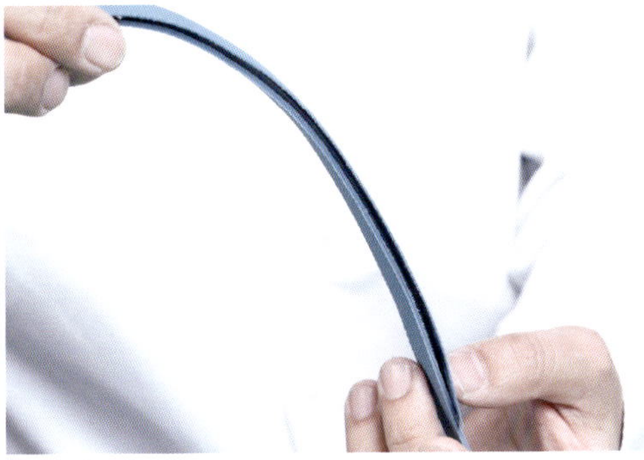

30 센터 표시에 맞춰 주변부터 붙인다. 아직 손잡이 심의 바깥쪽은 붙이지 않는다

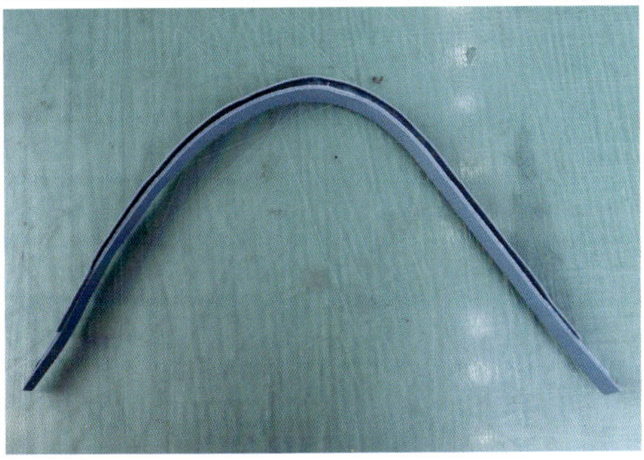

31 한가운데 5~6cm정도는 자연스러운 커브를 만들며 붙이고, 양 끝으로 가면 직선으로 붙인다. 73페이지의 25에서 표시한 '손잡이 겉 붙이는 위치'의 표시와 조금 어긋나도 괜찮다. 커브 형태가 더 중요

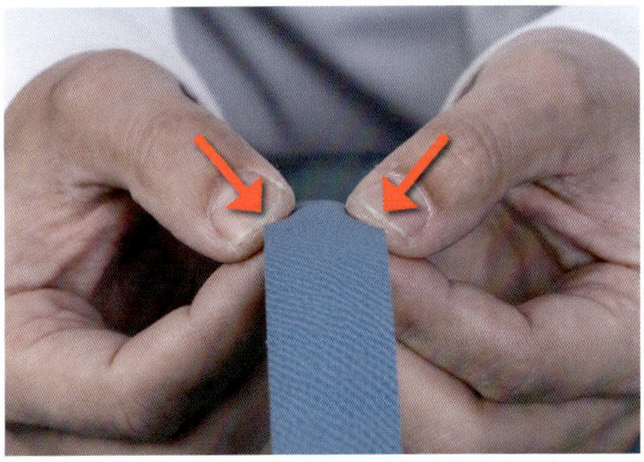

32 손잡이 안이 평평해지도록 손잡이 겉을 아래로 누르듯 양 사이드를 붙여나간다. 또한 주걱 등을 사용해서 가운데가 통통하게 솟아오르듯 만들되, 심재가 상하지 않도록 압착한다

POINT

손잡이 겉의 양 사이드를 손잡이 안을 향하도록 구부리며 붙일 때, 아래쪽 한 가운데에 힘을 주면 손잡이 겉의 가죽이 평평하게 돌아오는 힘 때문에 손잡이 안이 거꾸로 뒤집혀버린다. 힘을 좀더 안쪽으로 주듯이 하며 붙이면 안쪽을 평평하게 붙일 수 있다.

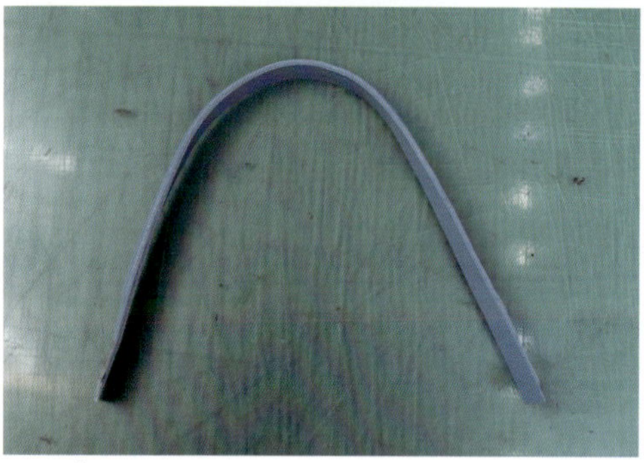

33 단단히 맞붙였다면 손잡이 겉에 비어져나온 부분을 안에서 잘라낸다

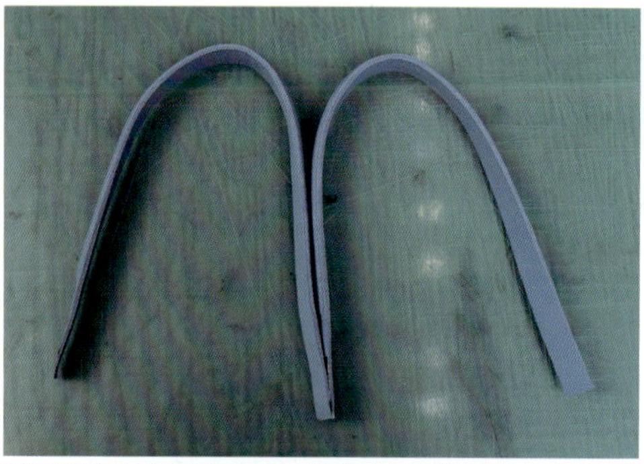

34 동시에 손잡이를 2개 만든다. 심재의 윤곽이 확실히 드러나도록 만드는 것이 포인트

35 손잡이 안 패턴의 '바느질 끝'을 표시하고 그 표시보다 1땀 밖에서 바늘을 꽂는다

POINT

이 '바느질 끝'은 손잡이를 본체 띠에 연결할 때 바느질 끝이 된다. 여기서 바느질 끝보다 1땀 밖에서 바느질하면 띠를 바느질해서 연결할 때 1땀 겹친다.

36 이대로 바느질을 진행해서 반대쪽 바느질 끝의 1땀 밖까지 바느질한다. 양 사이드를 동시에 작업한다

37 실은 윗실, 아랫실을 동시에 겉쪽으로 빼내서 바깥을 향하게 한 후 본드로 마감한다

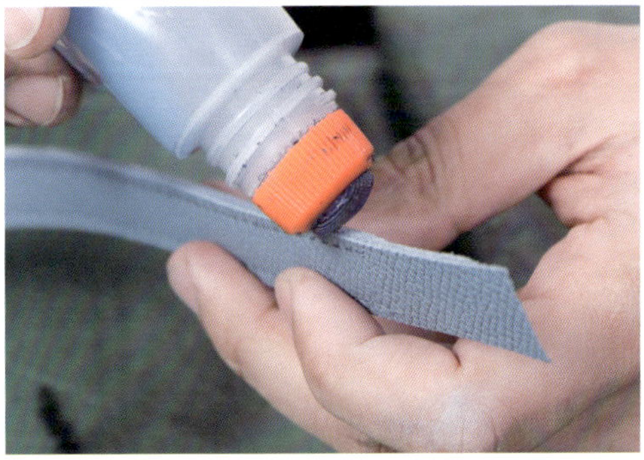

38 단면에 장식선을 긋고 단면을 마감한다. 동시에 2개를 작업한다

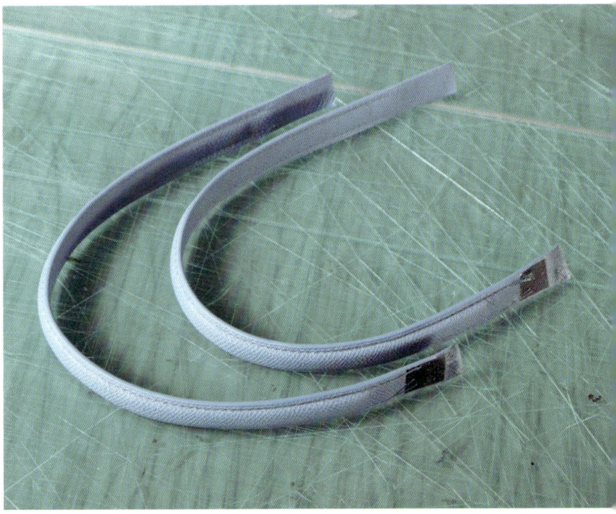

모모 가죽을 만든다

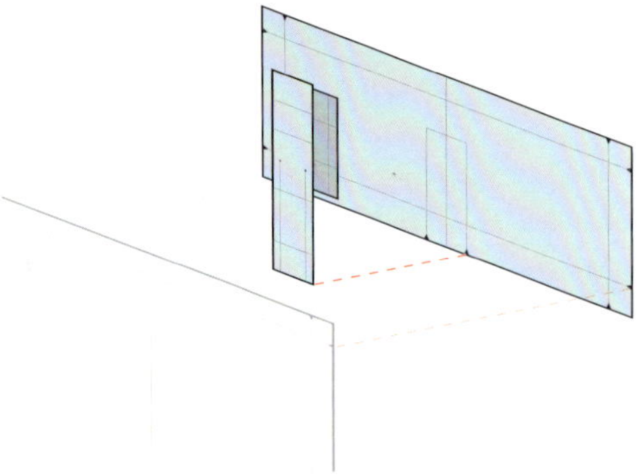

D링의 모모(숄더 스트랩 고리용)를 만들고 옆판 띠에 다는 작업까지 설명한다

39 '모모 가죽'의 패턴에 적힌 '모모 가죽 안 붙이는 위치'를 표시하고 고무 접착제를 바른다

POINT

손잡이는 담은 물건의 무게를 네 군데에서 지탱하지만 모모는 두 군데에서 지탱하기 때문에, 더 단단하게 작업해야 한다. 손잡이를 만들 때는 겉에 주름이 가거나 너무 딱딱해지지 않도록 얇은 보강 테이프를 추천했지만 여기는 두꺼운 테이프가 좋다.

40 양 사이드의 단면에서 3mm 정도 비워두고 보강 테이프를 붙이고 그 테이프 위에 고무 접착제를 바른다

41 '모모 가죽 안'의 뒷면 전체에 고무 접착제를 바르고 먼저 끝을 '모모 가죽 안 붙이는 위치'의 표시에 맞춰서 겹친다

42 모모 가죽 안의 한가운데에 U자 커브가 나오도록 구부린다. 모모 가죽 안의 양 끝은 평행해지도록 작업한다

43 겉에서 모모 가죽 안의 튀어 나온 부분을 커트하고 장식선을 그은 후 단면을 마감한다

44 D링을 달고 모모 가죽 안의 끝을 맞춰 붙인다. 고무 접착제는 1cm 정도 폭으로 바른다

45 두 세트의 모모를 만들었다. 회전식 D링을 쓰면 바느질해서 띠에 달 때 밖으로 돌린 채 작업할 수 있다

본체 띠에 자석을 단다

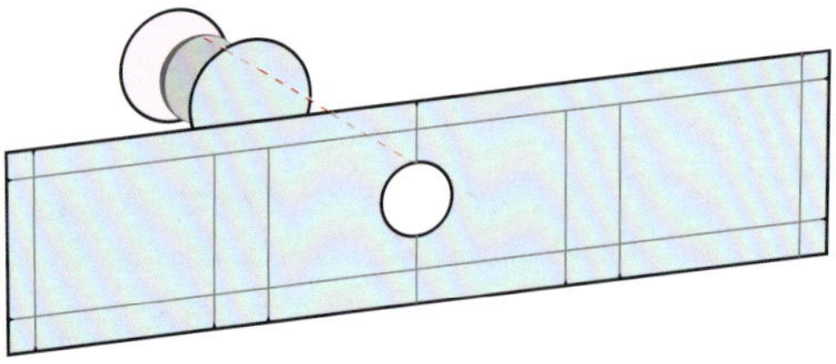

자석에 '자석 커버'를 붙이고 본체 띠에 바느질해서 다는 법을 설명. '자석 커버 심'은 0.4mm 두께의 바이린을 사용한다

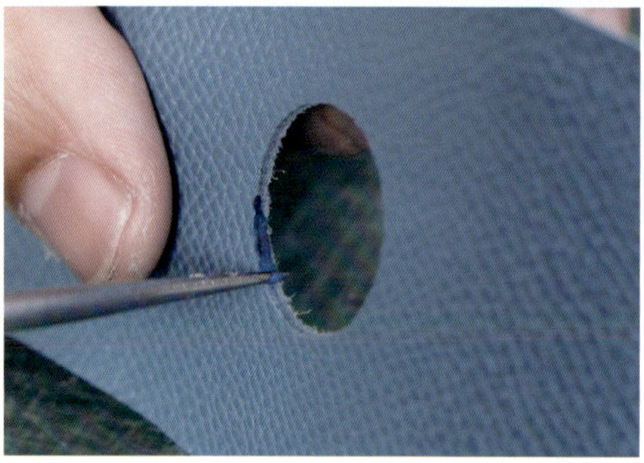

46 '본체 띠'에 패턴에 그려진 표시 대로 구멍 위치를 표시하고 직경 21mm 원형펀치로 구멍을 뚫는다. 단면을 미리 마감한다

POINT

이번에는 직경 18mm 자석을 달기 때문에 직경 21mm의 구멍을 뚫는다. 다른 크기의 자석을 사용하는 경우 자석 크기에 맞춰 구멍 사이즈도 변경한다.

47 '자석 커버 심'의 대략적인 한가운데에 자석을 놓고 테두리를 표시한다

48 단추 양면 '자석 커버' 뒷면, '자석 커버 심'의 선을 그은 면에 고무 접착제를 바른다

49 두 세트 모두 선에 맞춰 자석을 붙인다. 자석에는 자력이 맞는 면끼리 맞붙도록 완성 전에 양면이 붙는지 확인해 본다

50 자석을 안쪽으로, 자석 커버의 중앙에 놓고 자석 커버 겉에서 자석 단면을 맞춰 눌러가며 붙인다. 주걱 등을 사용해서 주름이 지지 않도록 형태를 만들어가며 붙인다

51 두 세트 동시에 만든다. 뒷면 심재 쪽을 평평하게 만든 상태

52 본체 띠 구멍 뒤에 3mm 정도의 양면 테이프를 붙이고 자석 커버를 구멍에 끼워넣어 고정한다

53 구멍 둘레를 한 바퀴 돌려 바느질하고 실은 안쪽에서 본드로 마감한다

POINT

한 바퀴 바느질할 때, 처음과 끝을 겹쳐서 바느질하지 않아도 괜찮다. 처음 바늘을 꽂을 때와 동일한 구멍에서 바느질이 끝나면, 실을 안쪽으로 집어넣어 자른다. 자석이 미싱의 금속에 붙거나 바늘이 어긋날 수 있으므로 주의한다. 또한 띠 윗단은 이론대로 8mm이 시접 선을 긋는데, 자석을 붙인 뒤에는 선을 긋기 힘들기 때문에 그 전에 미리 그어두자.

옆판 안의 상단을 시접한다

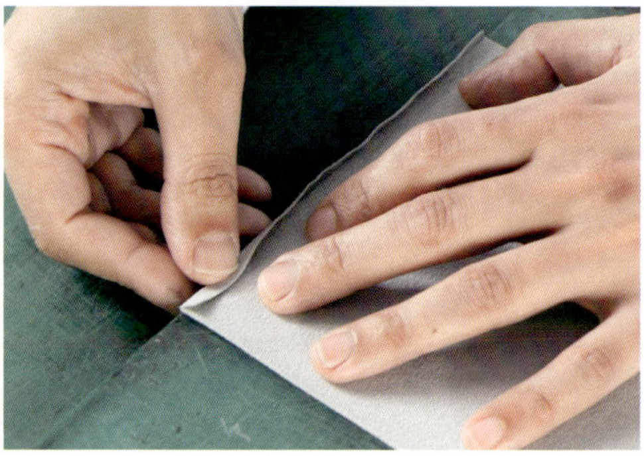

54 '옆판 안 아래'의 상단에 16mm 폭으로 고무 접착제를 바르고 8mm 폭으로 시접한다

55 2장의 옆판 안 아래의 상단을 시접해 둔다. 심재 등의 단면에 맞추지 않고, 소재도 얇기 때문에 접는 라인이 어긋나기 쉽다. 신경써서 정확하게 시접해야 한다

본체 안을 조립한다

각 파츠가 완성되었으므로 순서대로 조립할 순서. 본체 안에는 뒷판 앞에 지퍼 포켓과 전체 포켓, 앞판 앞에 전체 포켓 이렇게 총 3개의 포켓이 붙는다.

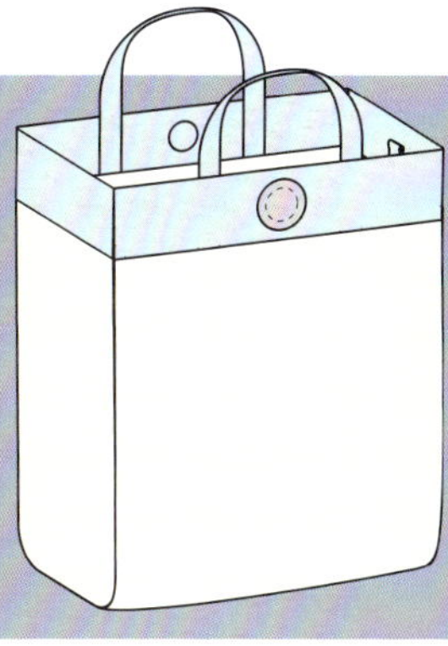

띠에 손잡이와 모모 가죽을 단다

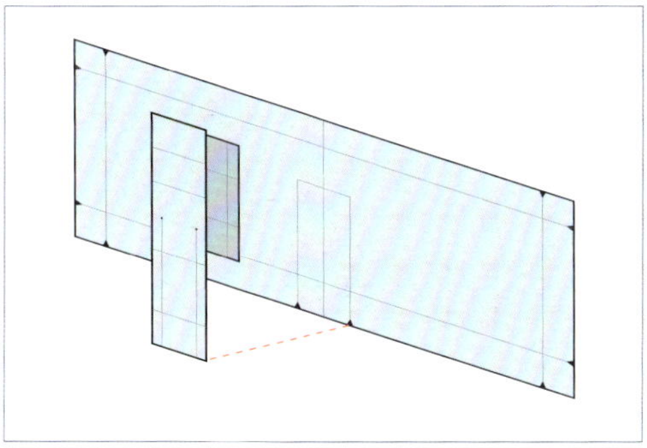

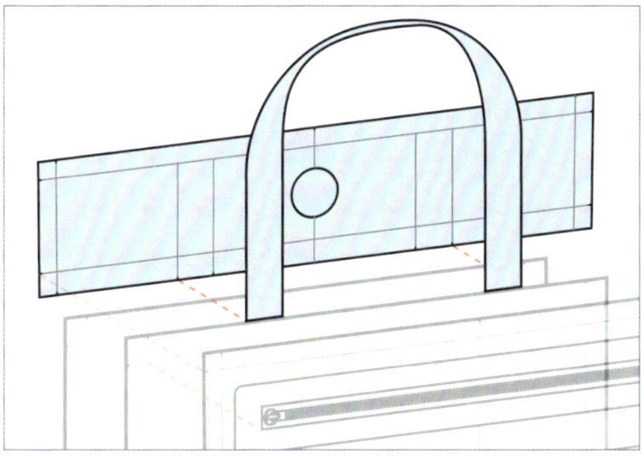

옆판 띠에 모모를, 앞판 띠에 손잡이를 단다

01 '옆판 띠'의 상단부터 8mm의 시접선을 긋고, 여기서 하단까지 폭 40mm 정도의 보강 테이프를 붙인다

POINT

보강 테이프는 띠 상단의 바느질 선에 걸치도록 시접선에 딱 맞춰서부터 붙인다. 폭 40mm의 보강 테이프가 없는 경우는 바느질 방향에 2장, 모모를 바느질하는 부분에 걸쳐 붙인다.

02 D링을 건 상태에서 타이트하게 바느질 끝(바느질 땀 상단) 위치를 표시한다

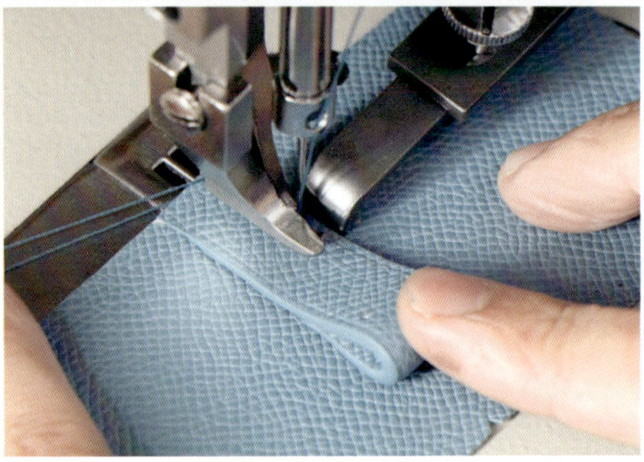

03 전면 센터에 5mm 폭의 양면 테이프를 붙이고 하단을 나란히 한 후 센터에 맞춰 모모를 띠에 붙이고 양 사이드를 박는다

POINT

왼쪽 사이드는 하단에서 상단까지, 오른쪽 사이드는 상단에서 하단을 향해 바느질한다. 바느질 방향은 다음 공정에서 설명하고 있는데, 좌우 바느질 방향이 반대가 되기 때문에 주의한다.

04 바느질 땀 상단은 바느질 끝에서 1땀만 되돌아오고, 실의 여분을 길게 남기고 잘라둔다

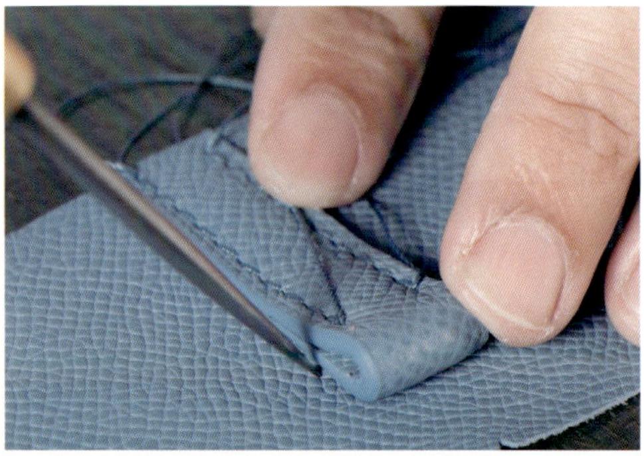

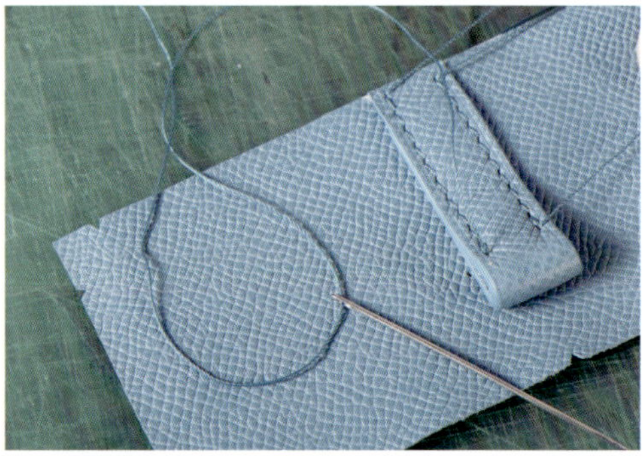

05 바느질 끝의 옆, 모모 단차의 아래에 구멍을 뚫고 윗실(두꺼운 실)에 손바느질용 바늘을 끼우고 옆으로 3번 정도 돌려준다. 실은 윗실, 아랫실 모두 안쪽으로 빼낸다

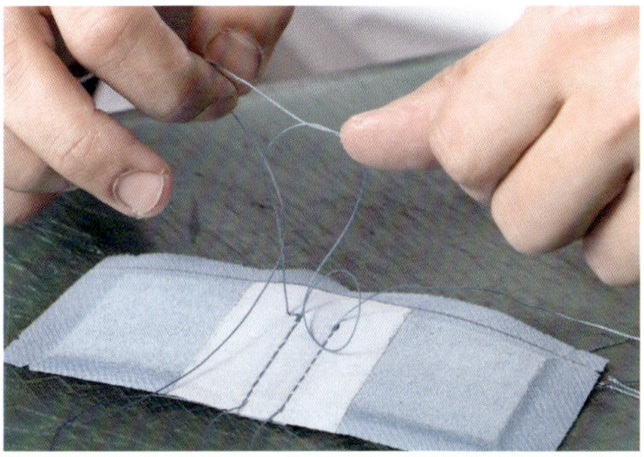

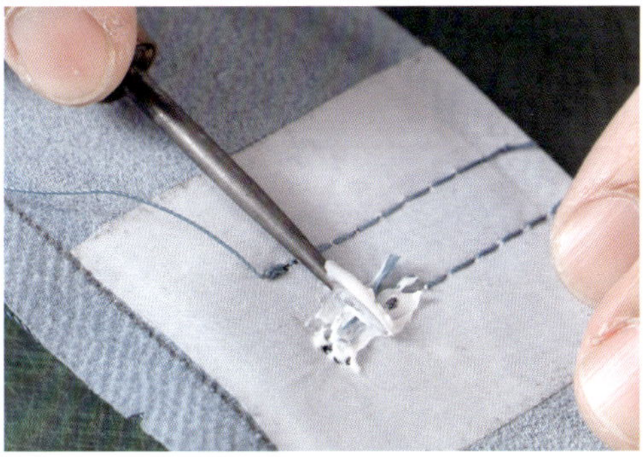

06 안쪽에서 윗실과 아랫실을 단단히 묶은 후 본드로 고정한다

07 이상으로 모모 달기는 종료. 옆판 띠에도 동일한 방법으로 단다

08 본체 띠의 '손잡이 다는 패턴'의 전체를 덮는 크기로 안쪽 면에 보강 테이프를 붙인다. 시접 라인(상단에서 8mm)부터 하단까지 붙인다(83페이지 공정 01에서 옆판 띠에 붙인 것과 같은 요령)

09 바느질 끝보다 아래, 또한 양 사이드의 바느질 땀보다 안쪽 범위에 양면 테이프를 붙이고, 띠 하단에 맞춰 똑바로 단다

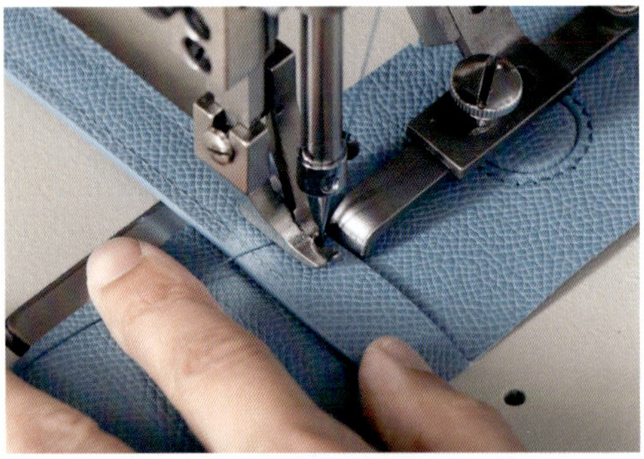

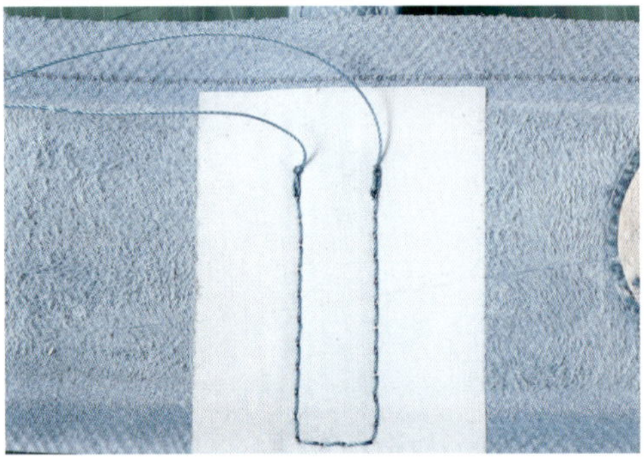

10 손잡이 바느질 끝에서 아래를 향해 바느질을 시작하고, 하단은 옆과 연결해서 반대쪽의 바느질 끝까지, ㄷ자 모양으로 박는다. 시작과 끝은 되돌아 박은 후 실의 여분을 길게 남기고 자른다

POINT

76페이지의 공정 35에서 표시한 바느질 끝에서 1땀 밖까지 박는다. 여기서 바느질 끝에서부터 박으면 1땀을 겹쳐서 박는 셈이다. 실의 여분을 길게 남겨두는 것은 모모와 동일하게 손바느질로 옆편을 마감하기 위해서이다.

11 바느질 끝의 바로 옆, 단차 아래에 원형 송곳으로 구멍을 뚫고 남겨둔 윗실로 3번 감는다. 위아래실 모두 안쪽으로 빼낸 후 아래로 늘어뜨려서 본드로 마감한다

뒷판에 포켓 2종을 단다

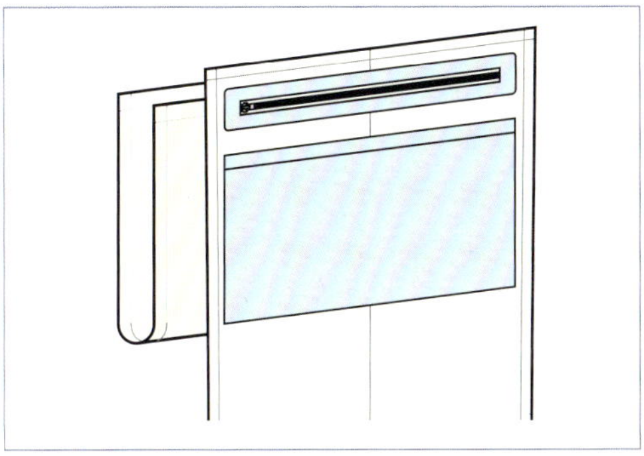

2장의 본체 안 중 1장에 '지퍼 포켓'과 '뒷판 앞 전체 포켓'을 단다. 2장의 본체 안은 똑같지만 이것을 다는 쪽이 '뒷판'이 된다. 다는 순서는 바느질이 쉬운 순서대로 '지퍼 포켓 창틀', '뒷판 앞 전체 포켓', '지퍼 포켓' 순이다

12 잘라낸 '지퍼 포켓 창틀'의 바깥 테두리 단면에 장식선을 긋고 단면을 마감한다

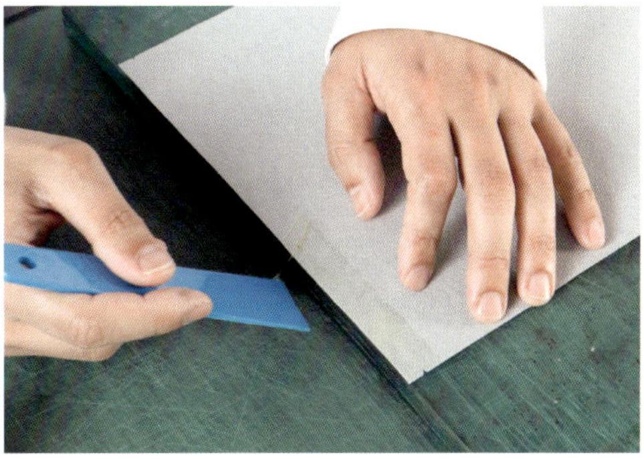

13 '지퍼 포켓'의 상단, 16mm폭의 고무 접착제를 바르고, 8mm 폭으로 시접한다

14 지퍼 포켓 창틀의 단에서 3mm 띄우고 3mm폭의 양면 테이프를 주변에 붙이고 '본체 안'을 다는 위치에 붙인다

POINT

지퍼 포켓 창틀 다는 위치는 '본체 안 패턴'에 기재되어 있으므로 그대로 표시한다. 또한 지퍼 포켓 창틀 폭이 좁기 때문에 비뚤어지기 쉽다. 붙일 때는 쇠자나 봉 등 직선 도구를 가이드로 삼아 정확하게 붙여야 한다.

15 지퍼 포켓 창틀 하단과 '뒷판쪽 전체 포켓 붙이는 위치'의 상단을 덮듯이 보강 테이프를 붙인다

POINT

이 보강 테이프는 뒷판쪽 전체 포켓을 보강한다. 위치는 90페이지의 공정 21번 사진을 참조. 전체 포켓 바느지 땀 상단과 그 위 지퍼 포켓 창틀의 바느질 땀을 연결하는 것으로 보강 효과가 생긴다

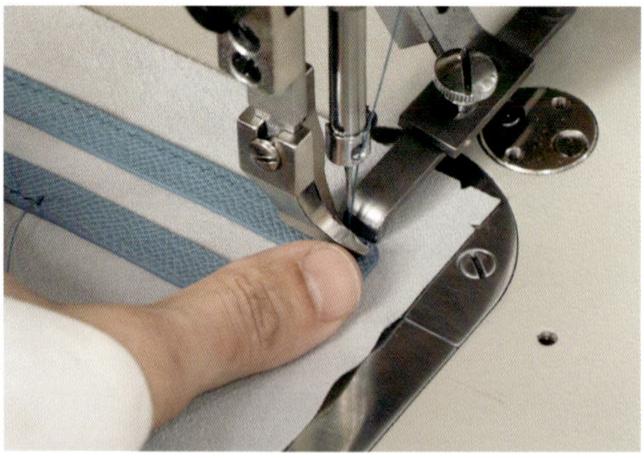

16 지퍼 포켓 창틀의 바깥쪽을 한 바퀴 바느질한다

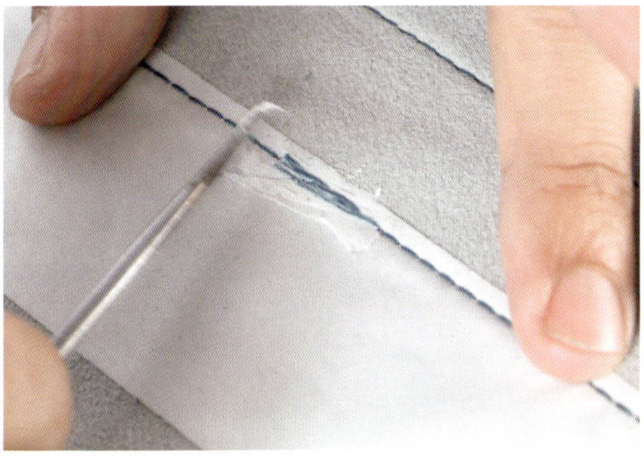

17 실은 윗실, 아랫실 모두 안으로 빼고 바느질 땀에 맞춰 본드로 마감한다

18 지퍼 포켓 창틀 주위를 바느질한 상태. 그 다음, 앞에 '뒷판 쪽 전체 포켓'을 붙인다

POINT

내부 포켓 폭은 안감에 늘려 붙이기 때문에 바느질 땀에 아슬아슬하게 당겨지는 디자인으로 한다. 본체 안도 함께 바느질하는 관계로 내부 포켓의 끝까지 미싱이 들어가서 박기 때문에 양산 백에는 조금 폭을 띄워서 디자인하는 경우가 많다. 이 백의 경우 포켓의 끝이 바느질 땀과 가깝고, 신경써서 바느질할 필요가 있기 때문에, 따로 설명할 예정이다.

뒷판 쪽 전체 포켓을 단다

19 뒷판쪽 전체 포켓의 바닥 한 변만 테두리에 맞춰 2mm 폭 양면 테이프를 붙이고 붙이는 위치 ('뒷판 안 패턴'에 표시되어 있다)에 맞춰 반대로 놔둔다

20 뒷판쪽 전체 포켓의 양 사이드와 바닥을 박는다

POINT

바느질 땀 상단(포켓 입구 양쪽 단)은 삼각형으로 바느질해서 보강한다. 전체 포켓 시접의 바느질 땀의 1땀 아래에서 바늘을 찌르고, 상단으로 3땀, 안쪽으로 1땀 진행한다. 2땀으로 원래로 돌아오고 그대로 아래로 박음질해 나간다.

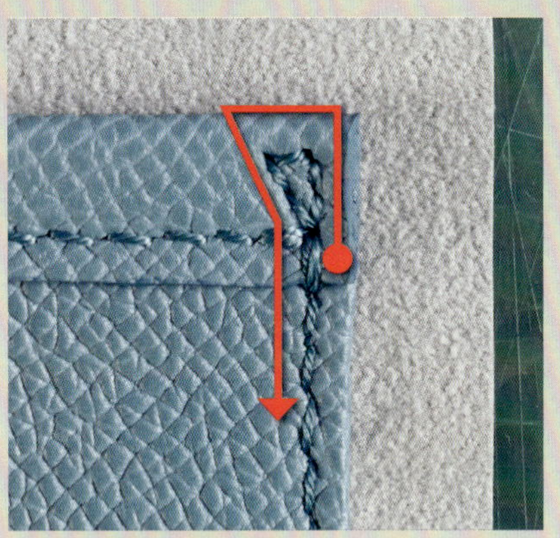

21 위아래실 모두 안쪽으로 뺀다. 바느질땀에 맞춰 벌리고 본드로 고정한다. 88페이지의 공정 15에서 붙인 보강 테이프가 지퍼 포켓 창틀의 바느질 땀과 전체 포켓의 바느질 땀을 연결하게 되는 것을 알 수 있다

지퍼 포켓을 만든다

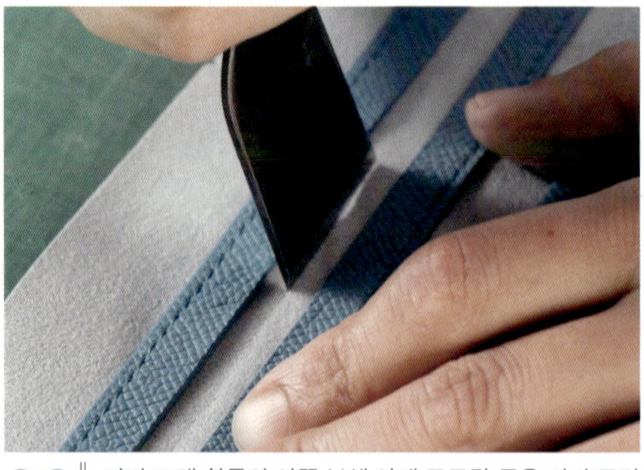

22 지퍼 포켓 창틀의 안쪽 본체 안에 구두칼 등을 써서 구멍을 낸다

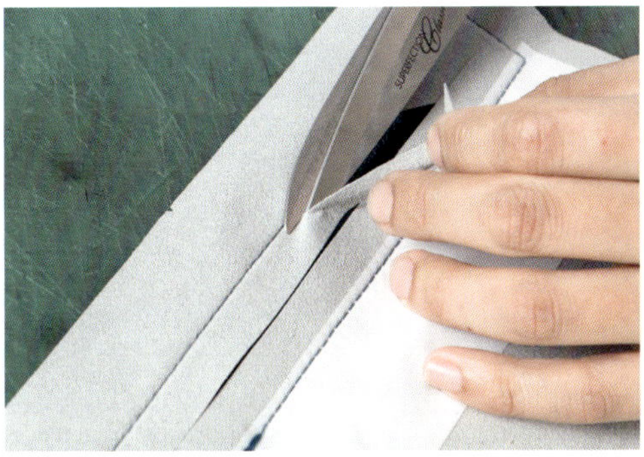

23 재봉 가위를 사용해서 바느질 땀 바로 옆 안쪽으로 안감을 잘라낸다. 반대쪽에 양면 테이프를 붙여놓으면 자르기 쉽다

24 잘라낸 상태. 잘라낸 입구가 감춰지기 때문에 깔끔하게 자를 필요는 없다

25 지퍼 포켓 창틀 안쪽 시접에서 3mm 띄우고 3mm 폭의 양면 테이프를 붙인다

26 지퍼를 똑바로 편 상태에서 본체 안을 구부리듯 해서 중앙에 오도록 붙인다

27 시접한 상단 뒷면에 끝에서 3mm 띄우고 3mm 폭의 양면 테이프를 붙인다. 하단은 끝을 맞춰 표면을 붙인다. 붙이는 면이 각각 다르므로 주의한다

28 지퍼 포켓 시접 끝(상단)을 포켓 창틀 안쪽 하단에 맞춰 붙인다. 지퍼가 있어 보이지 않지만 확실히 테두리를 맞춰 붙이도록 한다

29 지퍼 창틀 뒷면 하단만 모서리에서 모서리까지 바느질한다. 실은 뒷면으로 뺀 후 밖을 향해 본드로 마감한다

30 지퍼 포켓을 접은 위치(가운데 표시)에서 위로 접은 채, 끝에는 양면 테이프를 붙여서 지퍼 윗쪽을 붙인다

31 지퍼 창틀 안쪽의 좌우와 상단을 ㄷ자 모양으로 바느질하고 끝의 바느질 땀을 연결한다

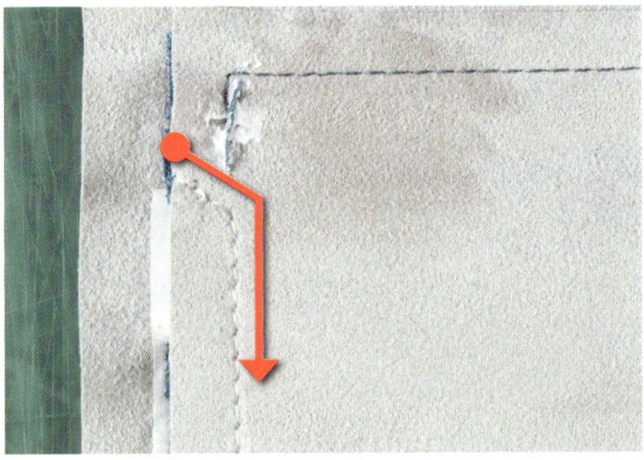

32 본체 안을 연결하고 지퍼 포켓 양 사이드를 바느질한다. 지퍼 창틀 안쪽 바느질 땀 한가운데 끝의 테두리에서 바늘을 꽂아 시작한다. 테두리에서 10mm 떨어진 곳에서 테두리와 평행하게 바느질을 진행한다. 바닥 쪽에서 바느질을 끝낸다. 포켓 입구 틈의 공간이 없어진다. 하단은 반대로 바느질하면 OK

POINT

지퍼 창틀 안쪽의 바느질 땀(앞 페이지 공정 31)의 실은 윗실, 아랫실 모두 안쪽으로 빼서 바느질 땀에 맞춰 위쪽으로 뺀 후 본드로 고정한다. 또한 지퍼 포켓 사이드의 바느질 땀은 열펜으로 실을 끊는다.

33 지퍼 테이프가 지퍼 포켓에서 좌우로 빠져나오면 가위로 잘라낸다

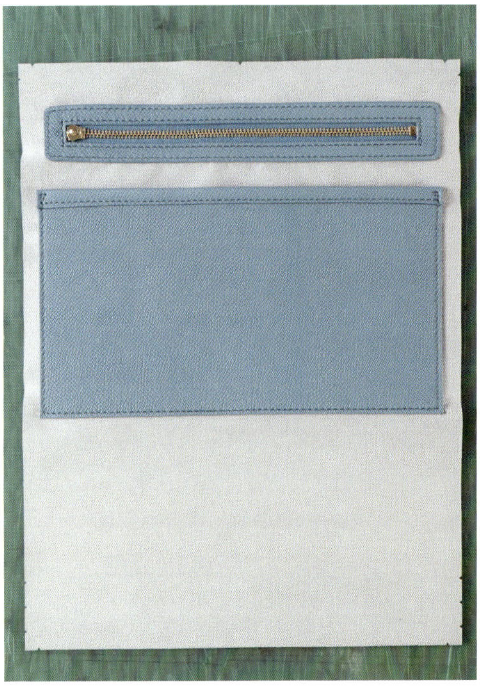

앞판 쪽 전체 포켓을 단다

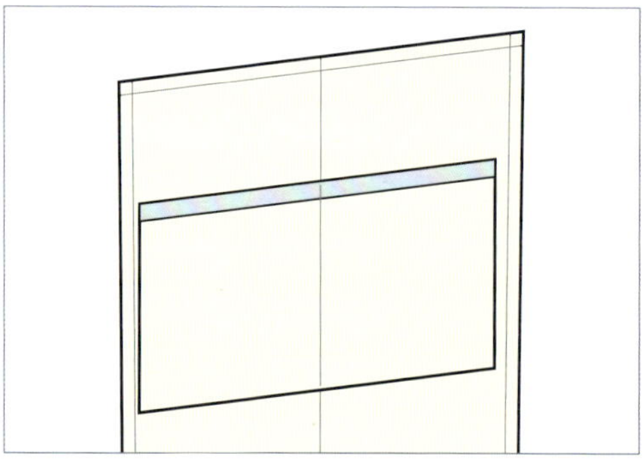

앞판 쪽 전체 포켓을 단다. '앞판 쪽 전체 포켓'의 다는 법은 뒷판 쪽과 동일하지만, 센터에 맞춰 바느질 땀을 끊는 작업을 한다

34 '본체 안 패턴'에서 앞판 쪽 전체 포켓 다는 위치를 표시하고 그 바느질 땀의 상단을 덮듯이 8mm 시접 라인에서 보강 테이프를 붙인다(본체 안 상단의 바느질 땀에 걸친다)

POINT

여기서는 본체 안 상단의 바느질 땀(띠와 연결)과, 앞판 쪽 전체 포켓 입구 앞 양 끝의 바느질 땀을 보강 테이프로 연결하는 것으로, 포켓의 보강 효과를 낸다.

35 바닥 한쪽 모서리만, 테두리에 맞춰 2mm 폭의 양면 테이프를 바르고, 본체 안 다는 위치에 댄다

36 먼저 센터를 바느질한다. 상단(바느질 시작)을 삼각형으로 바느질해서 보강하면서 바느질을 진행하고, 바닥 쪽은 반대로 바느질해서 마감한다

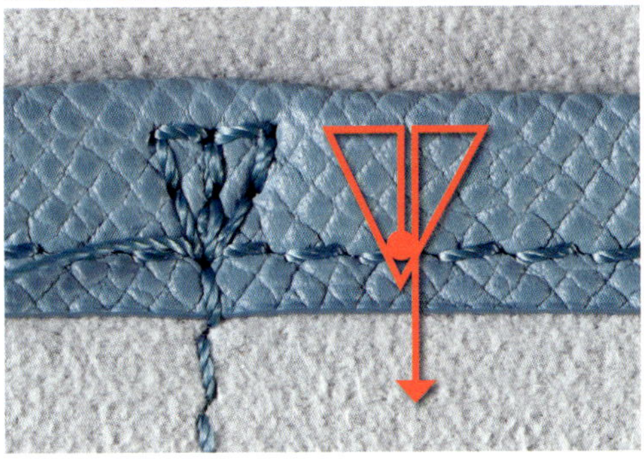

37 바느질해서 포켓 양 사이드, 바닥을 ㄷ자 형태로 바느질한다. 바느질 방법은, 90페이지의 공정 20(뒷판 쪽 전체 포켓) 참조

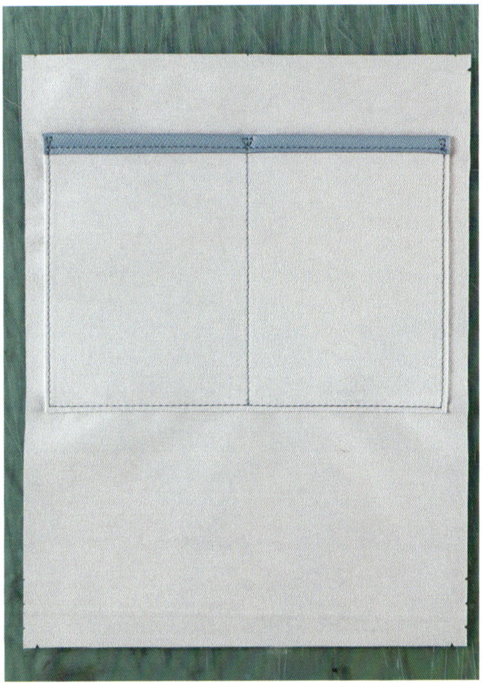

38 각 바느질 땀의 실은 위아래 모두 안쪽으로 빼내서 걸리적거리지 않는 방향으로 빼낸 뒤 본드로 마감한다

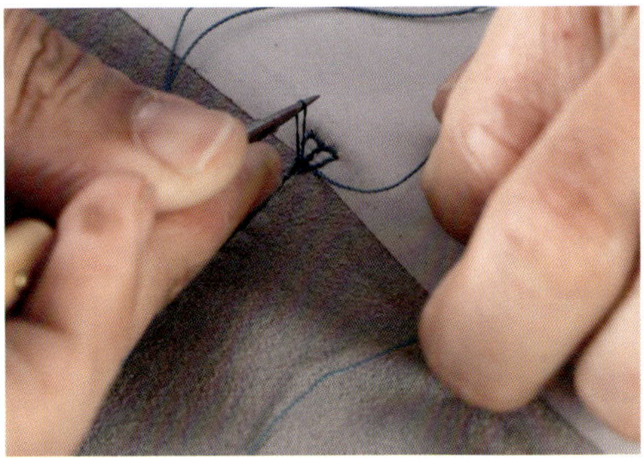

39 각 바느질 땀의 실은 위아래 모두 안쪽으로 빼내서 걸리적거리지 않는 방향으로 빼낸 뒤 본드로 마감한다

본체 안과 본체 띠를 조립한다

전체 포켓을 다는 앞판, 지퍼 포켓과 전체 포켓을 다는 뒷판 모두 본체 안과 본체 띠를 조립한다

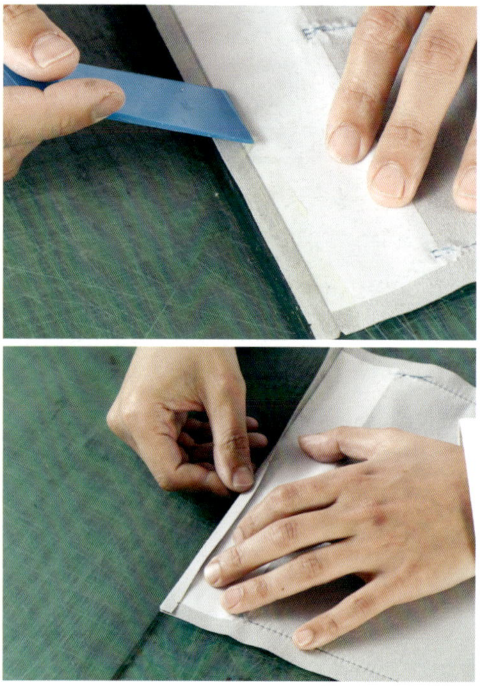

40 본체 안의 상단 안쪽에 16mm로 고무 접착제를 바르고, 8mm 폭으로 시접한다

41 앞판(사진 위), 뒷판(사진 아래), 둘 다 상단을 시접한 상태

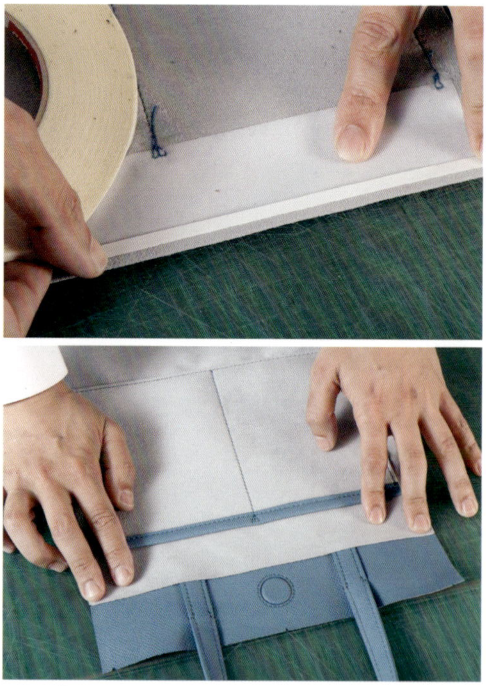

42 본판 안의 상단 쪽에 테두리에서 3mm 띄우고 5mm 폭의 양면 테이프를 바르고, 본체 띠의 본체 안 붙이는 선(양 사이드 끝을 연결하는 선)에 맞춰 붙인다

43 연결 땀을 바느질한다. 바느질 시작과 끝은 1땀 돌아와서 열펜으로 마감한다

POINT

지금까지 기본적으로는 겉감에 맞춰 실 색을 골랐지만, 여기서부터는 안감 색에 맞춰 실을 고른다.

44 앞판, 뒷판 모두 동일하게 조립한다

옆판 안과 옆판 띠를 조립한다

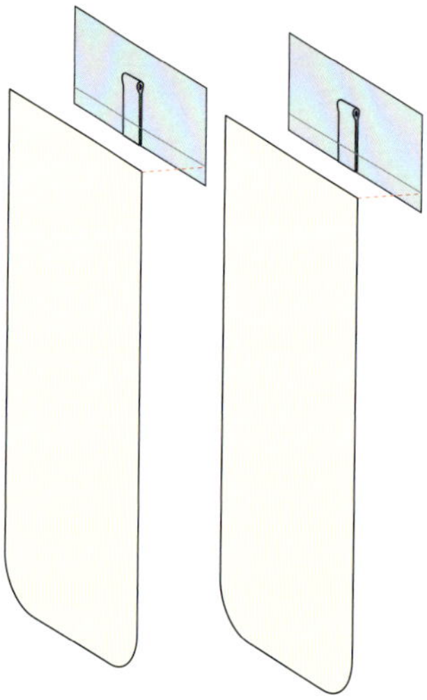

옆판 안도 본체 안과 같은 방법으로 옆판 띠를 조립한다

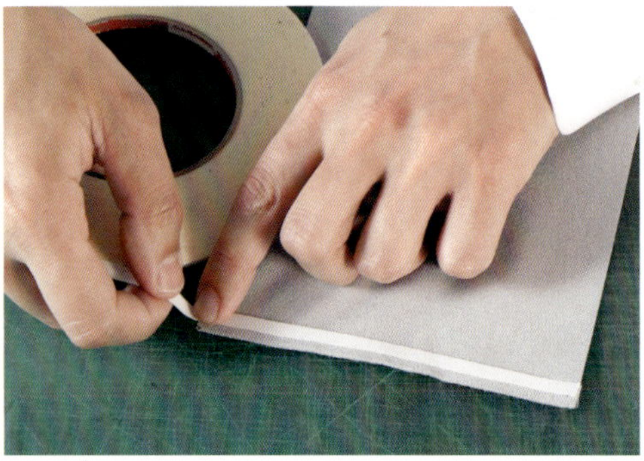

45 옆판 안의 시접한 상단 안쪽에 테두리에서 3mm 띄워서 5mm 폭의 양면 테이프를 붙인다

46 옆판 띠의 옆판 안 붙이는 선(양 사이드의 아래쪽 끝을 연결하는 선)에 맞춰 붙이고, 연결 땀을 바느질한다. 실의 양 끝은 1땀 돌아와서 열펜으로 마감한다

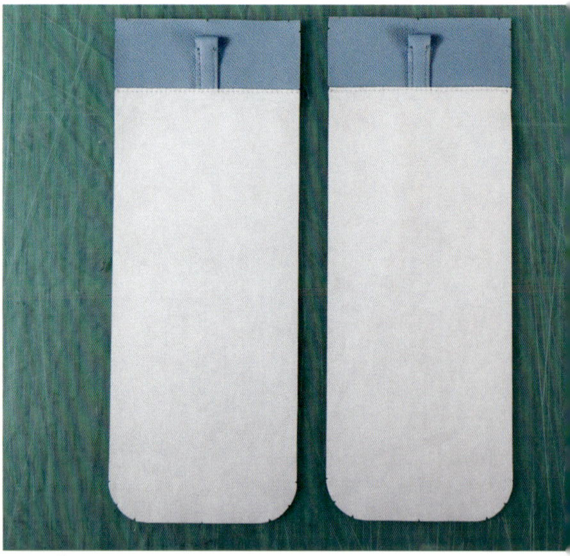

47 두 쌍 모두 동일하게 바느질한다

본체 안·바닥 안·옆판 안을 조립한다

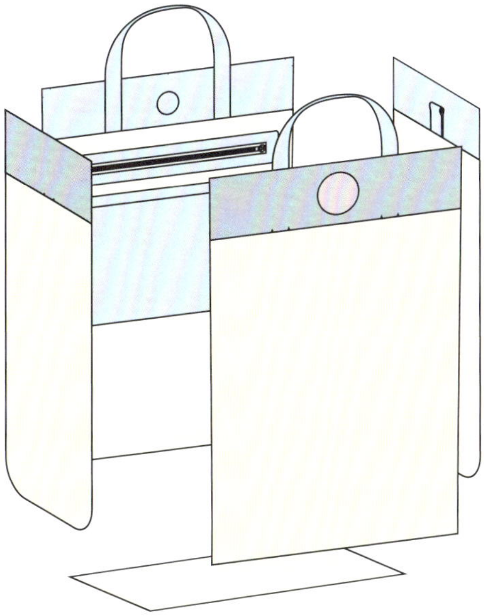

본체 안, 바닥 안, 옆판 안을 조립해서 봉투 형태로 만든다. 조립한 뒤에는 상단에 본체 띠 심을 바르고, 시접해 둔다

48 바닥 안을 시접한 긴 모서리 안쪽에, 테두리에서 3mm 띄우고 5mm 폭의 양면 테이프를 바른 후, 본체 안의 바닥 안 붙이는 선(양 사이드의 끝을 연결하는 선)에 맞춰서 붙인다

49 연결하는 땀을 바느질한다. 양끝은 1땀 돌아와서 열펜으로 실을 끊어서 마감한다

50 바닥 안의 양 쪽에 본체 안을 연결한 상태. 여기서 옆판 안을 바느질해서 봉투 형태로 만들어 나간다

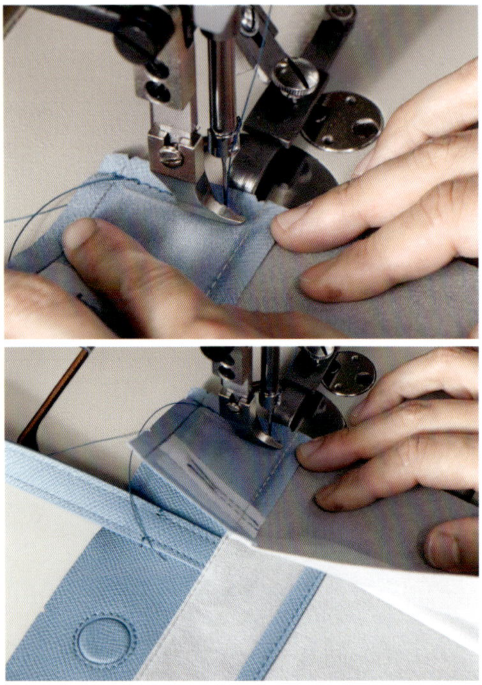

51 본체 안과 옆판 안의 테두리를 맞춰가면서 옆판 상단에서 8mm 위치에서 바느질한다

POINT

바느질 시작점의 바늘을 찌르는 방법과 되돌아 박는 방법은, 본체 겉과 옆판 겉의 바느질 방법과 동일하기 때문에 61페이지 공정 31을 참조한다. 또한 아웃스티치이기 때문에 둥근 바늘을 쓴다. 실 색은 띠에서 보일 수 있기 때문에 겉감과 맞춘 색을 쓴다.

52 직선 구간은 이대로 테두리를 맞춰서 바느질해 나간다. 안감을 당기지 않도록 평평한 사태에서 바느질한다

POINT

지퍼 포켓이나 전체 포켓 끝이 바느질 땀에 가까워서 미싱 노루발을 걸기가 어렵기 때문에 바느질 땀이 망가질 때가 있다. 손으로 밀면서 바느질해도 되지만, 폭을 좁게 깎은 커스텀 노루발을 사용하면 바느질이 쉽다.

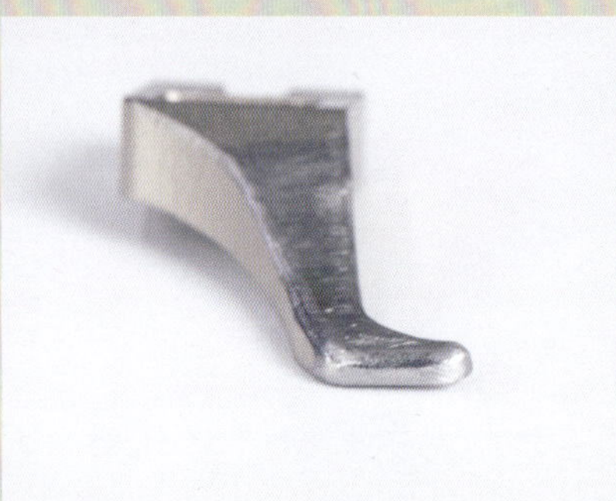

53 직선이 끝나면 1땀이 맞지 않는데, 여기서부터는 옆판을 세워서 입체로 만든 뒤 파츠의 테두리와 끝을 맞춰가면서 박는다

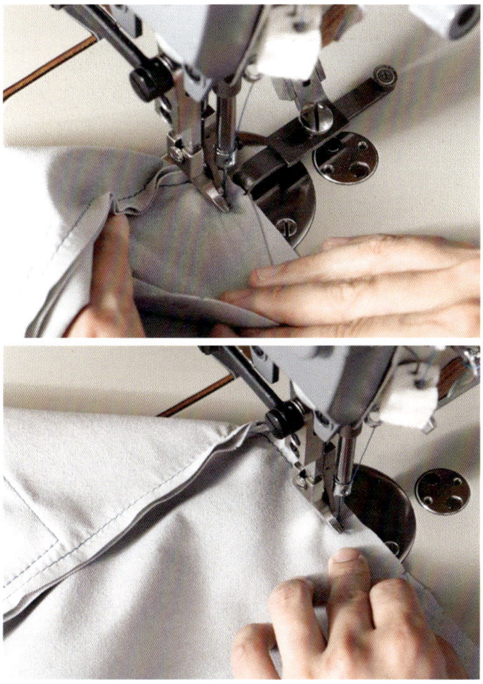

54 커브 바느질 방법은 61페이지 공정 33에서 62페이지의 공정 36까지를 참고한다

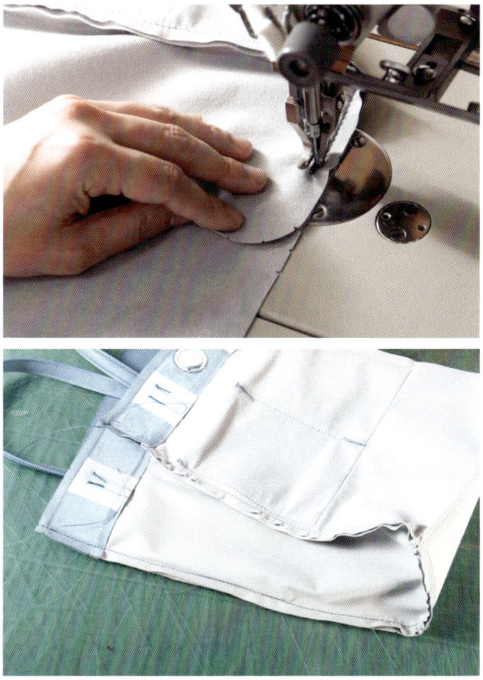

55 동일한 요령으로 반대쪽의 상단까지 바느질한다

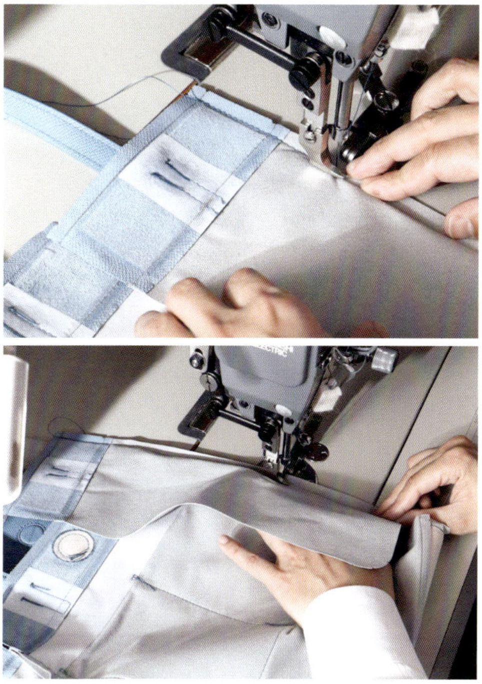

56 다른 한 쪽의 옆판 안도 동일하게 단다

57 본체 안의 양 사이드에 옆판 안을 단 상태. 여기서 상단에 띠 심을 붙인다

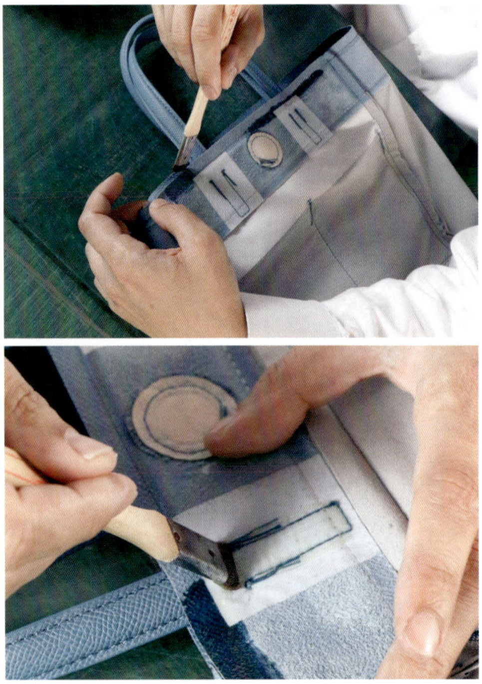

58 본체 띠의 상단에서 폭 13mm 정도를 연결해서 손잡이의 바느질 땀 주위에 고무 접착제를 바른다

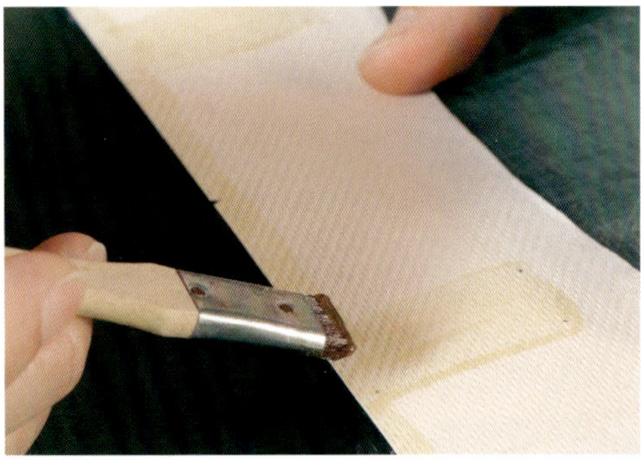

59 '본체 띠 심'의 피할하지 않은 면에 상단에서 폭 5mm 정도, 손잡이의 바느질 땀이 붙는 부분에 고무 접착제를 바른다

POINT

본텍스는 바이린보다 접히기 쉽고 텐션이 있어서 바느질이 까다롭다. 그래서 바이린 심보다 나중에 붙인다.

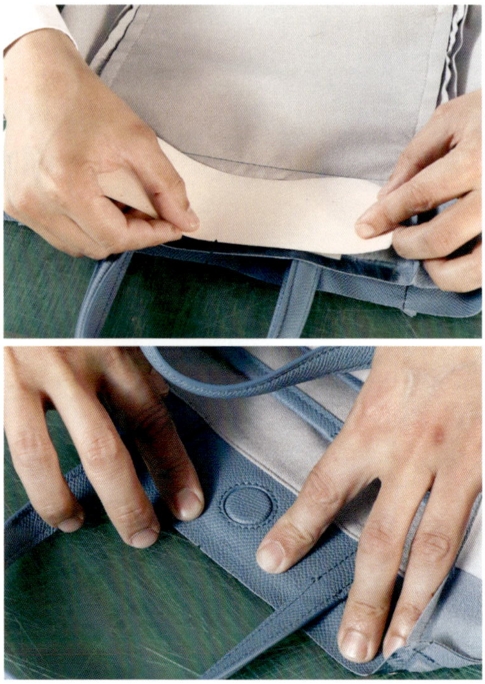

60 본체 띠의 시접 선(테두리에서 8mm)을 따라 센터를 맞춘 심을 놓고, 가죽의 겉면에서 압착한다

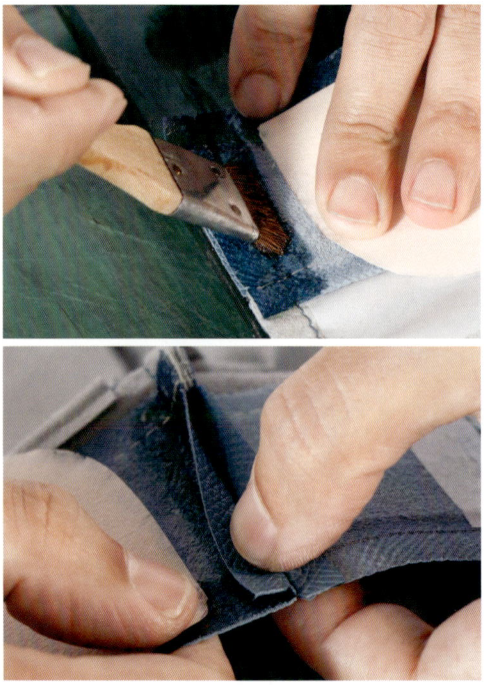

61 띠의 바느질 부분 안쪽에 고무 접착제를 바르고 양 옆으로 가름솔한다

62 띠 파츠의 바느질 부분은 모두 가름솔한다

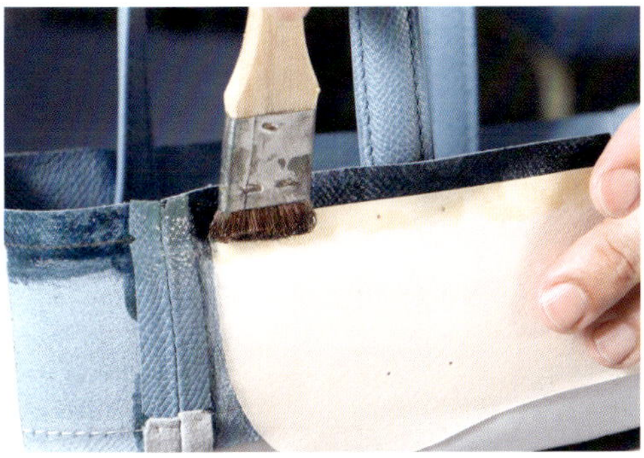

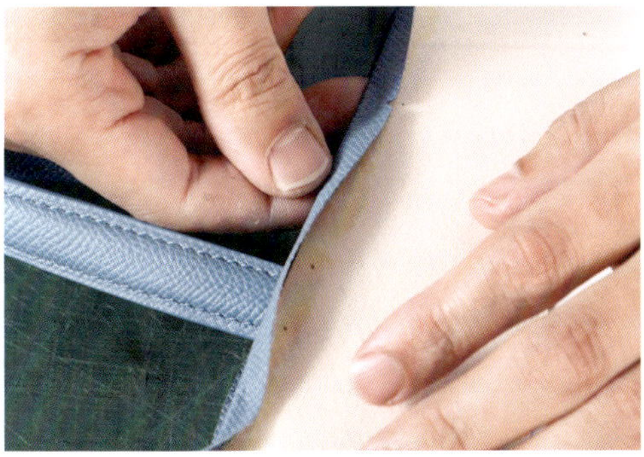

63 띠 전체의 입구 안에 16mm 폭의 고무 접착제를 바르고, 8mm로 시접한다

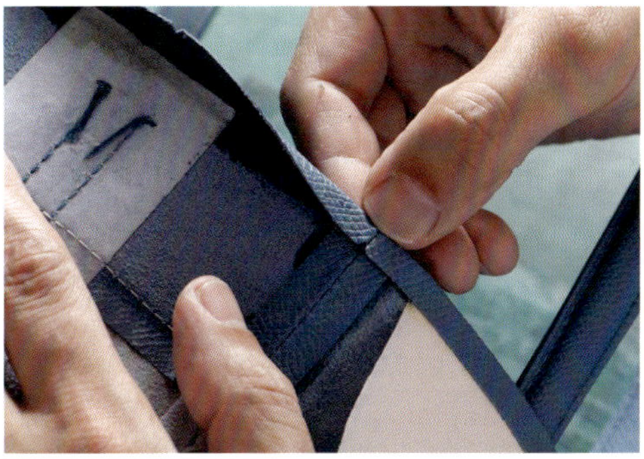

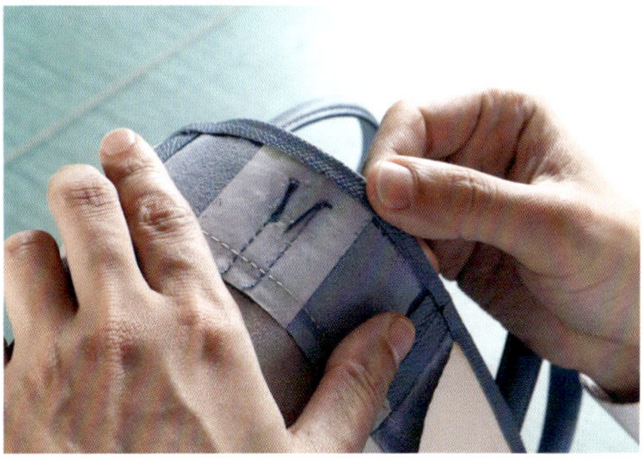

64 두께가 달라지는 가름솔이나 보강 테이프 접착 부분에서 시접의 라인이 어긋나지 않도록 주의한다

숄더 스트랩을 만든다

아크릴 테이프 스트랩에 모모, 개고리를 부착한다. 모모는 일반적인 방법이 아니라 슬릿을 넣는 방법으로 만든다.

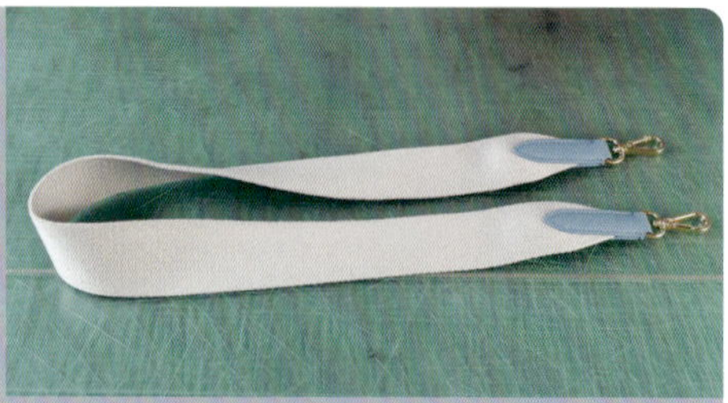

스트랩 부분에 쓰는 아크릴 테이프는 폭 50mm로 길이를 86cm로 잘라낸다

숄더 모모 가죽을 만든다

01 '숄더 모모 가죽 안' 뒷면의 중앙에 '숄더 모모 가죽 패턴'을 놓고, 테두리선을 그은 후 고무 접착제를 바른다

POINT

숄더 모모 가운데 접히는 부분은 2mm 보강 테이프로는 부족하기 때문에 10mm 폭으로 쓰는 것을 추천한다.

02 앞에서 그은 패턴 선 안쪽으로 보강 테이프(두꺼운 것을 추천)를 바른다

03 붙인 보강 테이프의 위에 다시 한 번 고무 접착제를 바르고, '숄더 모모 가죽 겉' 뒷면에도 고무 접착제를 바른다

04 끝을 맞춘 후 중앙의 구부러지는 부분 바로 앞까지 평평하게 맞붙인다

05 겉 파츠 쪽이 길기 때문에, 좌우 대칭으로 반대쪽도 붙이면 겉 파츠 중앙이 뜨는 형태가 된다

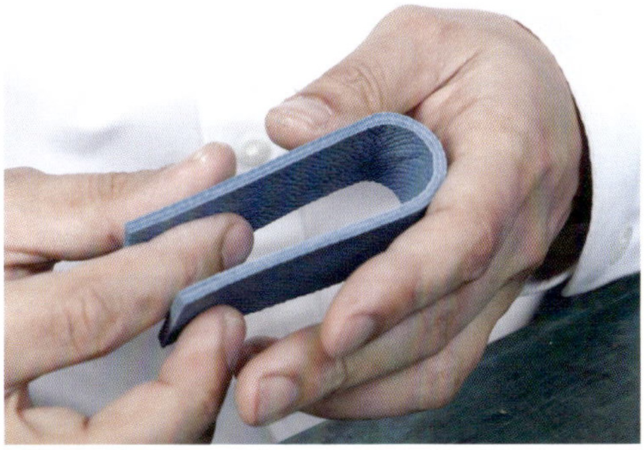

06 자연스러운 커브로 구부린다. 양끝을 평평하게 붙인 부분이 평행이 되는 각도로 중앙을 눌러준다. 그리고 안쪽에서 롤러로 압착한다

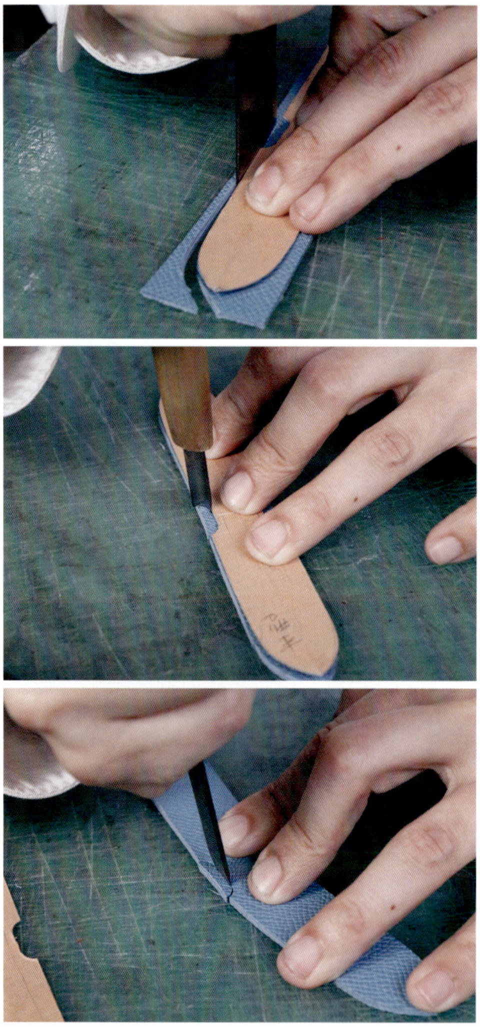

07 패턴을 가운데 놓고 윤곽을 따라 자른다. 구부러진 부분은 구두칼로 자르기 힘들기 때문에 조각칼을 활용하면 좋다

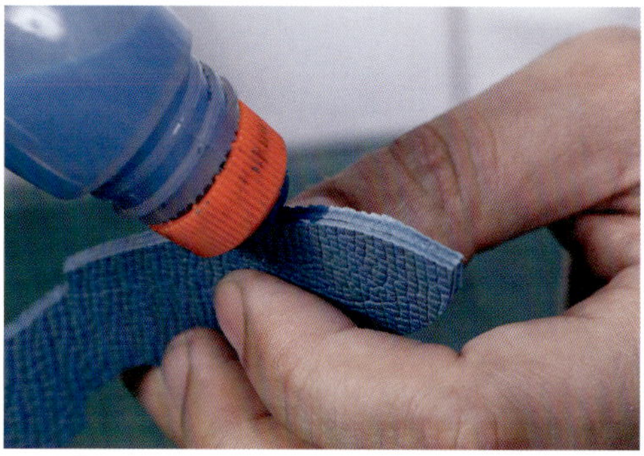

08 패턴대로 잘라낸 후 겉쪽에 장식선을 긋고 단면을 마감한다

09 단면을 마감한 상태. 동일하게 2개 만든다

스트랩에 모모 가죽을 단다

10 스트랩 끝에 '숄더 스트랩 단' 패턴을 대고, 위치에 맞춰 직경 6mm의 구멍을 뚫는다

11 구멍에서 끝까지 패턴대로 잘라낸다. V자 모양이 되면 잘라낸 테두리에서 9~10mm 폭으로 고무 접착제를 바른다

12 모모 뒷면의 평면 부분(구부러지지 않은 쪽)에도 테두리에서 1mm 정도 띄워서 고무 접착제를 바른다

13 구부러진 범위에 끝이 오도록 V자 부분을 닫으면서 센터를 맞춰 붙인다

POINT

스트랩의 잘라낸 부분을 접으면서 센터를 맞춰 가죽을 붙이는 것은 상당히 어렵다. 패턴의 '숄더 스트랩 다는 패턴'을 활용해서 정확하게 붙이도록 하자.

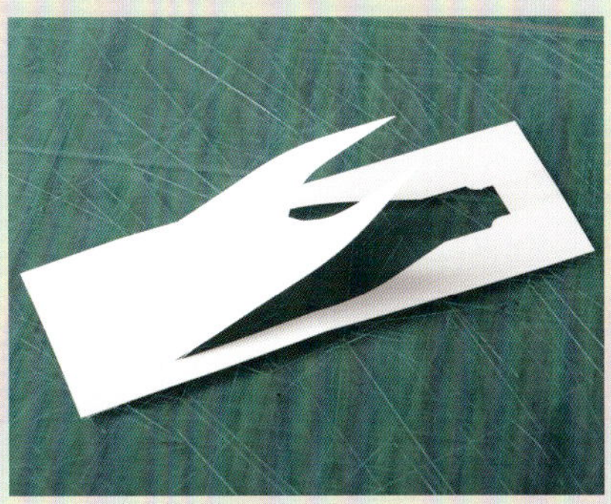

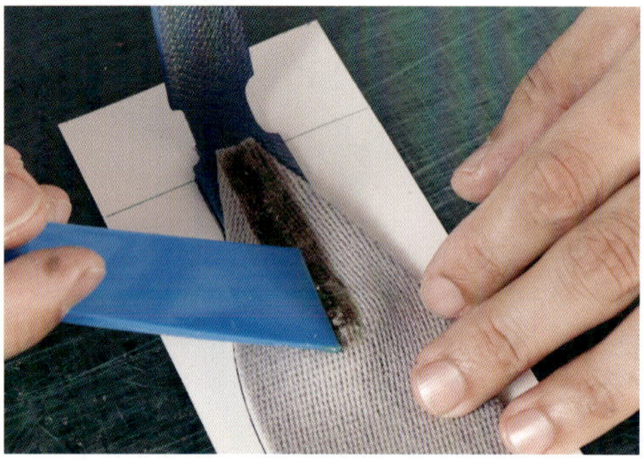

14 평평하게 붙여서 달고, 한번에 스트랩 위에서 고무 접착제를 바른다(잘라낸 부분을 센터로 해서 18mm 폭)

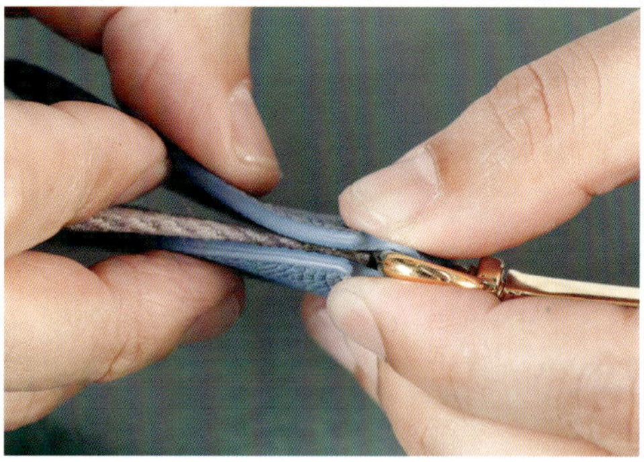

15 모모에 개고리를 통과하고 반으로 접는다. 구부러진 부분의 양 사이드 꼭지점을 맞춘다

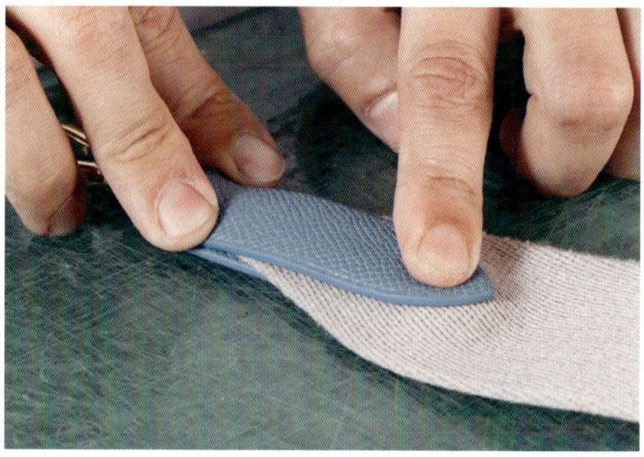

16 모모의 끝을 스트랩의 센터에 맞추고 그 위에 올린 안팎의 모모 테두리가 어긋나지 않도록 붙인다

POINT

겉과 안의 모모의 테두리가 나란히 놓이는데, 땀은 확인할 수 없기 때문에 다시 한 번 '숄더 스트랩 다는 패턴'을 이용해서 체크한다. 테두리가 어긋나면 바느질할 때 바느질 폭이 달라지거나 땀이 밖으로 빠질 수 있기 때문에 정확하게 붙여야 한다.

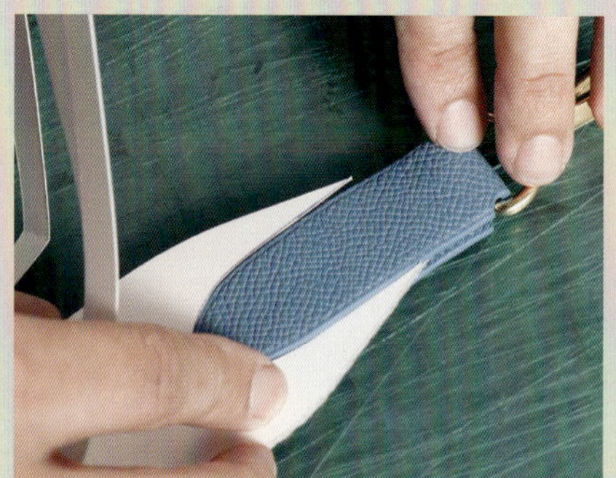

모모 가죽을 바느질한다

17 구부린 부분의 꼭지점에서 1땀 정도 떨어진 위치에서 바느질을 시작하고 반대쪽까지 바느질한다. 바느질 시작, 끝은 함께 1땀 돌아와서 실 여분을 길게 빼서 잘라낸다

POINT

스트랩을 폭 좁은 모모에 다는 타입의 숄더 스트랩은 흔히 볼 수 있지만, 아크릴 테이프의 끝을 비스듬히 접어서 끼우는 방식이 일반적이다. 여기서는 실루엣을 아름답게 마감하기 위해 끝을 잘라내 평평하게 마감하는 방법을 쓴다.

18 끝의 바느질 구멍은 원형 송곳으로 조금 넓혀서 바늘이 통과하듯이, 윗실에 바늘을 걸어 세 번 정도 손으로 돌린다.

19 위, 아랫실을 묶은 후 묶은 땀을 당기기 전에 바늘이 달린 윗실을 바느질 구멍에서 가죽 여유 공간 쪽으로 빼낸다.

20 묶은 땀에 본드를 바르고 당긴다. 여분의 실을 단단하게 당겨서 묶은 땀을 바느질 구멍 가운데 넣는다

21 실은 열펜으로 마감한다. 동일하게 양 쪽의 모모를 바느질한다

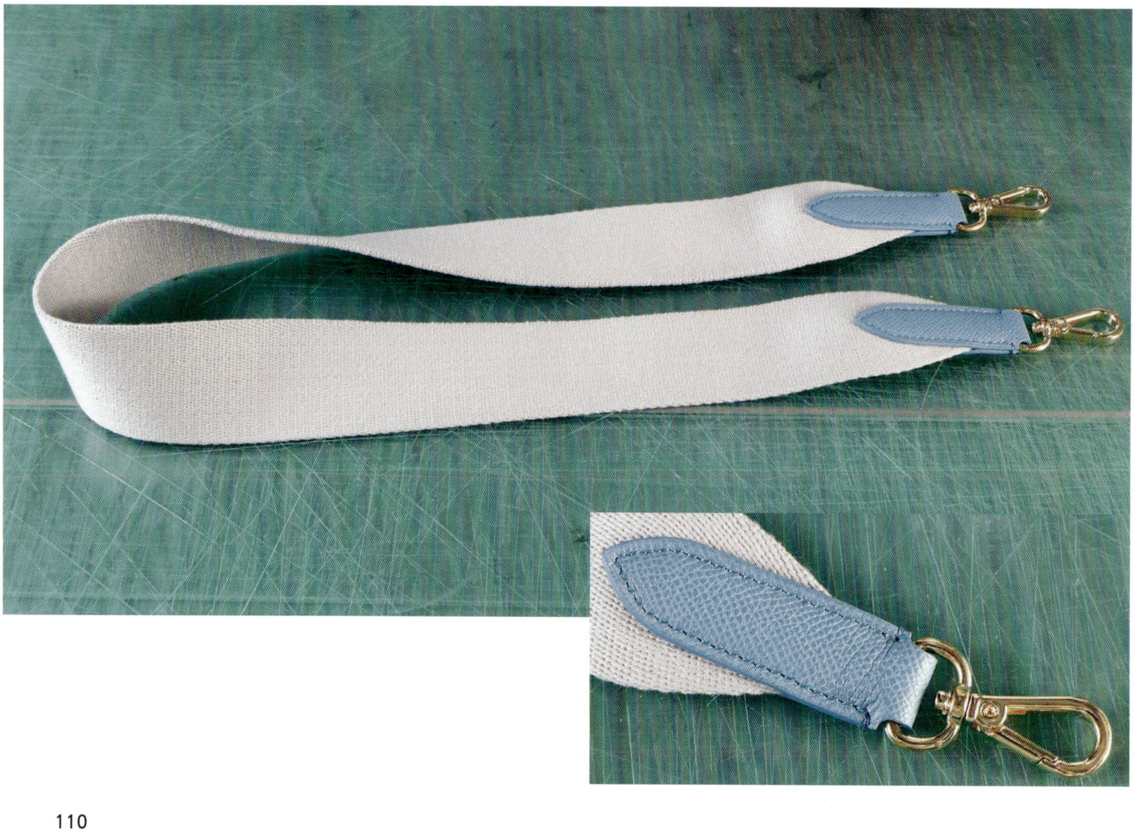

본체 겉과 본체 안을 조립한다

본체 겉에 본체 안을 집어 넣고 입구를 맞붙여 바느질한다. 설계에서 의도한 대로 형태가 나오도록 정확하게 작업한다.

본체 겉에 본체 안을 집어 넣고, 입구를 한 바퀴 둘러 바느질한 후, 손잡이와 숄더 모모 가죽 고리를 단다

본체 겉에 본체 안을 집어넣고 붙인다

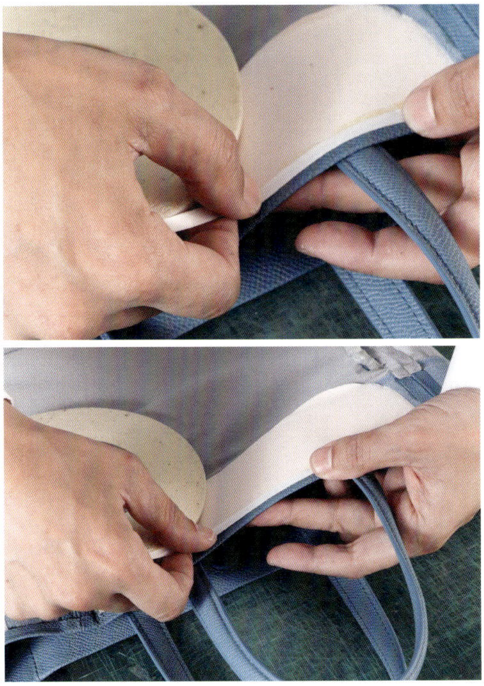

01 본체 안의 입구에 한 바퀴 둘러서, 테두리에서 3mm 떨어져서 5mm 폭 양면 테이프를 붙인다(본체 겉 쪽에 붙여도 좋다)

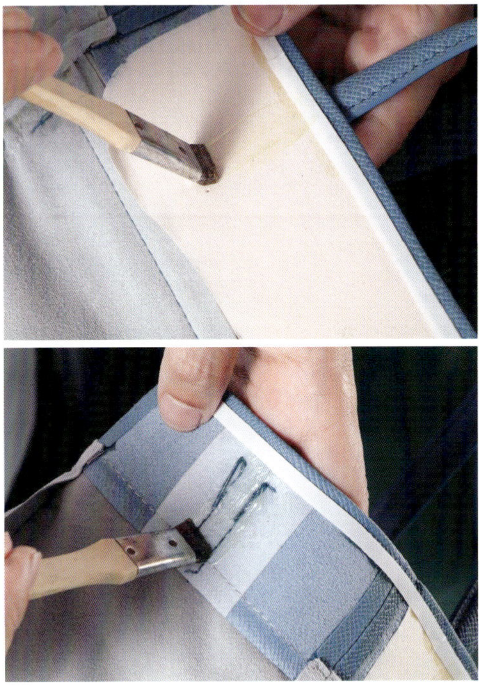

02 또한 본체 띠의 손잡이, 옆판 띠의 모모 다는 부분도 고무 접착제를 바른다

POINT

손잡이와 모모는 본체 조립 후에 보강을 위해 바느질하기 때문에 어긋나게 붙여도 괜찮다. 각 부분 본체 겉에 뚫은 구멍 주위를 커버하도록 고무 접착제를 살짝 바른다.

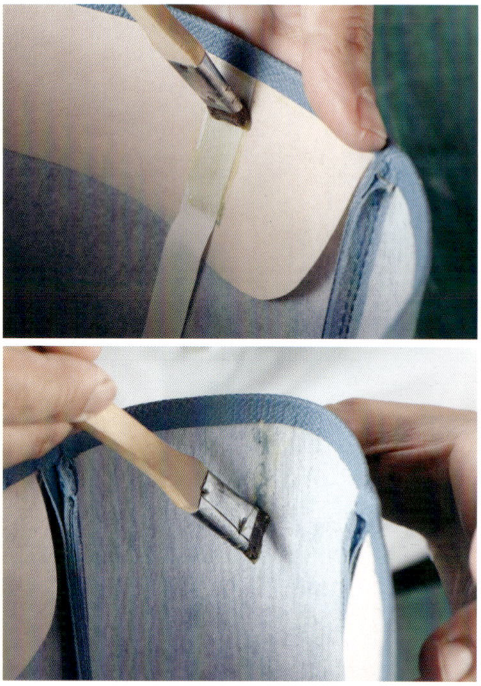

03 본체 겉의 앞 페이지 공정 02와 대응하는 부분(바느질 땀의 아랫구멍이 뚫리는 부분)에 얇게 고무 접착제를 바른다

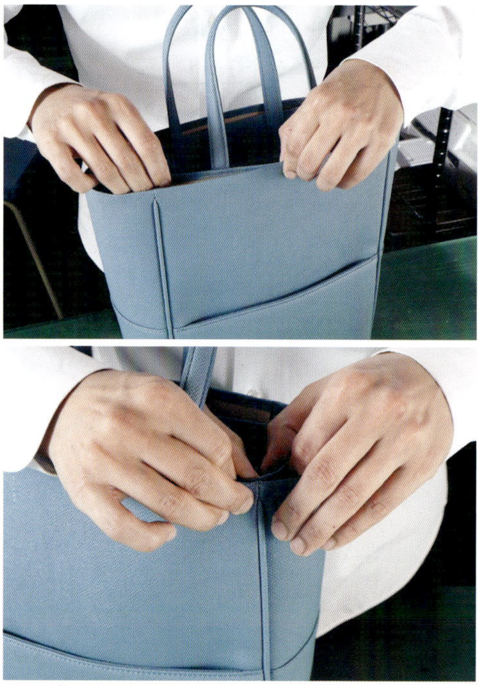

04 본체 안을 집어 넣고, 형태를 잡는다. 본체와 옆판의 바느질 땀의 위치를 맞춘다. 이 바느질 땀에서 바느질 땀까지 앞판과 뒷판의 부분은 평평하게 붙인다(사진은 가죽이 당겨져서 구부러져 보인다)

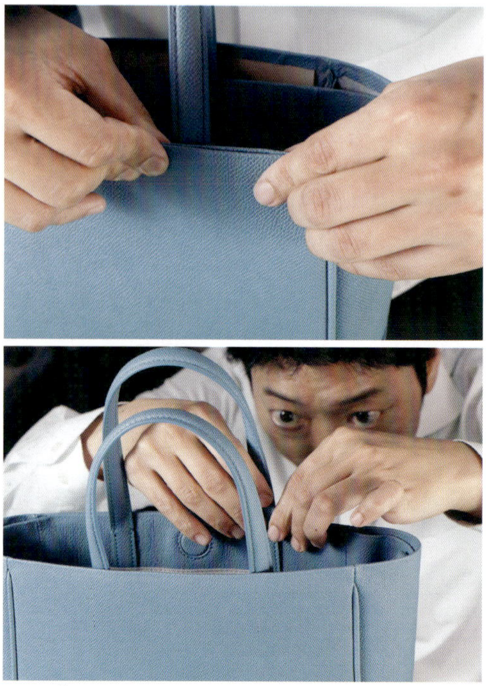

05 띠에 단 손잡이 위치와 본체 겉에 뚫은 아랫 구멍 위치가 맞는지 확인하면서 입구의 높이도 맞춘다

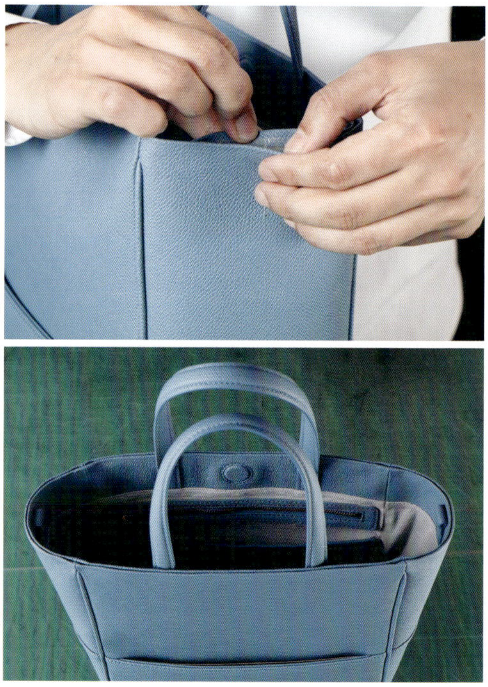

06 옆판 파츠는 바깥쪽 치수가 길기 때문에 바깥쪽으로 구부리면서 붙인다. 옆판 띠의 모모와 옆판 겉 아랫구멍의 위치를 맞춘다. 입구의 높이, 옆판을 구부리는 정도, 각 파츠의 위치, 전체 밸런스를 체크한다

본체의 입구를 바느질한다

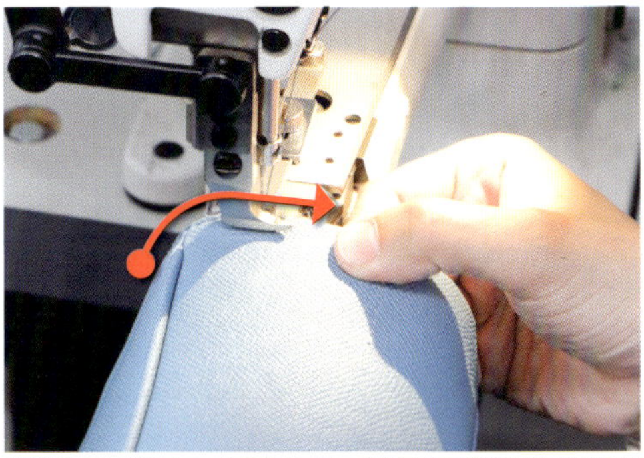

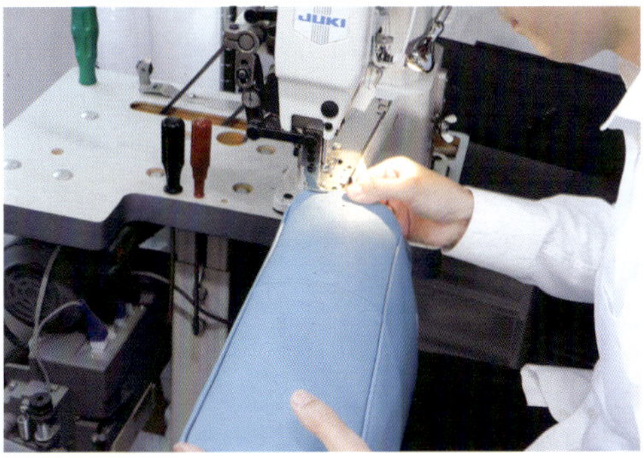

07 입구를 한 바퀴 둘러 바느질한다. 바느질 시작은 뒷판 쪽 단에서, 옆판을 향해 바느질을 진행한다. 마지막에는 삼중이 된다

POINT

바느질 시작 위치는 뒷판 쪽이 좋다. 옆판 부분은 구부러지고 널어나는 움직임이 있기 때문에 실 마감이 당겨지기 쉽다. 앞판 쪽보다 눈에 띄지 않는 뒷판 쪽 단이 시작점으로 적절하다.

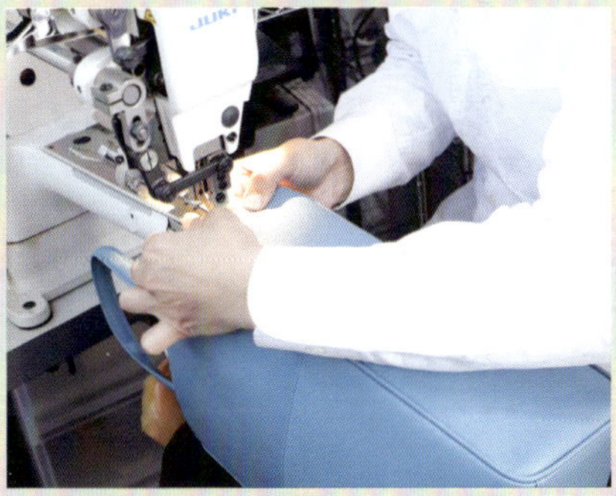

08 한 바퀴 둘러 바느질하고, 삼중으로 박은 후 열펜으로 마무리한다

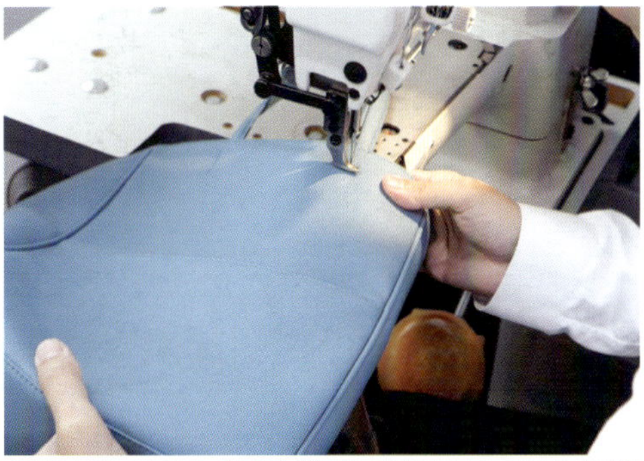

09 아랫구멍을 뚫어 둔 손잡이 연결 부분의 바느질 땀을 옆으로 늘린 상태로, 1땀 씩 손으로 움직여서 바느질한다(페달을 밟지 않는다). 먼저 중앙의 구멍에 바늘을 넣고, 상단까지 바느질한다

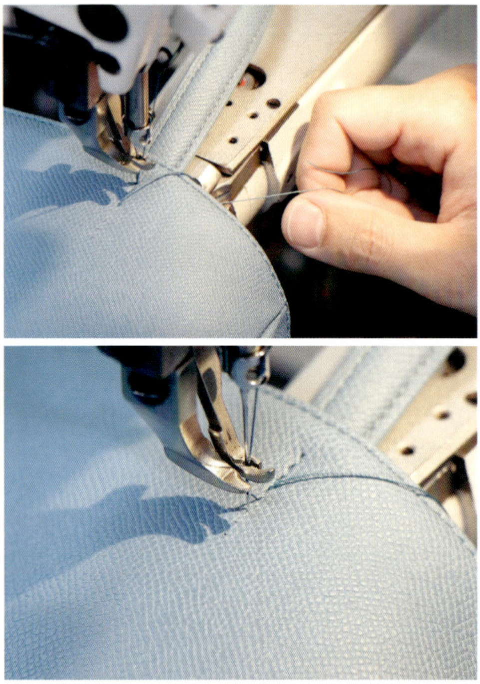

10 윗단까지 진행한 후, 바느질 시작할 때의 아랫실이 딸려 가지 않도록 당겨가면서 아래로 바느질한다

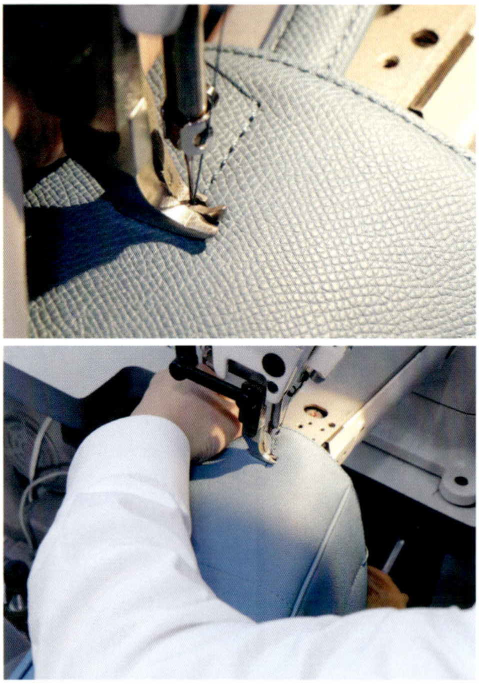

11 아래쪽까지 진행한 후, 이번에는 윗방향으로 진행하면서 바느질 시작점 구멍까지 바느질한다

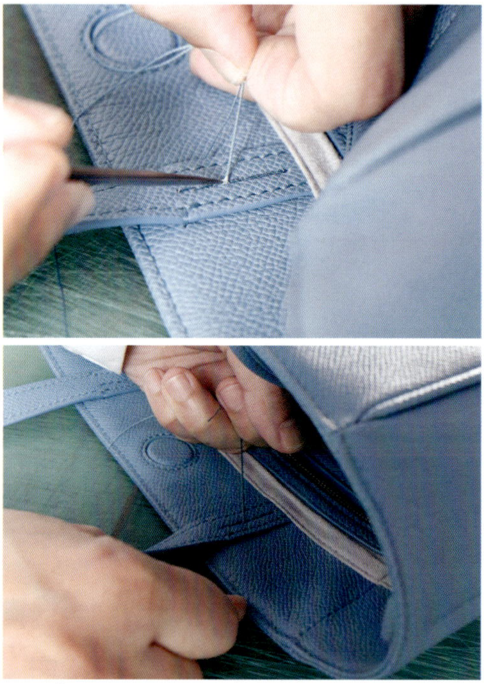

12 마지막 구멍에서 안에서 윗실과 아랫실이 겹쳐지는 부분에 본드를 바르고 겉에서 안으로 잡아당겨 본드를 구멍 사이에 채운다

13 겉 쪽 실을 1mm 정도 남기고 잘라낸다

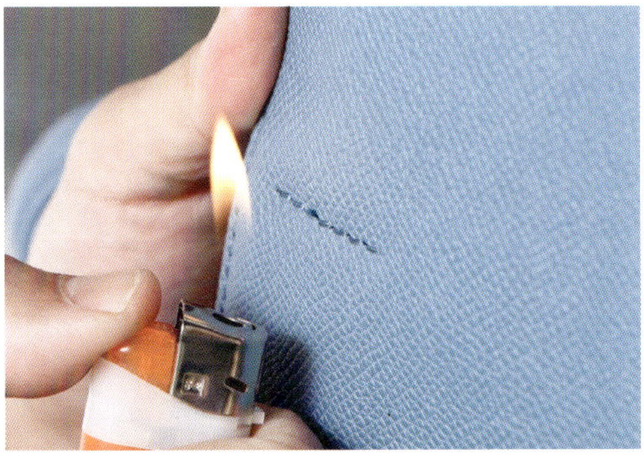

14 실을 라이터에 대고 지져서 자른다. 실이 동그랗게 말려서 작은 공 형태가 되면 안의 실을 당겨 공을 구멍에 채운다

POINT

라이터로 지질 때, 가죽이나 바느질 땀이 타지 않도록 주의한다. 가죽을 아래에 두고 아래쪽 파란 불 쪽에 가까이 대서 실 끝만 오그라들도록 거리를 유지한다. 실이 공 모양이 되면 바로 뗀다.

15 안 쪽은 열펜으로 실을 자르고 보강하기 위해 구멍에 본드를 발라둔다. 겉 쪽에서 실을 자른 표시가 나지 않도록 마감한다. 손잡이는 네 곳, 모모 두 곳 총 6곳의 아랫구멍을 동일하게 바느질해 둔다

D링과 숄더를 단다

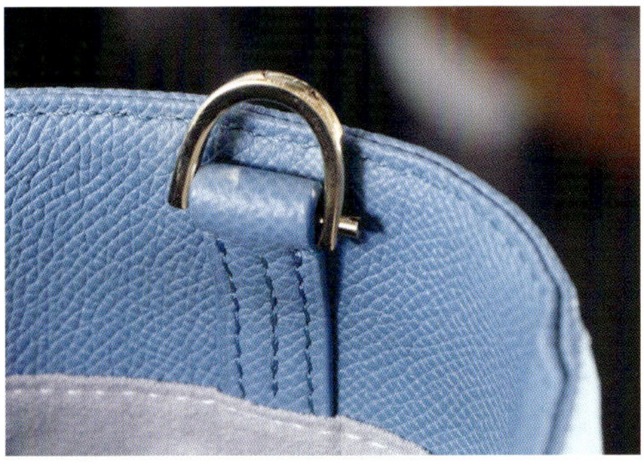

16 D링의 구멍 가운데는 고정하기 위해 본드를 살짝 발라서 모모의 구멍에 끼운다

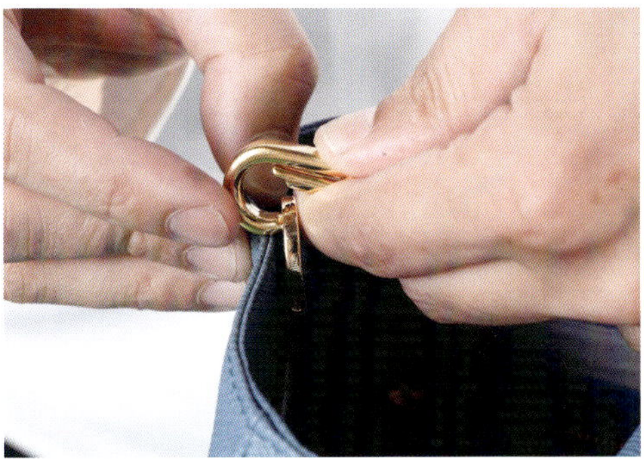

17 D링에 숄더 스트랩의 개고리를 건다

18 이상으로 2WAY 숄더 토트 백 완성. 다음 페이지부터는 세 가지의 옵션 파츠를 만드는 방법을 설명한다

2WAY 숄더 토트 백

옵션 파츠

여기서는 백을 커스터마이즈하는 세 가지의 옵션 파츠를 소개한다. 기본적으로는 베이스가 되는 백에 파츠를 추가하거나 교체해서 만들지만 조립하는 순서나 바느질 부위의 길이, 다는 위치 등을 조금씩 수정할 필요가 있으므로 주의해서 참조한다.

① 뚜껑 지퍼 p.118

본체 띠에 다는 자석 대신 지퍼가 달린 뚜껑을 만들어 본체 띠와 본체 안을 연결한다. 입구를 확실히 닫을 수 있는 편리한 디자인.

② 자석 플랩 p.129

본체 띠에 앞판 쪽 자석은 그대로 두고 뒷판 쪽 자석에 플랩을 다는 디자인. 지퍼보다 간단하게 원터치로 개폐할 수 있다.

③ 심 없는 파이핑 p.140

책에서는 폴리심을 넣어 미싱 파이핑을 사용한 방법으로 파이핑하였으나 옵션에서는 폴리 심을 쓰지 않는 방법을 두 종류 소개한다. 바느질할 때 파이핑 노루발이 불필요하다.

뚜껑 지퍼

백의 입구를 확실히 닫아줄 수 있는 기능성 높은 지퍼 타입 뚜껑. 지퍼 끝의 V자 마감은 단차를 없애서 평평하게 마감했다.

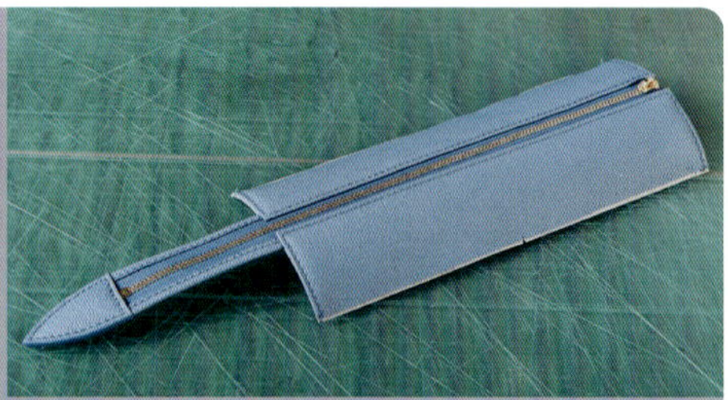

각 파츠를 조립해서 뚜껑 지퍼를 만들고 본체 띠와 본체 안의 연결 땀에 다는 공정까지를 설명한다

재료 리스트

J 지퍼[3호/320mm × 1개]
※ 양 끝은 1.9cm 씩 밖으로 빼서 스토퍼를 달아둔다
※ 스토퍼 사이의 길이는 29cm

51 뚜껑[가죽(1.5mm 두께)/2장]

52 뚜껑 안[천/2장]

53 뚜껑 심[복사용지/4장]

54 지퍼 끝[가죽(1.5mm 두께)/2장]

55 지퍼 끝 안[가죽(0.8mm 두께)/2장]

56 지퍼 테두리[가죽(0.8mm 두께)/2장]

※ 파츠 각 번호는 책 마지막(266페이지)의 패턴 번호와 일치한다

※ 알파벳이 붙은 파츠는 패턴이 없다

※ 파츠 위에 겹쳐서 표기한 알파벳은 이 책 10페이지의 '피할 방법'을 참고한다. 이 위치에 피할하는 방법이다

※ 동일한 파츠가 여러 개 있는 경우는 한 장만 기재하였다. 이 경우 모든 파츠는 동일하게 피할한다

뚜껑과 뚜껑 안을 시접한다

01 '뚜껑', '뚜껑 안' 모두 다는 쪽(시접하는 긴 변의 반대쪽)의 한 변을 남기고 세 모서리 모두 8mm 시접선을 긋는다

02 시접선을 그은 모서리에 선보다 3mm 안쪽부터 (합쳐서 11mm) 고무 접착제를 바른다

03 '뚜껑 심(종이)'의 긴 쪽 한 모서리를 남기고 세 모서리에 3mm 폭의 고무 접착제를 바른다

04 '뚜껑'과 '뚜껑 안'의 시접선 안쪽에 고무 접착제를 바른 세 모서리를 맞춰 붙인다. 겉에서 압착한다.

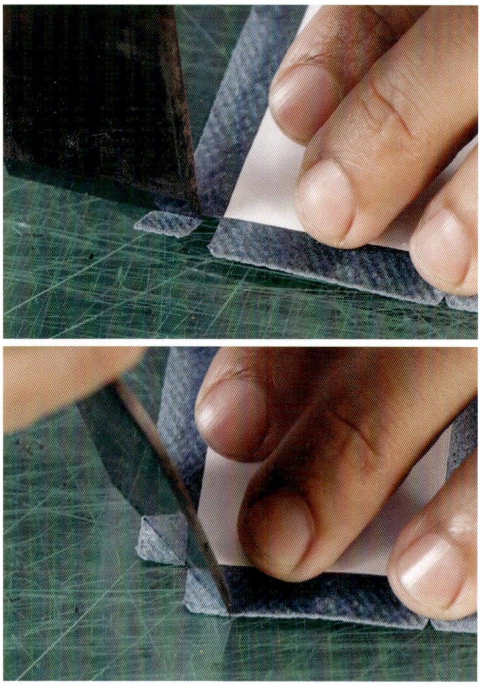

05 시접한 모서리 꼭지점은 뚜껑 심의 꼭지점에 맞춰 직각으로 커트하고, 꼭지점에서 1mm 떨어져서 45도로 잘라낸다

POINT

위에 설명한 대로 커트하면 아래 사진처럼 꼭지점에서 살짝 칼집이 들어간 형태가 된다. 시접할 때 가죽 두께가 있어도 겹쳐지지 않고 깔끔하게 처리할 수 있다

06 시접할 모서리마다 16mm 폭으로 고무 접착제를 바른다

07 뚜껑 심의 테두리에 맞춰 시접한다. 꼭지점은 여분이 남지 않도록 딱 맞춰서 접는다

08 각 파츠를 시접한 후 테두리에 맞춰 송곳 등 도구로 뚜껑 심에 자국을 낸다(겉 쪽에 자국이 남지 않도록 힘을 가감한다). 자국을 따라 뜯어낸다

POINT

'뚜껑'과 '뚜껑 안'은, 맞붙이기 위해 치수를 정확하게 측정한다. 가이드 없이 시접하면 비뚤어지기 쉬우므로 두께에 영향을 적게 받는 종이를 심으로 붙이고 시접한 뒤에는 찢어내는 테크닉이다

지퍼 끝을 만든다

09 '지퍼 끝'의 파츠 뒷면에 '지퍼 끝 안'의 패턴을 겹치고 붙이는 위치를 표시한다

10 '지퍼 끝'과 '지퍼 끝 안'의 뒷면 전체에 고무 접착제를 바르고, 선에 맞춰 붙인다. 압착은 겉면에서 한다

11 직선 구간의 단면을 마감한다. 총 두 장의 지퍼 끝을 동시에 작업한다

지퍼 테이프를 처리한다

12 윗 스토퍼 쪽 테이프는 뒷면을 향해 직각에서 45도로 꺾어서 접고 여분은 잘라낸다

지퍼 테두리를 붙인다

13 지퍼 윗 스토퍼쪽을 뚜겅의 끝에서 3~5mm 띄워두고, 반대쪽 끝에서 10mm 위치에 표시한다

POINT

10mm 위치에 표시하는 것은 '뚜껑'과 '지퍼 테두리'가 겹치는 위치를 보이게 하기 위해서이다. 지퍼 테두리는 뚜껑에서 10mm 들어가서 붙인다.

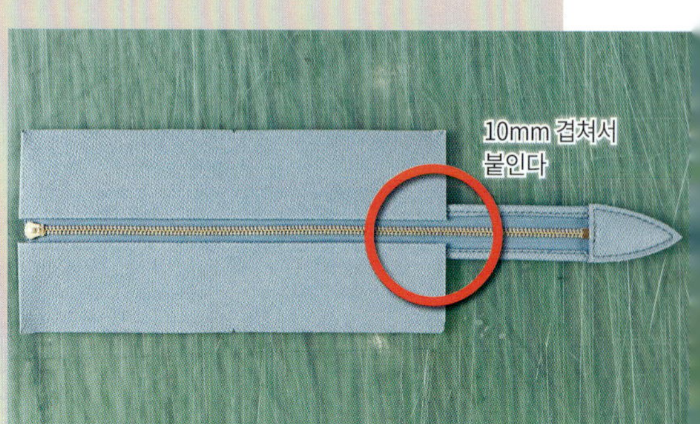

14 '지퍼 테두리'의 양 사이드의 단면을 마감한 후, 양쪽 단에서 5mm 폭으로 고무 접착제를 바른다

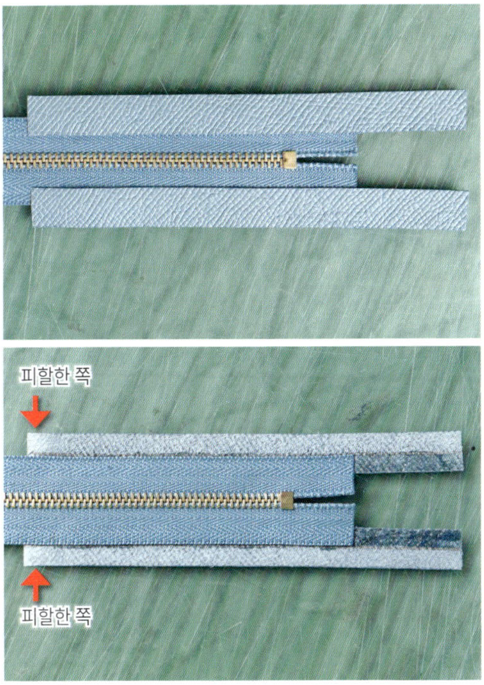

15 '지퍼 테두리'의 피할한 끝을 앞 페이지 공정 13에서 표시한 위치를 맞춰 5mm 폭의 선에 따라 붙인다 (직전 고무 접착제 위치는 두 장이 좌우 대칭이 되므로 주의한다)

POINT

'지퍼 테두리'는 12mm 폭으로, 보이는 폭이 겉면도 뒷면도 5mm이 되도록 지퍼에 붙인다. 2mm는 지퍼 두께를 확보하는 폭이 된다.

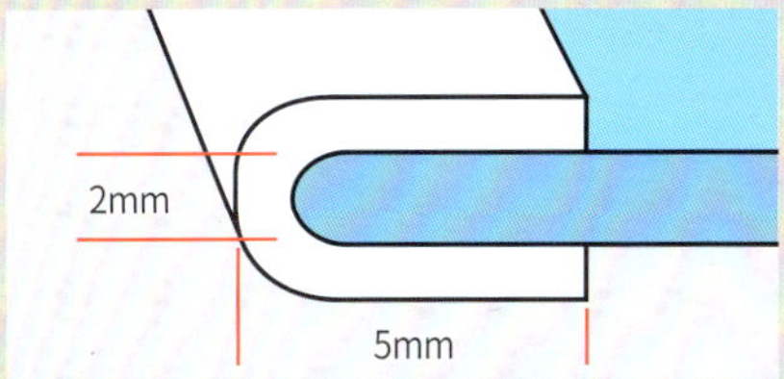

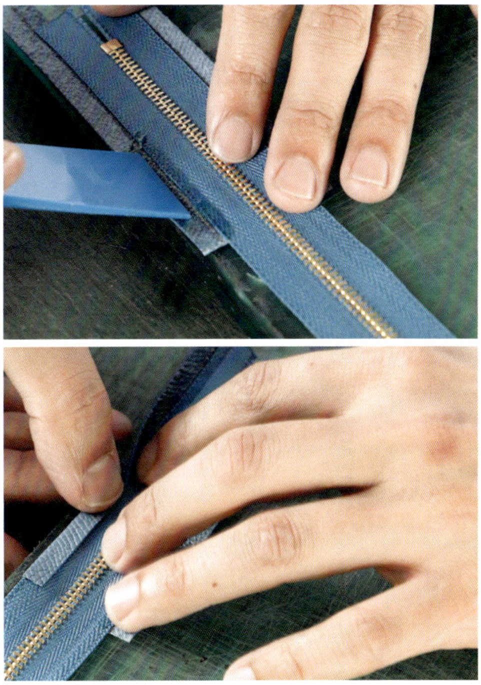

16 지퍼 테이프에 5mm 정도의 폭으로 고무 접착제를 바르고 지퍼 테두리를 붙인다

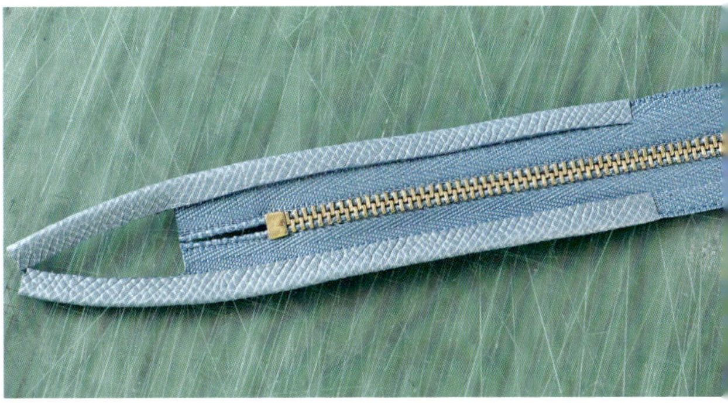

17 양 사이드의 지퍼 테두리를 시접한 상태. 겉면도 뒷면도 폭이 균등하게 나오는 모양이 이상적이다

18 시작도 끝도 되돌아박기 하지 않고 지퍼 테두리의 단면에서 2.5mm 폭 위치에 박는다

19 실은 열펜으로 지져서 마무리한다

지퍼 끝을 단다

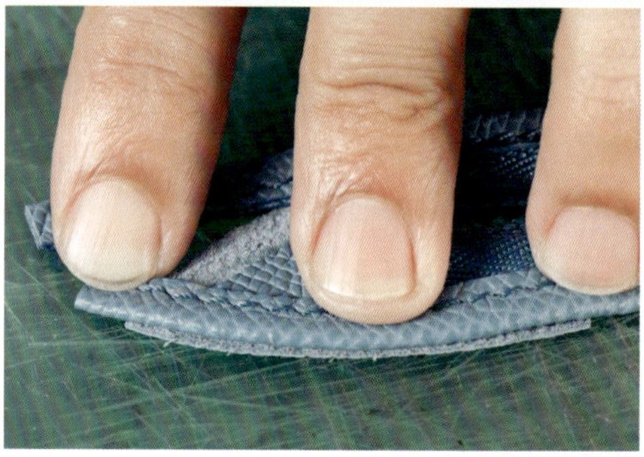

20 지퍼 끝의 직선 구간을 지퍼 스토퍼에 맞춰 붙이고, 지퍼 테두리 끝을 '지퍼 끝 심'에 맞춘다

POINT

지퍼 테두리 안쪽의 공간에 '지퍼 끝 심'을 꽉 차게 붙이기 때문에 지퍼 테두리 단이 교차하듯 감싸는 모양이 된다(아래 그림). 그 다음 잘라내는 공정으로 진행한다.

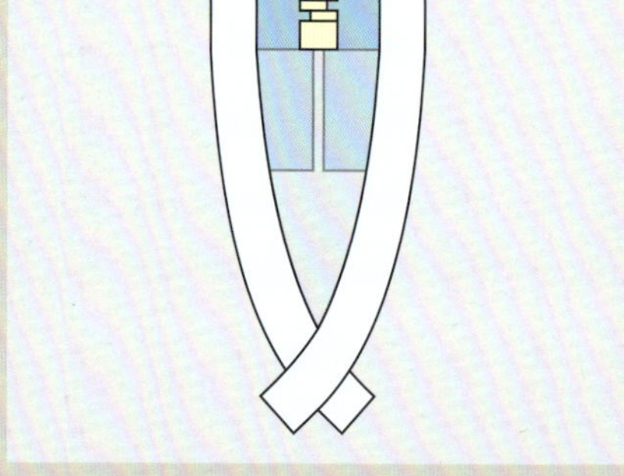

21 지퍼 테두리 끝이 지퍼 끝의 센터 라인에서 좌우대칭이 되는 형태로 잘라낸다. 손으로 누른 채 그 위치에 구두칼을 가볍게 찍어 칼집을 내고, 지퍼 끝에서 밖을 향해 선을 따라 잘라낸다

22 지퍼 테두리의 스토퍼보다 바깥쪽 주위(양면)에 고무 접착제를 바르고, 지퍼 끝의 직선 구간에는 테두리에서 3mm 띄우고 3mm 폭 양면 테이프를 붙인다

23 지퍼 테두리와 지퍼 끝 심 사이에 여유가 없이 딱 맞도록 붙인다

24 다른 한 쪽의 지퍼 끝도 테두리를 맞춰 붙인다

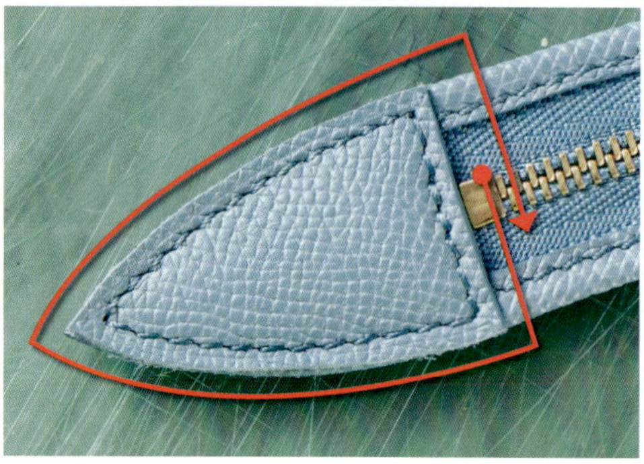

25 직선 구간의 중앙에서 바느질을 시작해서 지퍼 끝을 통과한 후, 3땀 겹쳐서 끝낸다. 실은 열펜으로 마감한다

뚜껑과 뚜껑 안을 붙인다

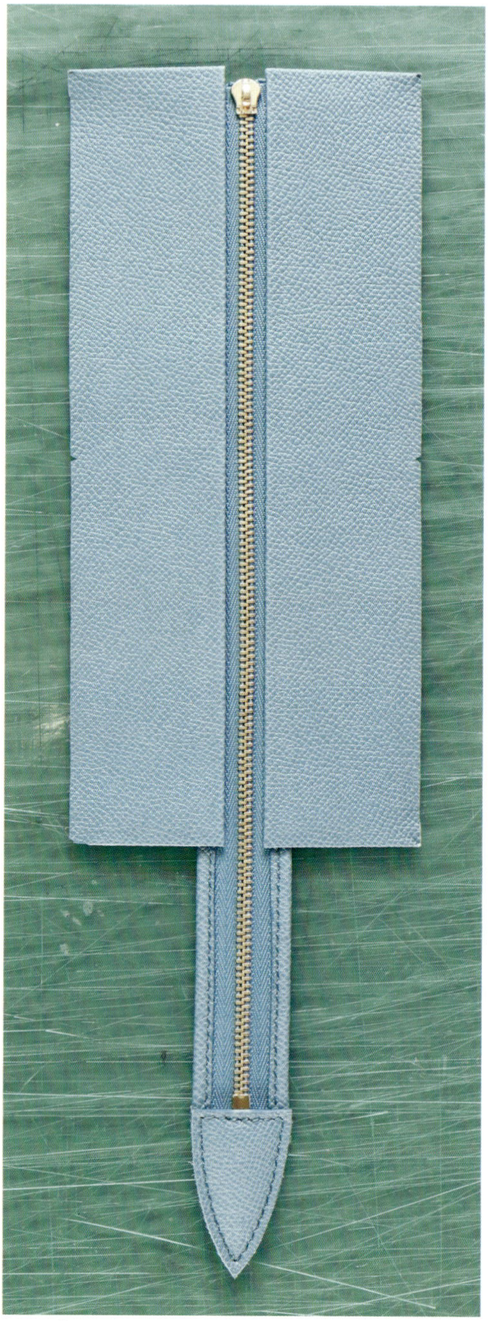

26 뚜껑의 시접한 모서리(지퍼 한 쪽)의 뒤에 테두리에서 3mm 떨어져서 3mm 폭의 양면 테이프를 붙이고, 지퍼를 단다. 윗 스토퍼 끝을 맞추고 뚜껑 사이 여유(지퍼가 보이는 폭)은 10mm로 둔다

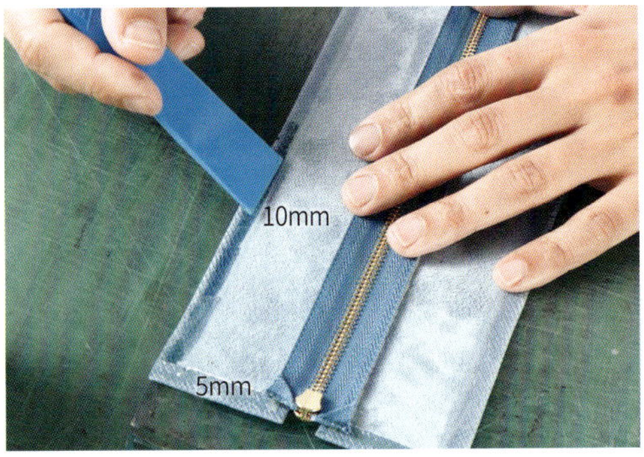

27 '뚜껑'과 '뚜껑 안'의 다는 부분은 10mm 폭으로, 양쪽 끝 짧은 모서리는 테두리에서 1mm 띄우고 5mm 폭으로 고무 접착제를 바른다

28 뚜껑 안의 시접한 모서리(지퍼 쪽)에도 테두리에서 3mm 띄우고 양면 테이프를 붙인 후, 먼저 지퍼 쪽 한 모서리만 테두리를 맞춰 뚜껑의 안쪽을 붙인다

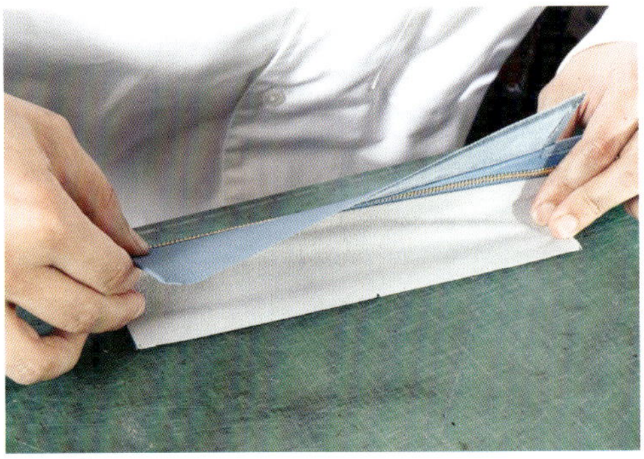

29 남은 세 모서리를 붙일 때는 뚜껑을 조금 구부려서 붙인다. 다는 부분의 테두리는 구부리면서 어긋날 수 있는데, 양쪽 짧은 모서리는 테두리를 정확하게 맞춘다

30 커브 각도가 정해진 것은 아니지만, 이 정도의 곡선이 나올 수 있도록 만든다

뚜껑을 바느질해서 완성한다

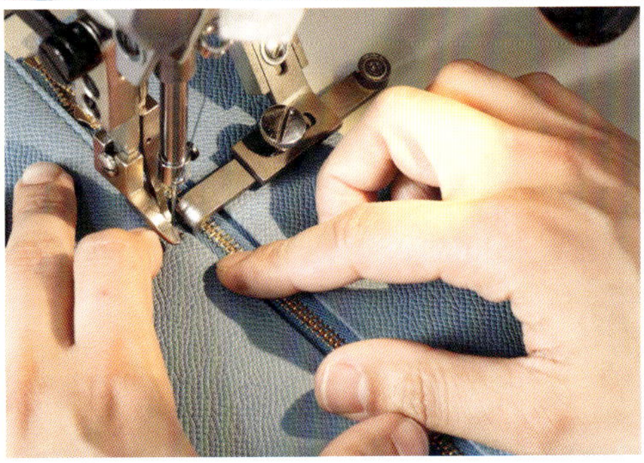

31 다는 부분의 한쪽 모서리를 남기고 세 모서리를 ㄷ자 형태로 바느질한다. 처음과 끝은 되돌아박기하지 않고 실은 열펜으로 마무리한다

32 지퍼 끝의 단면을 엣지코트로 마무리한다. 지퍼 테두리와 비슷한 색을 쓰면 좋다

33 이렇게 뚜껑 지퍼가 완성되었다

본체 띠에 뚜껑을 단다

34 뚜껑을 다는 부분의 겉면에 5mm 폭의 양면 테이프를 붙이고 본체 띠의 끝에서부터 붙여나간다. 앞판과 뒷판의 방향을 맞춰야 하므로 주의(앞판에서 봤을 때 지퍼의 윗 스토퍼가 왼쪽을 향하도록 다는 것이 정석)

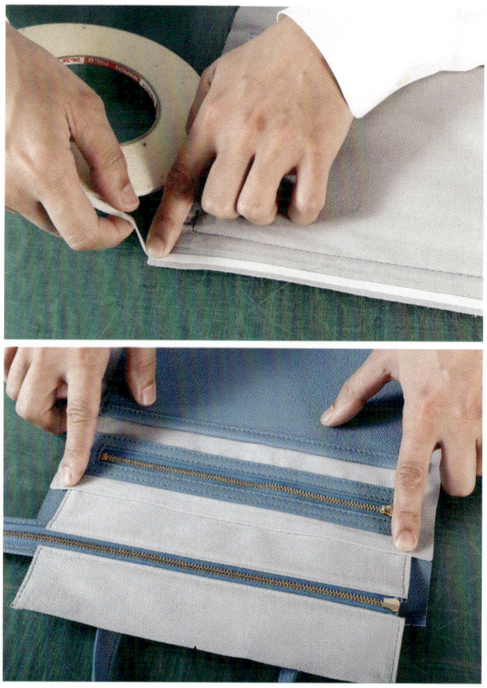

35 본체 안의 상단에 테두리에서 3mm 띄우고 양면 테이프를 바른 후, 뚜껑을 끼우듯이 붙인다. 뒤의 작업은 본편과 동일

자석 플랩

자석의 한 쪽을 플랩으로 해서 닫을 때도 가방의 입구가 무너지지 않고, 부피를 유지하면서 실루엣을 보존할 수 있다.

자석 플랩을 구성하는 각 파츠를 만들고 조립해서 띠에 다는 작업까지 설명한다

재료 리스트

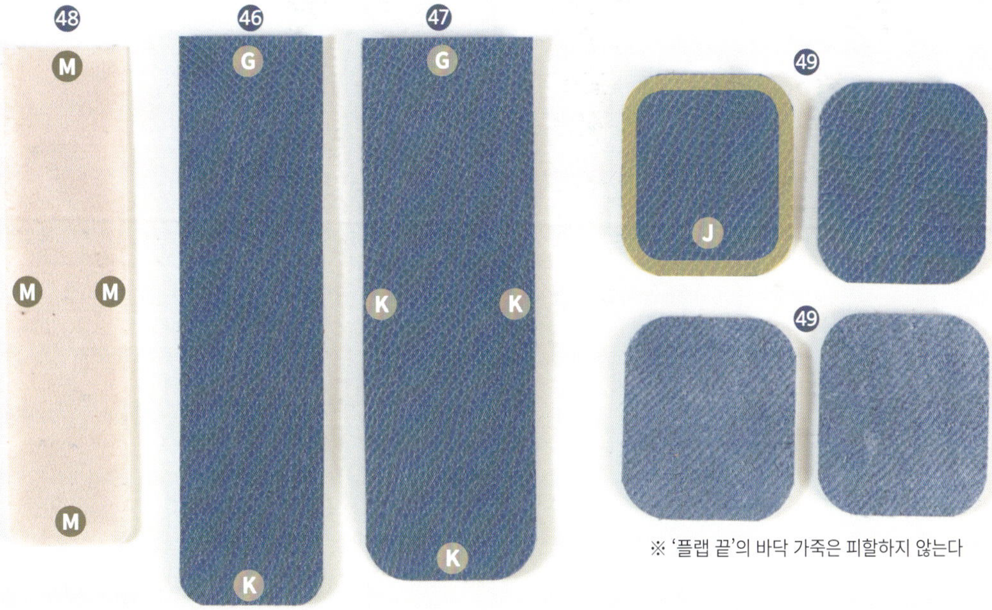

※ '플랩 끝'의 바닥 가죽은 피할하지 않는다

46 플랩 안[가죽(1.5mm 두께)/1장]
47 플랩 겉[가죽(1.5mm 두께)/1장]
48 플랩 심[심재(바이린 0.4mm 두께)/1장]
49 플랩 끝[가죽(1.0mm 두께)/2장]
49 플랩 끝[바닥 가죽(1.0mm 두께)/2장]
※바닥 가죽의 장수는 사용하는 자석과 같은 두께가 되도록 겹쳐서 조절한다
B 자석[18mm/2개]

플랩 끝과 자석을 조립한다

01 '플랩 끝'의 바닥 가죽 2장을 고무 접착제로 붙인다

02 패턴을 가운데에 놓고 구멍 위치에 원형 펀치(직경은 자석과 동일. 여기서는 18mm)로 구멍을 뚫는다. 구멍을 기준으로 다시 한 번 패턴을 겹친다

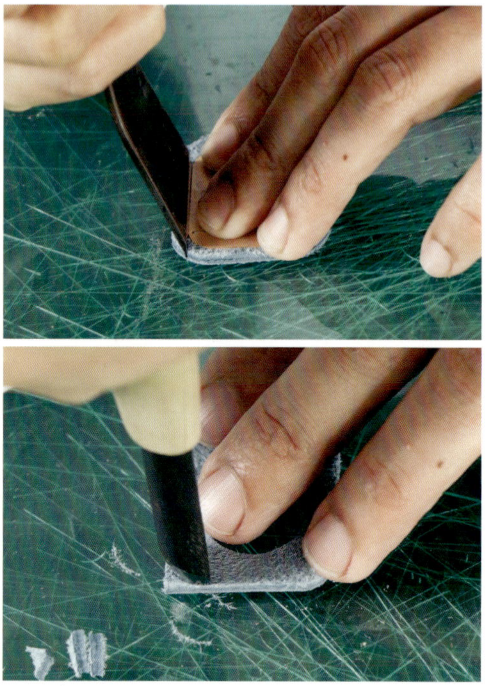

03 구멍과 위치를 맞춰 놓은 패턴에 맞춰, 플랩 끝을 잘라낸다. 모서리는 조각도로 동그랗게 잘라낸다

POINT

미리 커트한 후 구멍을 뚫으면 구멍이 정 중앙에 뚫리지 않을 수 있기 때문에 먼저 구멍을 뚫고 커트하는 것을 추천한다.

04 플랩 끝의 구멍에 자석을 끼워서 두께가 동일한지 확인한다

05 구멍을 뚫은 자석 앞의 바닥 가죽과 겉면을 붙인 가죽의 플랩 끝 전체에 고무 접착제를 바른다

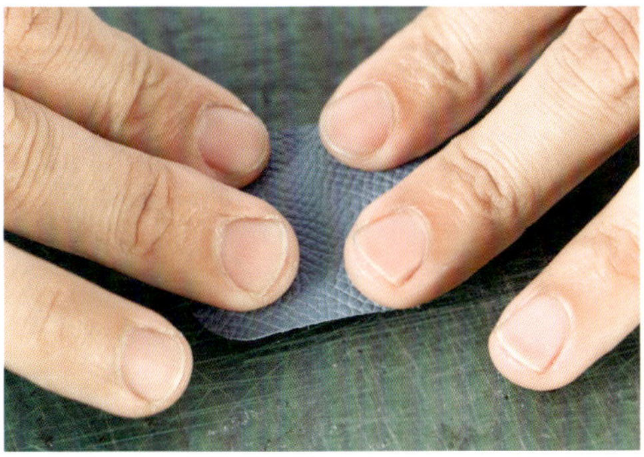

06 가죽의 겉면에서 눌러서 압착한다

POINT

자석에는 자력으로 잘 붙는 면이 정해져 있으므로 붙일 때는 이 면의 방향을 확인하고 붙인다.

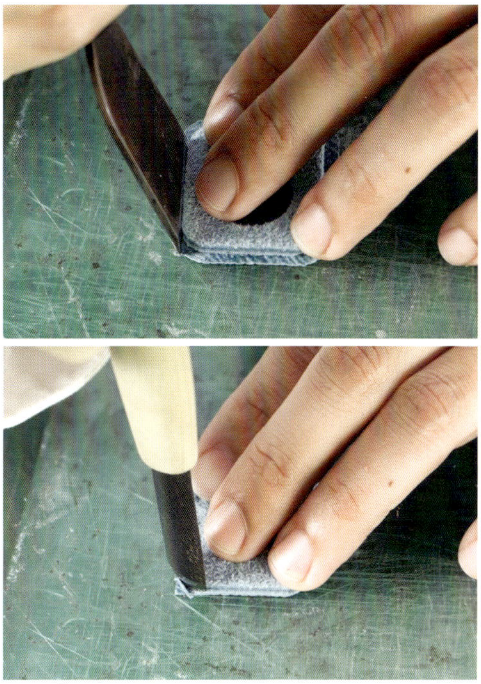

07 겉 가죽을 바닥 가죽에 맞춰 잘라낸다

08 자석에 고무 접착제를 바르고 구멍에 끼워넣는다

09 반대쪽 면에도 겉면 쪽 플랩 끝을 붙이고 바닥 가죽에 맞춰 잘라낸다

10 플랩 끝을 맞붙인 상태. 바닥 가죽과 자석의 두께를 맞추면 겉에서 단차가 보이지 않는다

플랩을 조립한다

11 '플랩 안'의 뒷면 날개 쪽(피할한 부분)에 패턴의 '플랩 심 붙이는 위치'를 표시하고 고무 접착제를 바른다

12 '플랩 심'의 피할하지 않은 면에도 고무 접착제를 바르고, '플랩 안'의 주위에 2mm 여유를 두고 끝쪽만 바른다. 날개 쪽은 끝 부분 선에 맞춰 붙인다(가운데는 바르지 않는다)

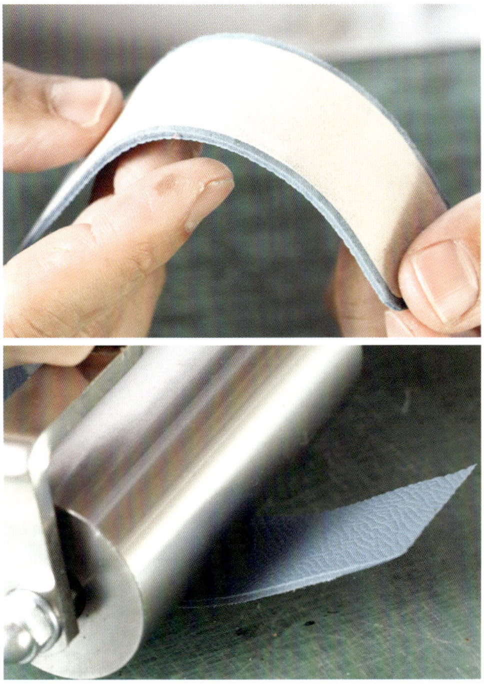

13 파츠를 자연스럽게 구부리면서 중앙부를 붙인다. 롤러로 '플랩 안'을 겉에서부터 압착한다

POINT

플랩 심의 쪽이 치수가 길기 때문에 어느 정도 커브를 가감해서 구부리지만, 자연스러운 곡선이 되도록 신경써야 한다. 급격한 커브가 되지 않도록 주의한다.

14 플랩 안에 '플랩 겉 붙이는 위치' 라인을 표시한다

15 플랩 안의 뒷면에 고무 접착제를 바른다. 플랩 겉 붙이는 위치보다 앞쪽은 바르지 않아도 괜찮다. 플랩 겉의 뒷면 전체에도 고무 접착제를 발라둔다

16 주위 3mm 씩 여유를 두고 플랩 겉과 플랩 안의 끝을 맞춰 붙인다

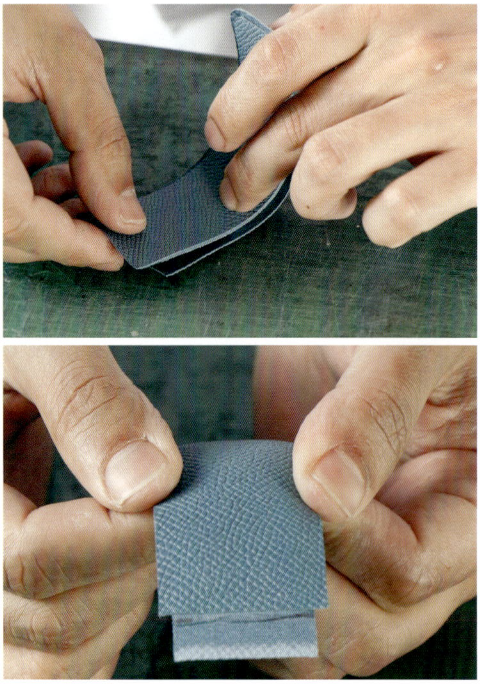

17 커브를 붙이면서 플랩 겉 붙이는 위치의 선에 맞춰 날개 쪽 까지 맞붙인다. 다만 자연스러운 커부를 우선해야 하기 때문에 붙이는 위치의 선까지 조금 어긋나도 괜찮다

18 플랩 겉을 플랩 안의 시접에 맞춰 잘라낸다

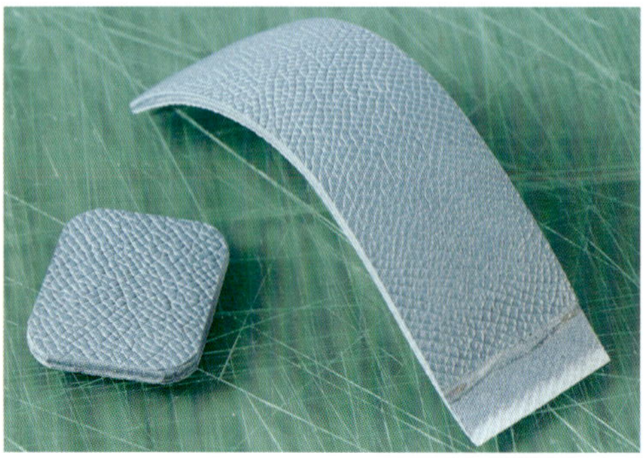

19 플랩 본체와 플랩 끝이 완성되었다

플랩 끝을 바느질한다

20 플랩 끝에 패턴을 대고 바느질 끝 위치에 표시한다

21 표시를 직선으로 연결해서 바느질 선을 긋는다

POINT

자석은 맞붙는 면이 정해져 있다. 맞붙이는 쪽 자석이 잘 붙는지 확인하고 그쪽이 밖을 향하도록 조립한다,

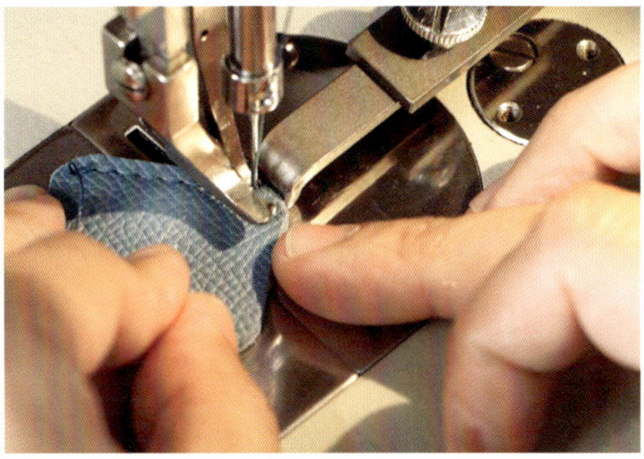

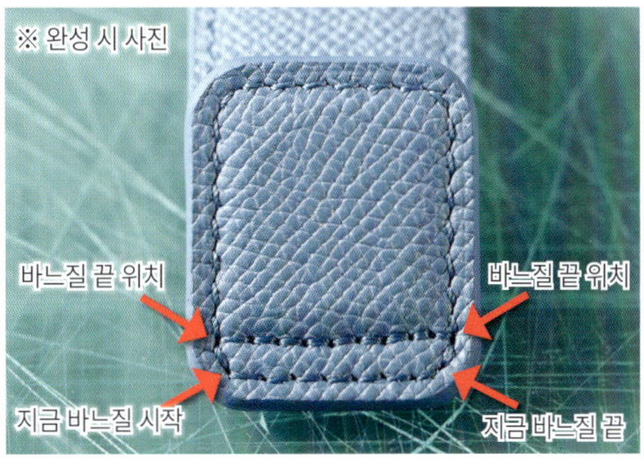

22 바느질 끝보다 1땀 안에서 바느질을 시작해서 똑같게 바느질 선의 1땀 안에서 바느질을 끝낸다. 바느질 폭은 2.5mm

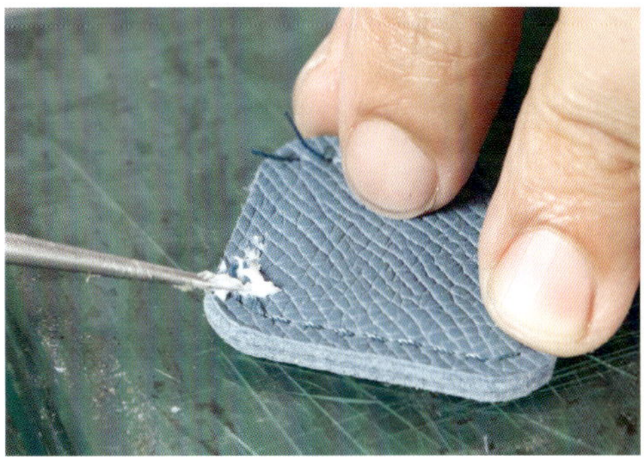

23 실은 둘 다 안쪽으로 빼서 끝을 향하게 한 후 본드로 붙인다

플랩 전체를 바느질한다

24 플랩 날개 쪽 바느질 끝 위치를 플랩 겉 패턴에 표시해 둔다

25 플랩 가장자리에 플랩 끝을 겹치고 바느질 땀 끝 구멍, 공정 21에서 그어놓은 선 양 끝의 바느질 구멍(바느질 끝), 총 네 곳에 구멍을 내고 플랩 쪽에 표시한다

26 본체 네 곳에 표시해둔 상태

POINT

이 네 곳의 표시는 플랩 본체와 플랩 끝을 바느질할 때 바느질 땀이 겹치기 때문에, 여기서 확실히 위치를 표시해둬야 한다. 아래 사진(완성시의 모습)의 화살표가 구멍.

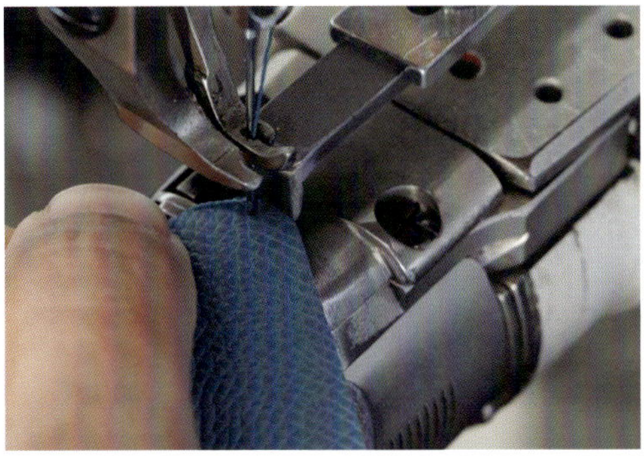

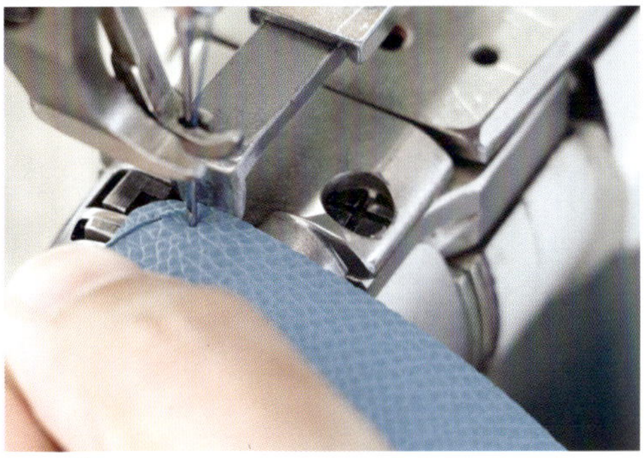

27 공정 25에 표시한 바느질 선 끝 표시에서 바느질을 시작해서 바느질 끝도 꼭 바늘을 꽂아준다

POINT

'A.바느질 시작' 위치에 바늘을 꽂은 다음 'B.바느질 끝'에 바늘을 꽂는다. 바로 다음 1땀 거리지만 약간 어긋난 경우는 노루발을 띄워가며 손으로 위치를 맞추면 된다.

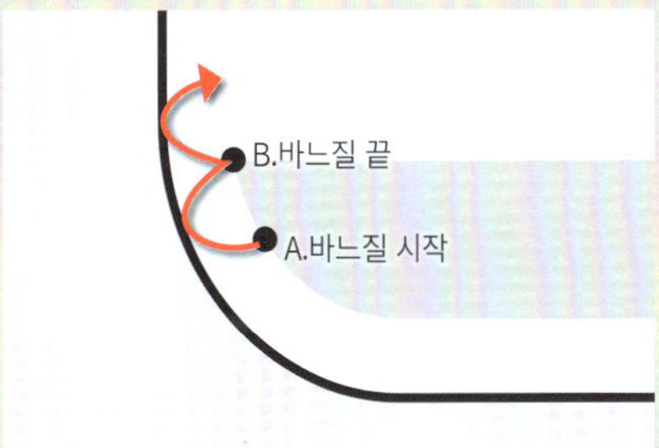

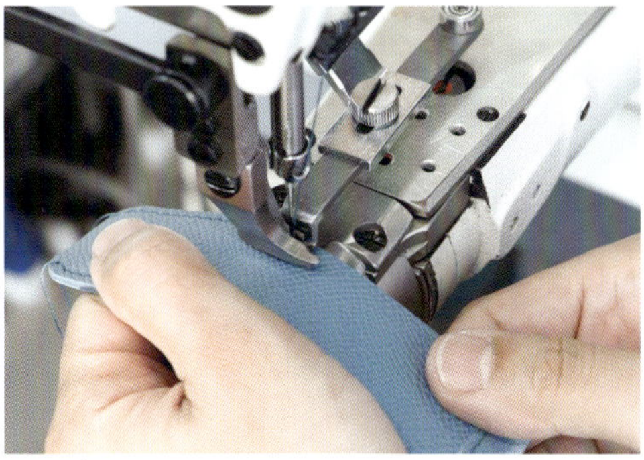

28 이대로 바느질을 진행해서 바느질 끝의 표시에 바늘을 꽂고, 여기서 1땀만 더 박은 후 실을 끊는다

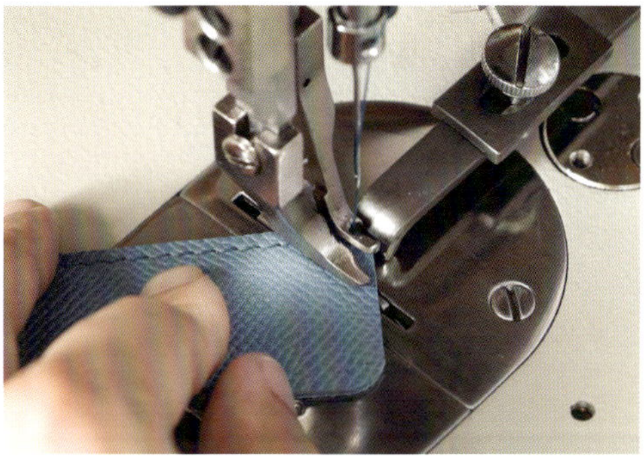

29 반대 사이드는 날개에서 바느질을 시작해서 끝 쪽에서 바느질을 끝내면 바느질 방향은 앞과 좌우 대칭이 된다

30 실은 모두 겉 쪽(커브 바깥쪽)으로 빼내고, 조립했을 때 보이지 않는 위치로 빼서 본드로 마무리한다

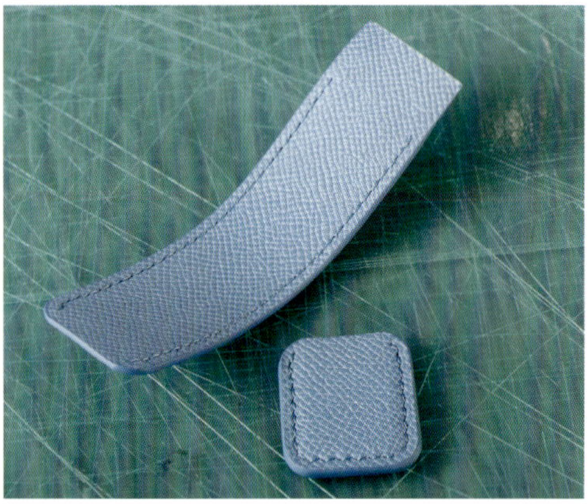

31 여기서 플랩과 플랩 끝에 장식선을 긋고 단면을 마감한다

32 바느질 끝 선 보다 바깥쪽에 고무 접착제를 바른다. 붙인 후 보이지 않도록 끝은 접착제를 바르지 않고 비워둔다

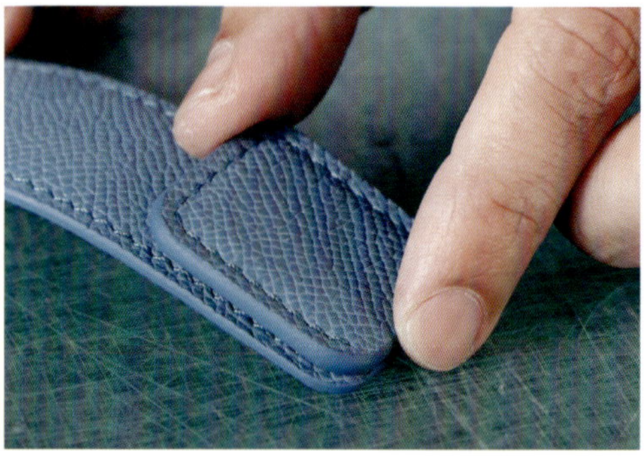

33 플랩과 플랩 끝 을 맞붙인다

34 바느질 끝에 바늘을 찔러서 구멍이 연결되어 있는가 체크한다

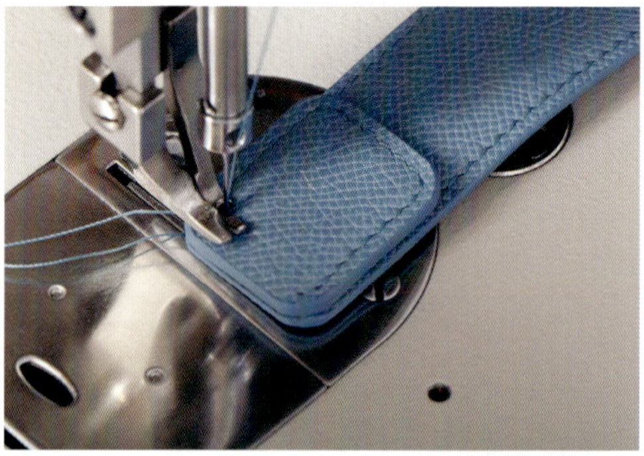

35 바느질 끝~바느질 끝의 직선부에서 바느질을 시작해서 다시 한 번 직선부까지 바느질해서 돌아온다

36 실은 열펜으로 마감한다

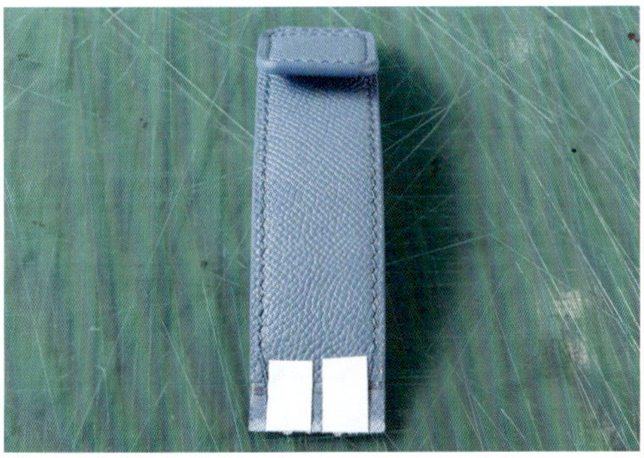

37 플랩의 날개 쪽, 바느질 끝보다 바깥쪽에 양면 테이프를 붙인다

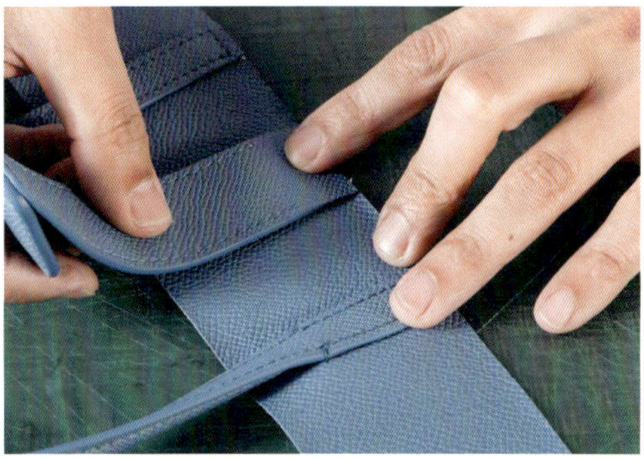

38 뒷판 쪽 띠의 센터 아랫변에 맞춰 붙인다

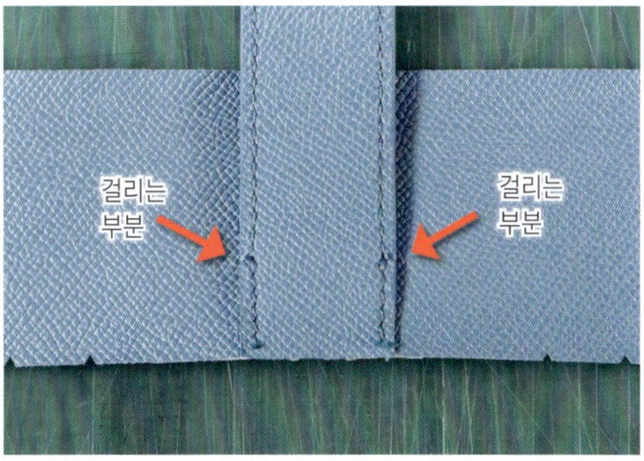

39 날개 바느질 끝에서 하단까지 양 사이드를 바느질한다. 상단은 보강 때문에 바깥쪽에 걸리게 된다

40 이상으로 자석 플랩 날개 종료. 앞판 쪽 자석은 일반적인 방법으로 단다

심 없는 파이핑

심을 쓰지 않고 파이핑을 만드는 테크닉을 두 종류 소개한다. 하나는 붙이지 않고 가죽을 부풀리는 방법, 하나는 딱 붙이는 방법이다.

기성 백 제품에서는 폴리 심 타입이 주류이지만 심 없는 타입도 명품 백에서 사용되고 있다

폴리 심의 유무에 따른 특징

본편에서는 세로 길이가 긴 백이 자립할 수 있게 장력이 필요하기 때문에 파이핑 용 폴리 심을 넣은 방법으로 제작했다. 폴리 심을 넣으면 파이핑 노루발이 필요하지만 폴리 심이 지지해주기 때문에 바느질 폭이 안정적으로 나오는 메리트가 있다

파이핑 만드는 법은 폴리 심을 넣는 방법과 폴리 심을 넣지 않는 방법이 있다. 각각의 특징은 아래와 같다.

[폴리 심 파이핑의 특징]

· 형태가 잘 잡혀서 세로가 높은 백을 세우기 쉽다
· 심 덕분에 파이핑 폭이 균등하다
· 심이 가이드 역할을 해서 균등하게 바느질하기 쉽다
· 파이핑을 구부릴 때 심하게 꺾일 수 있다
· 가죽이 얇아서 찢어지기 쉽다

[폴리 심 없는 파이핑의 특징]

· 부드러워서 곡선을 표현하기 쉽다
· 바느질 할 때 파이핑 노루발이 없어도 된다
· 가죽이 두꺼워서 내구성이 좋다
· 파이핑 폭이 좁다
· 균등한 폭으로 바느질하기가 어렵다

시판되는 제품은 폴리심을 사용한 방법이 주가 되지만, 고급 브랜드에서 폴리 심 없이 만드는 경우도 있다. 적재적소에 사용해서 백의 완성도를 높이는 것이 포인트이다.
여기서 소개하는 방법 이외에 양 사이드를 피할해서 접은 후, 접은 쪽을 파이핑으로 쓰면서 손바느질로 만드는 방법도 있다. 이 방법은 미싱에서는 사용하기 어렵기 때문에 다음 기회에 소개하겠다.

붙이지 않고 가죽을 부풀리는 방법

01 폴리 심을 넣지 않고, 고무 접착제도 바르지 않고, 양 사이드의 테두리를 맞춰 3.5mm 폭으로 가봉한다

POINT

가죽의 장력 때문에 부풀어올라 파이핑처럼 보이기 때문에 가죽의 두께가 너무 얇아서는 안 된다. 가죽 종류는 두께 1.1mm 이상이 좋고 부풀어오를 수 있도록 접었을 때 납작해지지 않는 재질이 좋다

02 끝을 30도 정도 각도로 커트하고(눈대중으로도 괜찮다) 그 끝을 옆판 겉의 가장자리에서 5mm 아래에 맞춘 상태에서 손으로 고정하면서 박는다. 미싱의 가이드는 4mm 폭으로 맞춘다

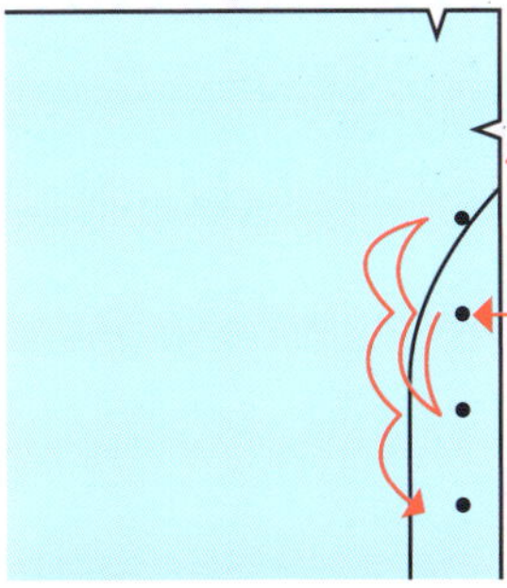

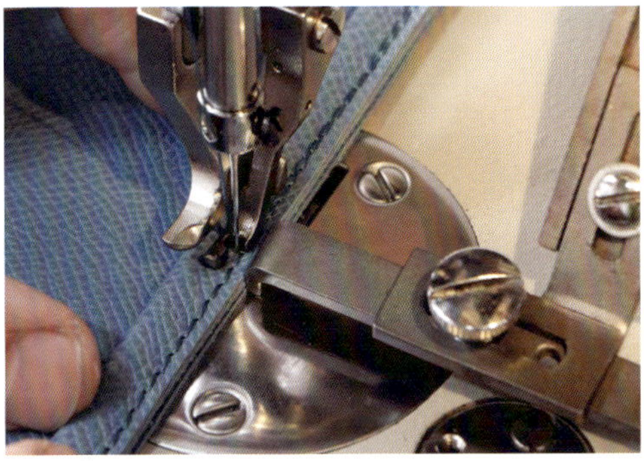

03 1땀 띄워서 바늘을 꽂고, 1땀 전진하고, 2땀 돌아오고, 단차 아래에 꽂고, 그대로 4mm 폭으로 박아나간다

04 곡선 구간은 미싱 가이드(바늘 바로 옆)로 가죽의 테두리를 확실히 누르고, 옆판의 커브에 맞춰 박는다

POINT

곡선 구간만 파이핑을 당기면서 박으면 좋다(직선 구간은 잡아당기면 안 된다). 이렇게 하면 파이핑의 장력으로 옆판 쪽 가죽이 불룩해지고 연결하는 땀이 부풀어올라 마감의 고급감이 드러난다. 폴리 심을 쓰면 드러낼 수 없는 테크닉이다.

05 바느질 끝 바로 앞까지 오면 바느질 시작과 대칭이 되도록 가장자리부터 5mm에서 밖으로 구부리고, 옆판의 테두리에 맞춰 은펜으로 선을 긋는다

06 비닐판 등을 파이핑 아래에 두고 은펜의 선에 맞춰 잘라낸다. 이 상태에서 바느질 시작 때와 역순으로 바느질해서 끝까지 박는다. 실은 열펜으로 마감한다

07 이상으로 파이핑 가봉 완료. 본체 겉과 바느질해서 연결하는 방법은 본편과 동일하다

완전히 붙이는 방법

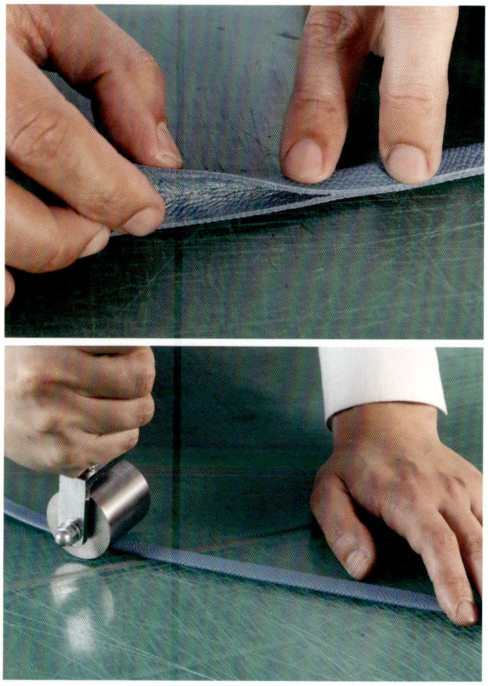

08 안쪽 면 전체에 고무 접착제를 바르고, 반으로 접은 후 롤러로 압착한다. 가봉부터는 붙이지 않는 방법과 동일하다

POINT

이 방법으로 파이핑을 만드는 방법은, 접고 압착할 때 붙이지 않는 방법보다 가죽 두께가 두꺼워야 한다. 가죽에 따라 다르지만 1.2~1.3mm 두께를 추천한다.

부가티 지퍼 백

부가티 백은 포멀한 상황에도 캐쥬얼한 상황에도 폭넓게 쓰일 수 있는 여성용 핸드백의 스탠다드한 디자인이다. 옆에서 보는 형태가 베이직하면서도 아름다운 형태이고 입구는 기능성이 좋은 라운드 지퍼를 달았다. 형태를 잡기 위해 심재를 기둥처럼 짜는 방법이나 라운드 지퍼를 깔끔하게 붙이는 '틀'을 두꺼운 종이로 만드는 테크닉 등 실전에 사용할 수 있는 기술을 소개한다.

구조와 제작 순서

각 파츠 위치, 이 책에서의 제작 순서를 설명한다. 순서 일부는 효율보다는 이해를 높이기 위해 구성했기 때문에 전체를 읽은 후 필요에 따라 자신이 재구성하면 좋다.

본체 겉의 각 파츠

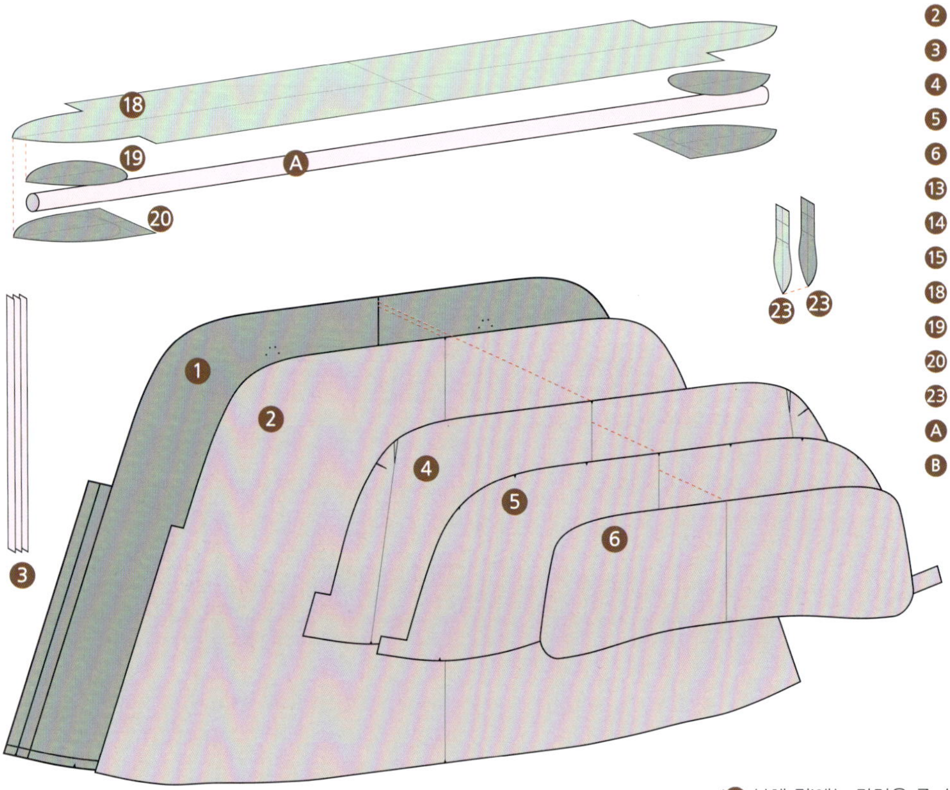

- 1 본체 겉
- 2 본체 겉 심
- 3 본체 겉 사이드 심
- 4 입구 앞 심A
- 5 입구 앞 심B
- 6 입구 앞 심C
- 13 바닥 겉
- 14 바닥 겉 심
- 15 바닥 판
- 18 손잡이
- 19 손잡이 다는 날개 심
- 20 손잡이 안
- 23 모모 가죽
- A 손잡이 심
- B 파이핑

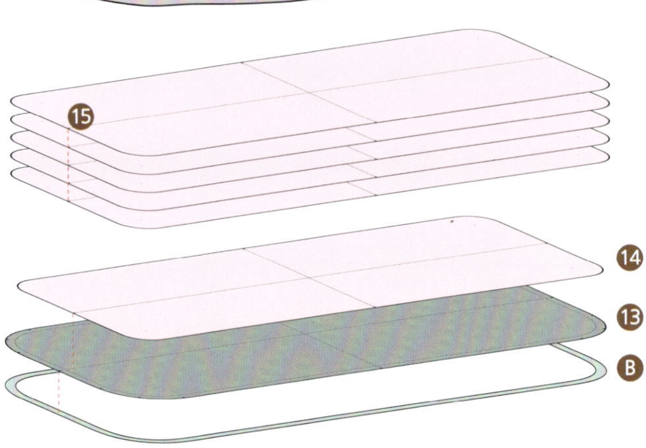

'1 본체 겉'에는 장력을 줄 수 있는 본택 '2 본체 겉 심'과 본체의 입체적인 곡선 형태를 보존하기 위해 세 장 구부려서 겹치는 '4~6 입구 심A·B·C', 또한 세 장 붙여 겹쳐서 단단하게 만드는 '3 본체 겉 사이드 심'을 붙인다. 입구 심과 가이드 심은 겉감을 지탱하는 골격 기능을 한다. 중요한 파츠이다. 또한 이 형태를 유지하기 위해서는 바닥도 단단해야 하기 때문에 '14 바닥 겉 심'에 '15 바닥 판'으로 보강한다. '18 손잡이'는 다는 날개 부분에 '19 손잡이 다는 날개 심'과 '20 손잡이 안'을 붙이고, 본체에 단단하게 단다. 또한 'A 손잡이 심'은 끝단을 본드로 붙이고 손잡이의 끝까지 확실히 고정하는 방법을 설명한다.

※ 파츠의 각 번호는 패턴에 적힌 번호와 동일하다

※ 알파벳이 붙은 파츠는 패턴이 없다

본체 겉의 조립

본체 겉에 '❹~❻입구 심A·B·C'를 구부리면서 겹쳐서 만든 입구 심을 붙이고, 손잡이를 단다. 앞판, 뒷판의 양 사이드를 바느질해서 원통 형태로 만든 다음, 파이핑을 가봉한 바닥 겉을 바느질해서 봉투로 만든다. 본체 겉을 뒤집은 후 바닥 판, 가방발, 모모 가죽을 단다.

[순서① 본체 겉의 파츠 만들기~조립]

본체 안·숄더 스트랩의 각 파츠

※ 파츠의 각 번호는 패턴에 적힌 번호와 동일하다
※ 알파벳이 붙은 파츠는 패턴이 없다

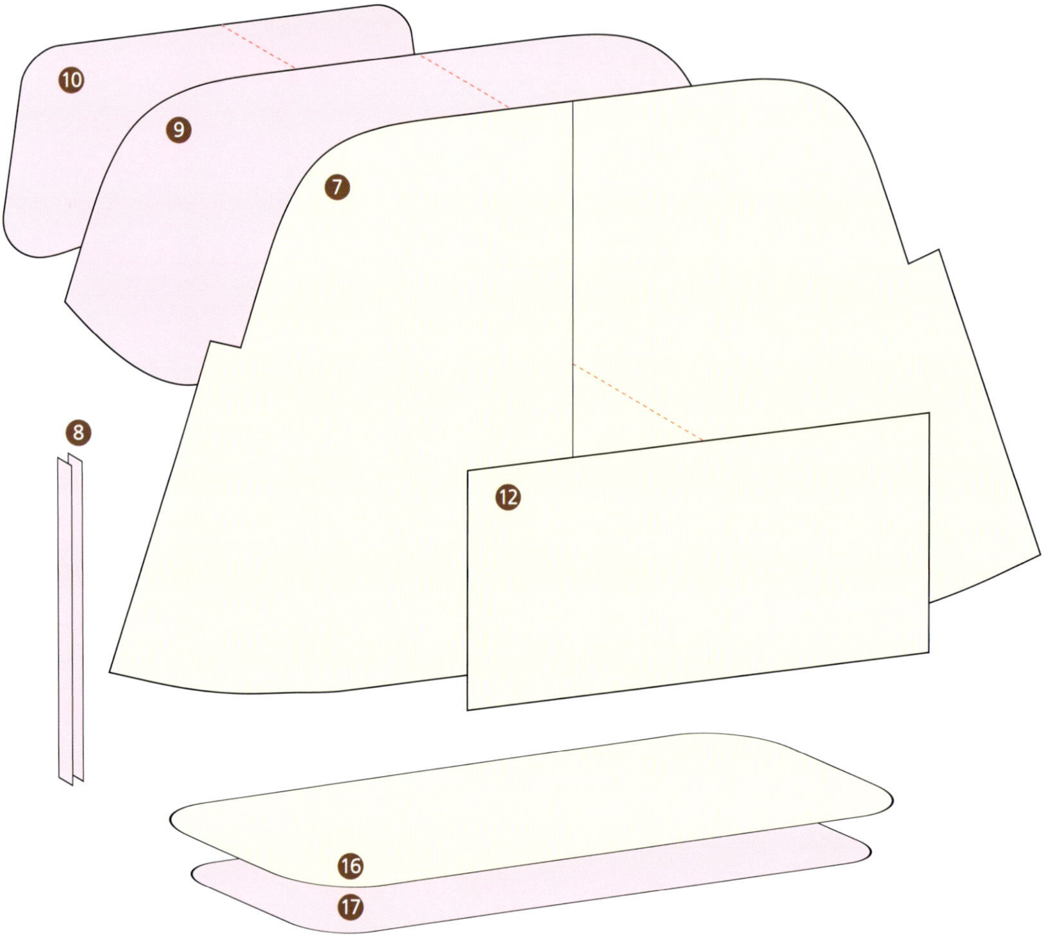

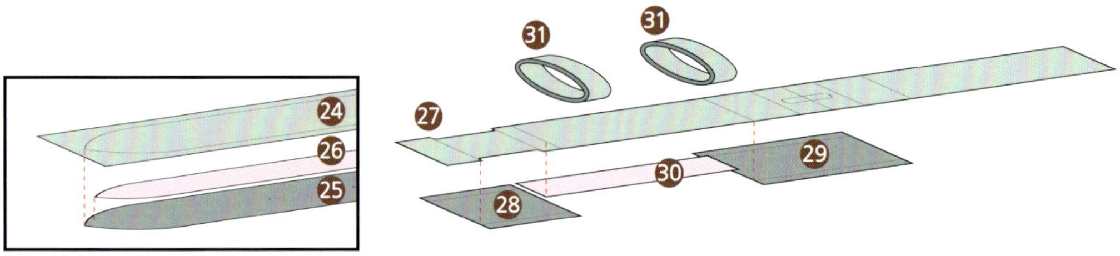

- 7 본체 안
- 8 본체 안 사이드 심
- 9 본체 안 입구 심A
- 10 본체 안 입구 심B
- 12 본체 안 포켓
- 16 바닥 안
- 17 바닥 안 심

- 24 끝쪽 스트랩 겉
- 25 끝쪽 스트랩 안
- 26 끝쪽 스트랩 심
- 27 버클 스트랩
- 28 스트랩 안 붙이기 소
- 29 스트랩 안 붙이기 대
- 30 버클 스트랩 심
- 31 고리 가죽

'7 본체 안'은 본체 겉과 동일하게 '9 본체 안 입구 심A'와 '10 본체 안 입구 심B', '8 본체 안 사이드 심'을 조립하면서, 형태를 유지하는 골격을 만든다. 또한 '12 본체 안 포켓'도 장력을 내는 효과가 있다. 숄더 스트랩은 뾰족한 쪽 한 장과 버클 쪽 두 장, 총 세 파츠로 구성된다. 뾰족한 쪽은 겉과 안의 사이에 바이린 0.4mm를 두 장 합체해서 심재로 넣는다. 버클 쪽은 중앙에 동일하게 바이린 두 장으로 만드는 '30 버클 쪽 스트랩 심'을 붙이고 버클과 개고리를 다는 부분에는 '28 스트랩 안 붙이기 소' '29 스트랩 안 붙이기 대'를 붙인다.

본체 겉과 본체 안의 조립

사이드를 연결해서 통 형태로 만든 본체 안의 입구에 '지퍼 틀'을 사용해서 지퍼를 붙인다. 바닥 안을 달고 본체 겉의 안에 집어넣는다. 입구를 한 바퀴 둘러 바느질하고, D링을 달아서 완성한다.

[순서② 본체 안의 파츠 만들기~본체 겉과 본체 안의 조립]

파츠 미리보기

부가티 지퍼 백에 쓰이는 모든 파츠를 한 번에 소개한다. 파츠에 붙이는 번호는 패턴과 동일하다. 패턴에 없는 파츠는 알파벳으로 표기하였다.

파츠에 적힌 알파벳은 10페이지 피할 방법과 동일하다. 동일한 파츠가 여러 장 있는 경우 한 번만 기재하였고 피할 방법은 모두 동일하다.

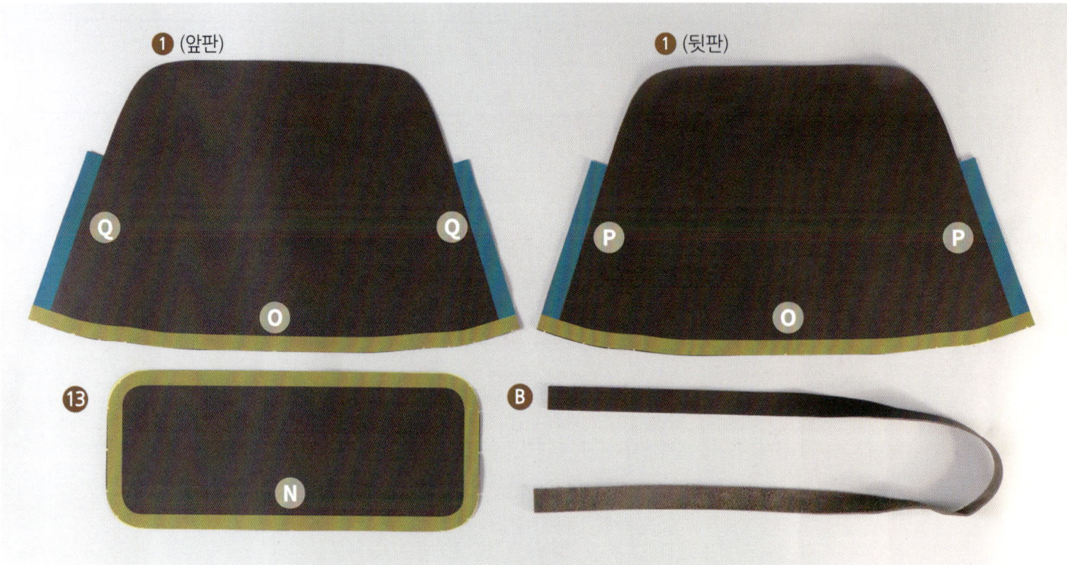

❶ 본체 겉[가죽(1.5mm 두께)/2장] ※ 앞판과 뒷판이다. 피할방법이 다르므로 주의
⓭ 바닥 겉[가죽(1.5mm 두께)/1장]
B 파이핑[가죽(1.4~1.5mm 두께)/폭 20mm/길이 82cm/1장]
※ 딱딱한 가죽을 쓰면 조금 얇게 피할한다

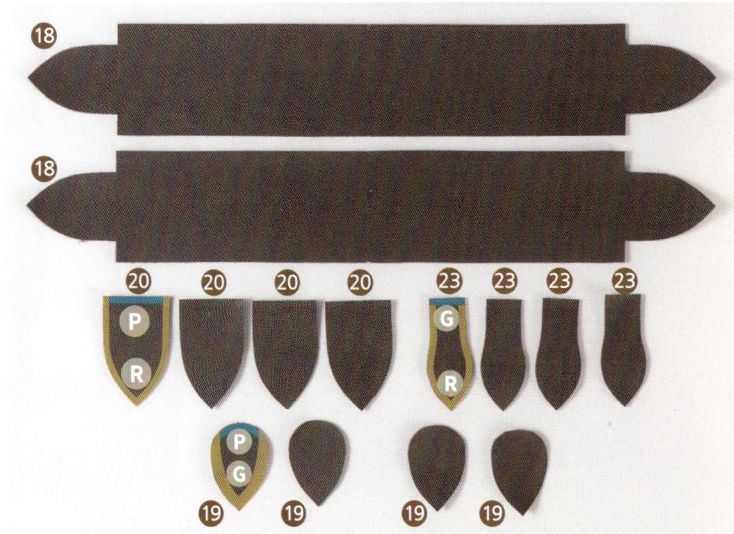

⓲ 손잡이
[가죽(1.5mm 두께)/2장]
⓴ 손잡이 안
[가죽(1.5mm 두께)/4장]
㉓ 모모 가죽
[가죽(1.5mm 두께)/4장]
⓳ 손잡이 다는 날개 심
[가죽(1.5mm 두께)/4장]

※ 손잡이의 가죽은 등 쪽 섬유가 질긴 부분으로 파츠의 긴 부분을 가죽의 늘어나는 방향과 맞춰서 자른다. 섬유가 부드러운 부분을 쓰거나 늘어나는 방향과 반대로 자르면 완성품을 구부릴 때 주름이 생길 수 있으므로 주의한다.

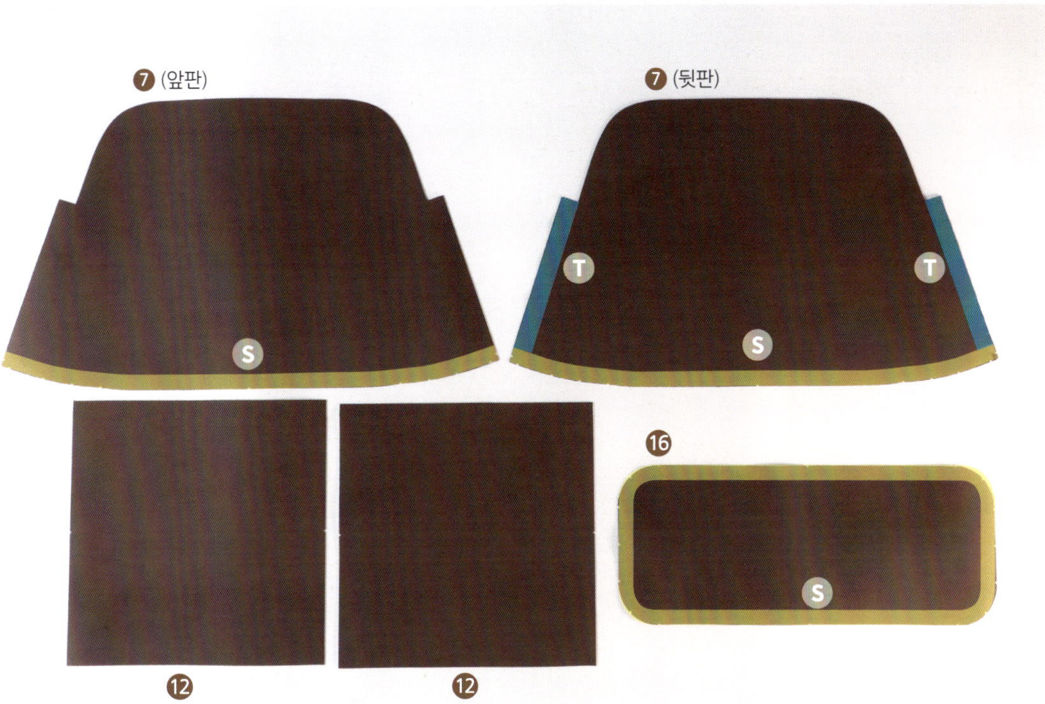

7 본체 안[안감 가죽(0.8mm 두께)/2장]
※ 앞판과 뒷판이다. 피할방법이 다르므로 주의
※본체 안의 두께는 가죽의 강도에 따라 0.8~1.0mm 두께 내에서 조절한다.

12 본체 안 포켓[안감 가죽(0.8mm 두께)/2장]

16 바닥 안[안감 가죽(0.8mm 두께)/1장]

2 본체 겉 심
[심재(본택 #9401)/2장]

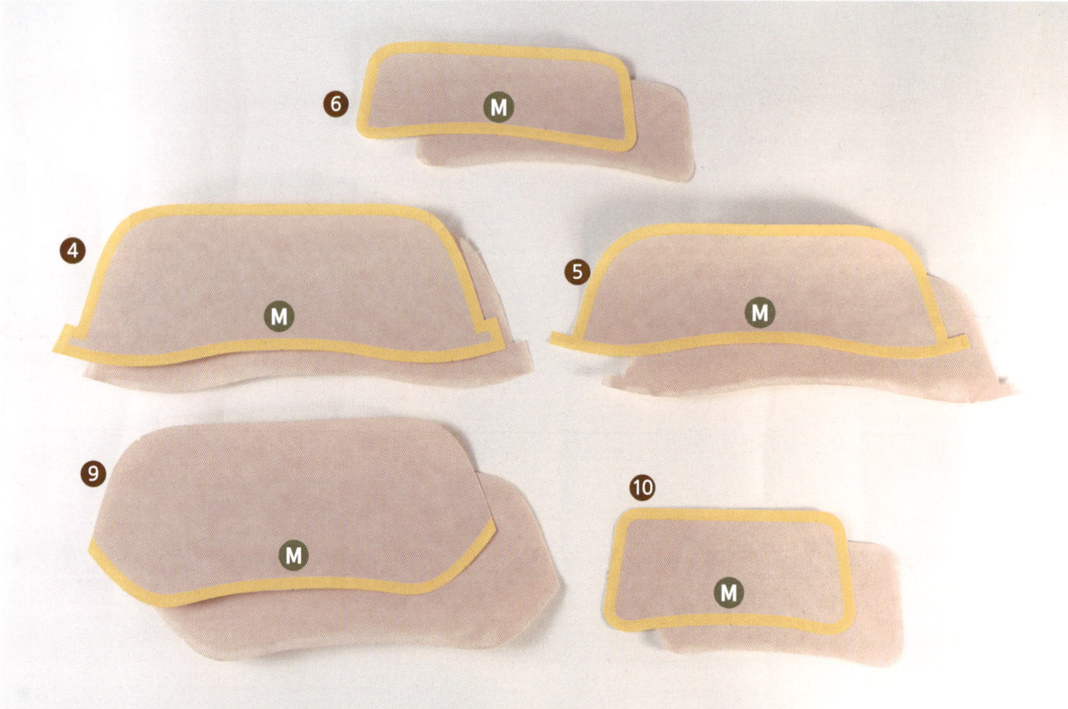

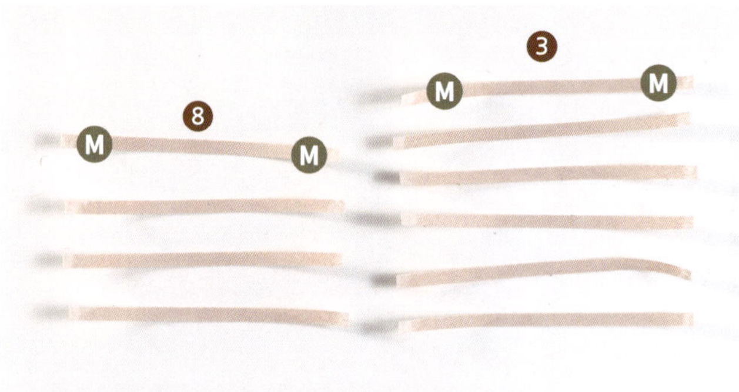

❹ 입구 심A

[심재(바이린 0.4mm 두께)/2장]

❺ 입구 심B

[심재(바이린 0.4mm 두께)/2장]

❻ 입구 심C

[심재(바이린 0.4mm 두께)/2장]

❾ 본체 안 입구 심A

[심재(바이린 0.4mm 두께)/2장]

❿ 본체 안 입구 심B

[심재(바이린 0.4mm 두께)/2장]

❽ 본체 안 사이드 심

[심재(바이린 0.4mm 두께)/4장]

❸ 본체 겉 사이드 심

[심재(바이린 0.4mm 두께)/6장]

⓮ 바닥 겉 심

[심재(바이린 0.4mm 두께)/1장]

⓯ 바닥 판(겉)

[심재(바이린 0.4mm 두께)/1장]

※ '⓮바닥 겉 심'과 '⓯바닥 판(겉)'은 패턴도 가죽도 동일하다.

⓯ 바닥 판(중~바닥)

[심재(본텍스 0.4mm 두께)/4장]

⓱ 바닥 안 심

[심재(바이린 0.4mm 두께)/1장]

POINT

본체 겉과 본체 안을 각각 만들고, '입구 심'과 '사이드 심', '그리고 '바닥 겉 심', '바닥 안 심'과 '바닥 판'으로 튼튼하게 만드는 구조가 이 백의 중요한 포인트이다. 이 백은, 복잡한 곡선의 형태를 살리기 위해 본체 겉에 본체 안을 집어넣을 때 여유 공간이 절묘한 사이즈로 차이가 나서 정확하게 맞게끔 계산했다. 그러나 이대로는 내부에 물건을 넣으면 무게가 가해져서 형태가 망가진다. 그래서 본체 안에 본체 겉을 달아매는 일반적인 구조가 아니라 본체 겉과 본체 안 전부를 둘러싸는 단단한 구조로 만들어서 서로를 지탱하게끔 설계했다. 오른쪽 사진처럼 사이드 심이 기둥, 입구 심이 들보 역할을 하면서 판을 지지해준다. 그래서 안에 물건을 넣었을 때 전체 형태가 유지될 수 있다.

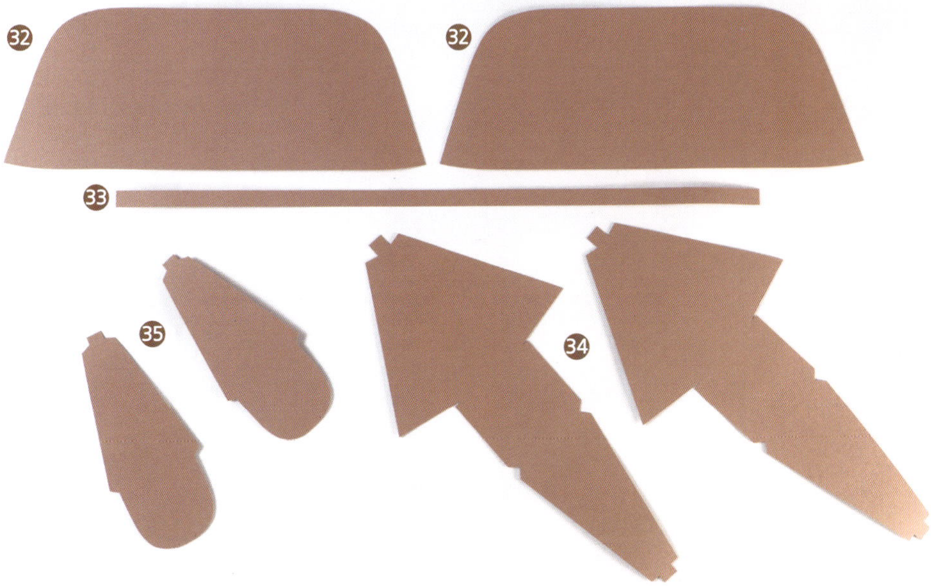

32 지퍼 틀 본판[두꺼운 종이/2장]
33 지퍼 틀 옆판[두꺼운 종이/1장]
34 지퍼 틀 가운데기둥[두꺼운 종이/2장]
35 지퍼 틀 옆 기둥[두꺼운 종이/2장]

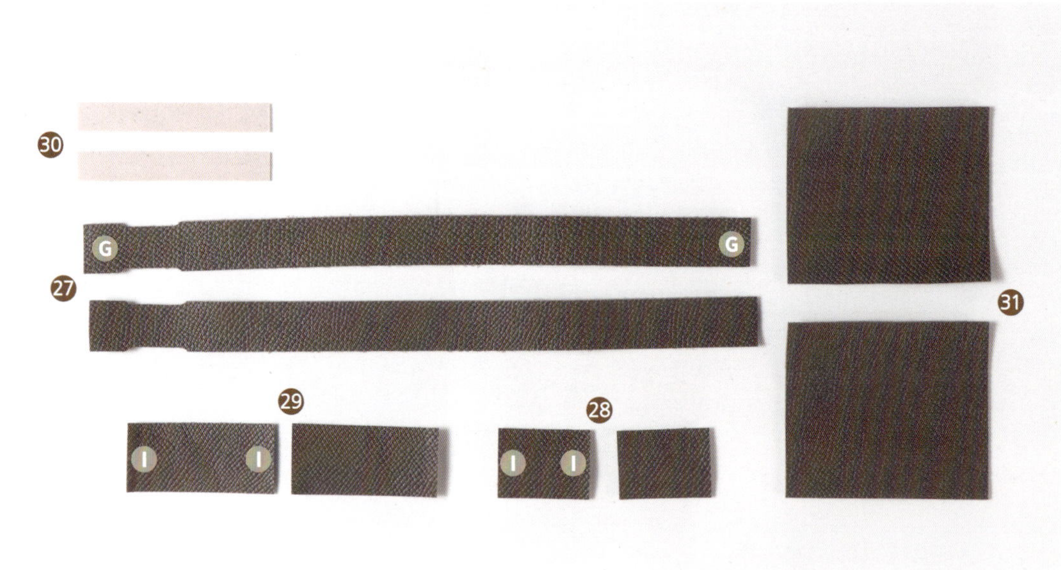

26 끝쪽 스트랩 심
[심재(바이린 0.4mm를 2장 겹친다)/1장]
25 끝쪽 스트랩 안[가죽(1.5mm 두께)/1장]
24 끝쪽 스트랩 겉[가죽(1.5mm 두께)/1장]
30 버클 스트랩 심
[심재(바이린 0.4mm를 2장 겹친다)/2장]

27 버클 스트랩[가죽(1.5mm 두께)/2장]
29 스트랩 안 붙이기 대[가죽(1.0mm 두께)/2장]
28 스트랩 안 붙이기 소[가죽(1.0mm 두께)/2장]
31 고리 가죽[가죽(10mm 두께)/2장]

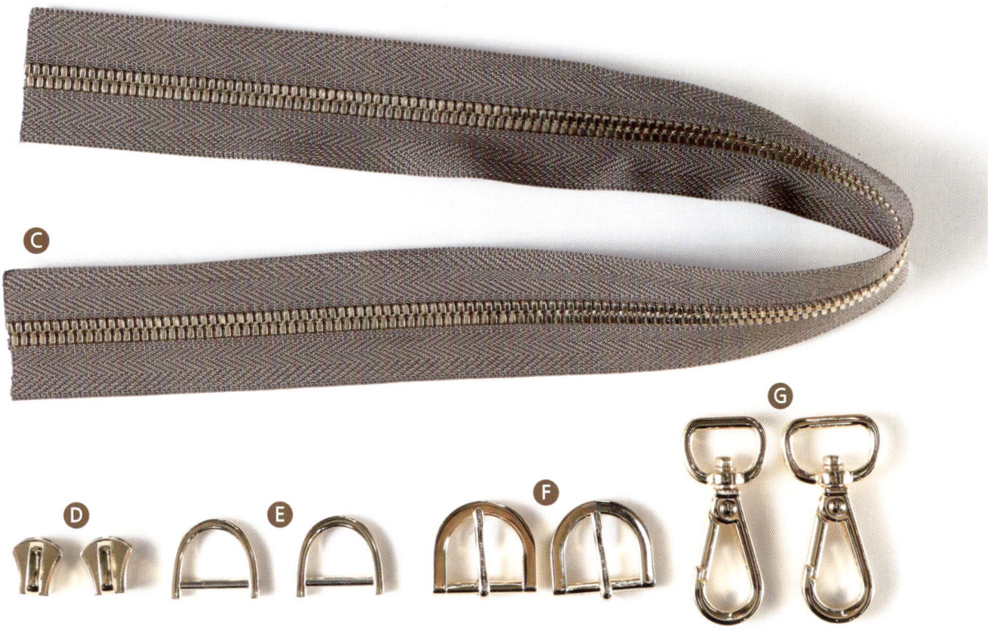

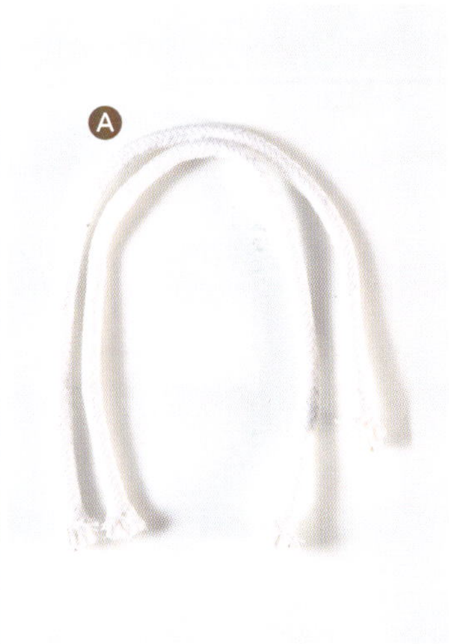

C 지퍼
[5호/양날/434mm × 1]
D 지퍼 슬라이더[5호/2개]
E D링[나사형/폭 15mm/2개]
F 버클[폭 15mm/2개]
G 개고리[폭 15mm/2개]
H 가방발[나사형/5개]

A 손잡이 심
[회전 가능(면사) 직경7mm/380mm × 2]
※직경은 눈대중으로 가죽을 말았을 때 주위가 30~31mm가 되도록 계산한다. 손잡이 심은 종류에 따라 강도가 다르기 때문에 제작 공정의 160페이지에서 설명하는 방법으로 실측해서 사용가능한지 체크한다. 31mm가 넘으면 가죽을 조금 얇게 피할하거나 얇은 면사를 쓴다.

패턴 미리보기

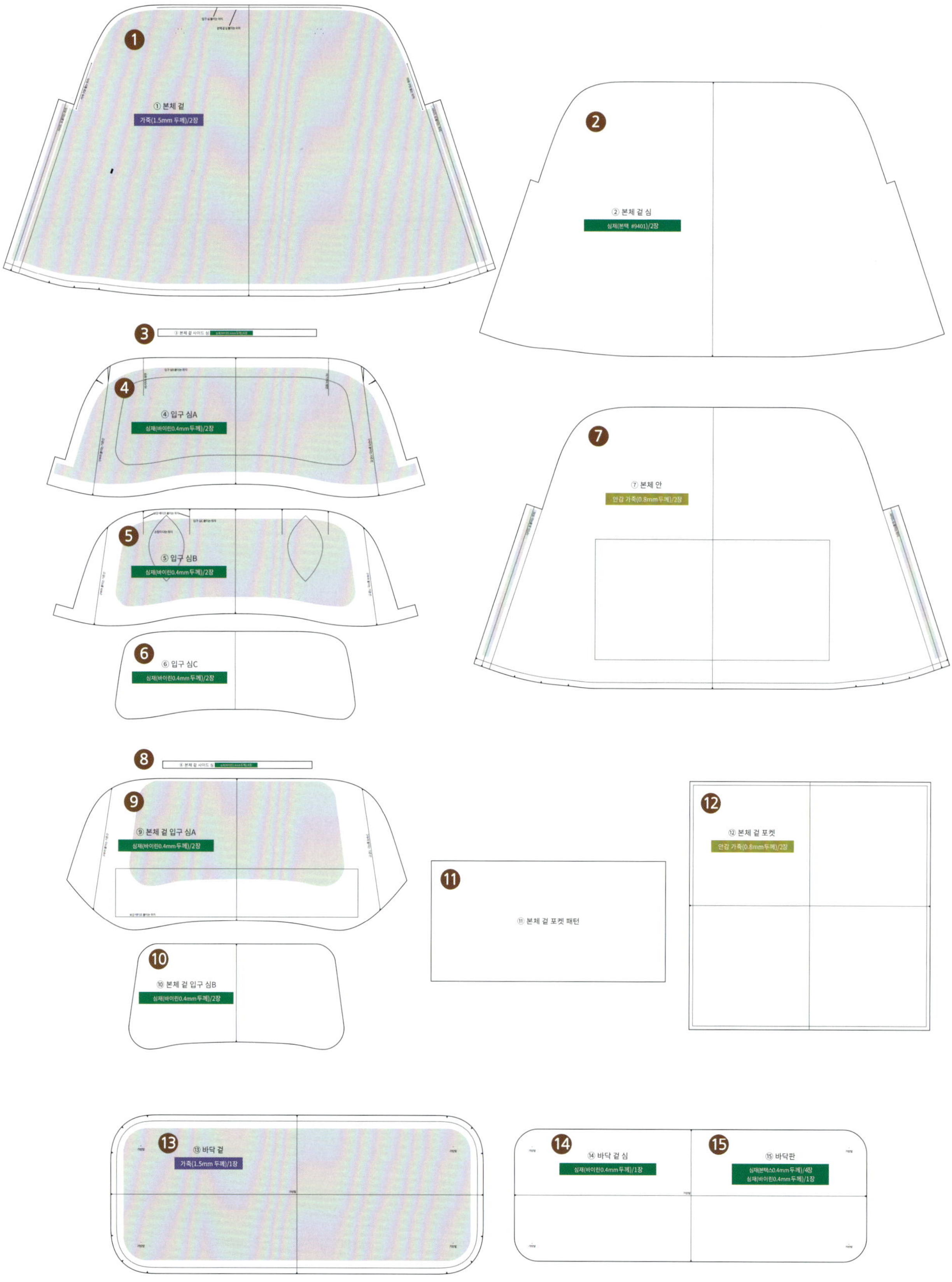

1
① 본체 겉
가죽(1.5mm 두께)/2장
2
② 본체 겉 심
심재(본텍 #9401)/2장
3
4
④ 입구 심A
심재(바이린0.4mm두께)/2장
5
⑤ 입구 심B
심재(바이린0.4mm두께)/2장
6
⑥ 입구 심C
심재(바이린0.4mm두께)/2장
7
⑦ 본체 안
안감 가죽(0.8mm두께)/2장
8
9
⑨ 본체 겉 입구 심A
심재(바이린0.4mm두께)/2장
10
⑩ 본체 겉 입구 심B
심재(바이린0.4mm두께)/2장
11
⑪ 본체 겉 포켓 패턴
12
⑫ 본체 겉 포켓
안감 가죽(0.8mm두께)/2장
13
⑬ 바닥 겉
가죽(1.5mm 두께)/1장
14
⑭ 바닥 겉 심
심재(바이린0.4mm두께)/1장
15
⑮ 바닥판
심재(본텍스0.4mm두께)/4장
심재(바이린0.4mm두께)/1장

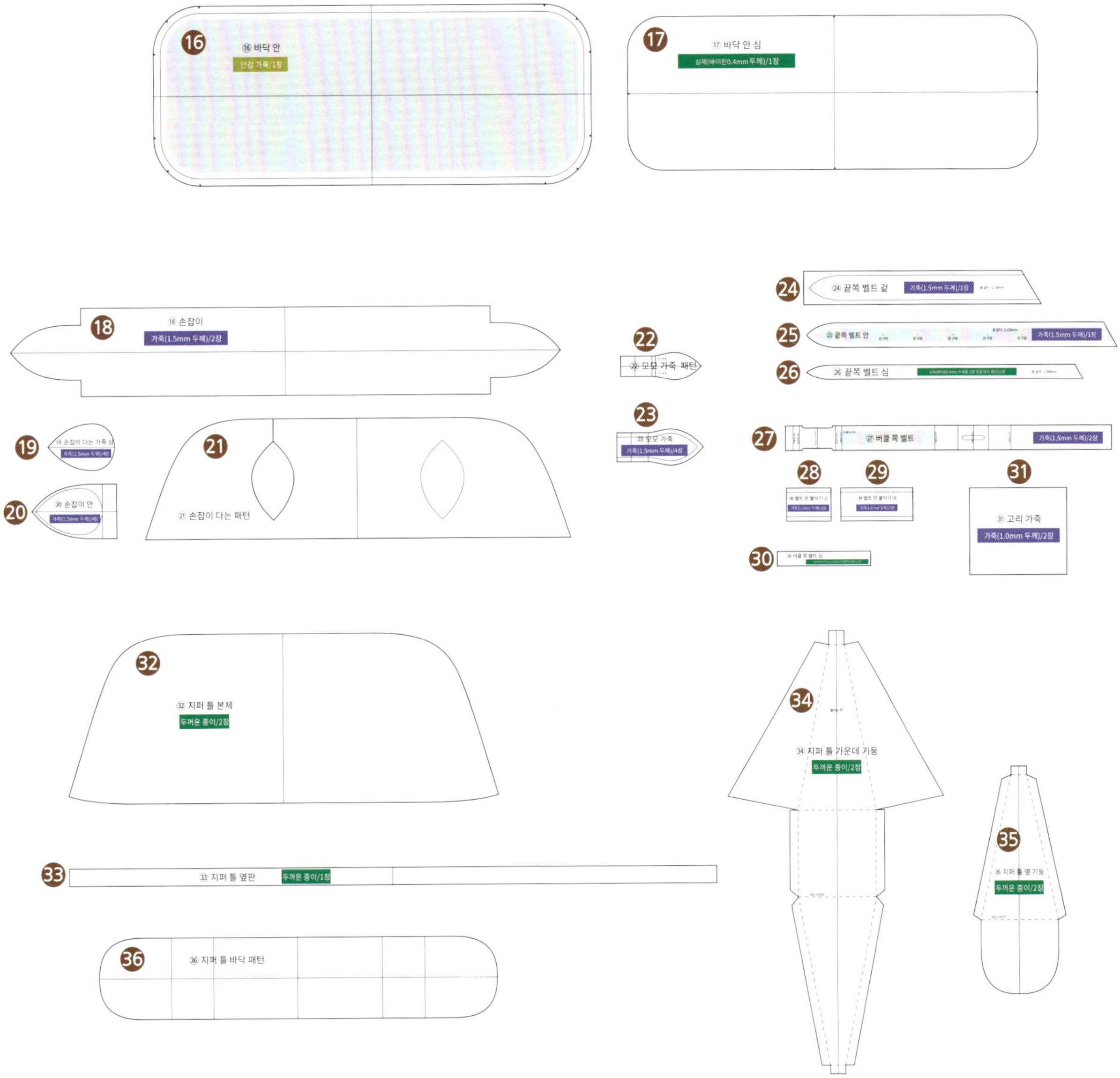

- ❶ 본체 겉 .... 삽지·뒤
- ❷ 본체 겉 심 .... 삽지·뒤
- ❸ 본체 겉 사이드 심 .... 삽지·뒤
- ❹ 입구 심A .... 삽지·뒤
- ❺ 입구 심B .... 삽지·뒤
- ❻ 입구 심C .... 삽지·뒤
- ❼ 본체 안 .... 삽지·뒤
- ❽ 본체 안 사이드 심 .... 삽지·뒤
- ❾ 본체 안 입구 심A .... 삽지·뒤
- ❿ 본체 안 입구 심B .... 삽지·뒤
- ⓫ 본체 안 포켓 패턴 p.267
- ⓬ 본체 안 포켓 p.268-269
- ⓭ 바닥 겉 p.272-273
- ⓮ 바닥 겉 심 p.272-273
- ⓯ 바닥 판 p.272-273
- ⓰ 바닥 안 p.274-275
- ⓱ 바닥 안 심 p.274-275
- ⓲ 손잡이 p.271
- ⓳ 손잡이 다는 날개 심 p.271
- ⓴ 손잡이 안 p.271
- ㉑ 손잡이 다는 패턴 p.276-277
- ㉒ 모모 가죽 패턴 p.276
- ㉓ 모모 가죽 p.276
- ㉔ 끝쪽 스트랩 겉 p.270
- ㉕ 끝쪽 스트랩 안 p.270
- ㉖ 끝쪽 스트랩 심 p.270
- ㉗ 버클 스트랩 p.270
- ㉘ 스트랩 안 붙이기 소 p.277
- ㉙ 스트랩 안 붙이기 대 p.277
- ㉚ 버클 스트랩 심 p.270
- ㉛ 고리 가죽 p.277
- ㉜ 지퍼 틀 본판 .... 삽지·뒤
- ㉝ 지퍼 틀 옆판 .... 삽지·뒤
- ㉞ 지퍼 틀 가운데기둥 .... 삽지·뒤
- ㉟ 지퍼 틀 옆 기둥 .... 삽지·뒤
- ㊱ 지퍼 틀 바닥 패턴 p.276-277

본체 겉의 파츠를 만든다

본체 겉을 구성하는 각 파츠를 만들어 나간다. 비교적 쉬운 작업이지만 조립할 때 아랫구멍을 뚫는 등 사전 준비가 섬세한 포인트가 된다.

본체 겉, 손잡이, 바닥 겉, 본체 겉의 입구 심, 바닥 판, 모모 가죽 순서로 작업.

본체 겉의 밑준비

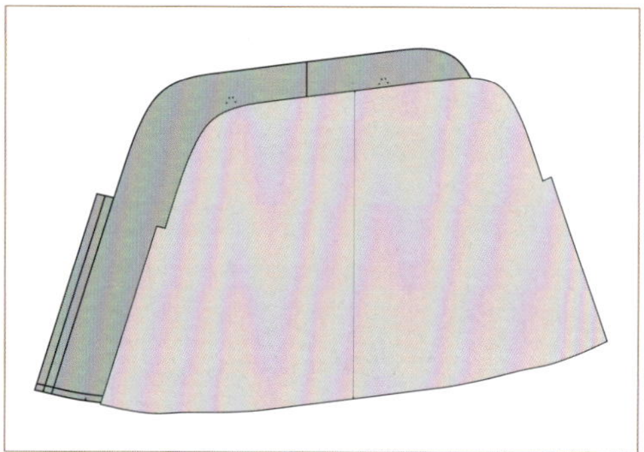

본체 겉은, 입구의 양 끝 부분에, 마지막에 바느질할 때 쓰는 아랫구멍을 미리 뚫어두고, 심재를 붙여서 마감한다.

01 패턴의 '아랫구멍 위치'를 표시하고 미싱 가이드의 바느질 폭을 2.5mm로 세트하고, 실을 끼우지 않고 바느질해서 구멍을 뚫어둔다

02 아랫구멍을 뚫은 상태. 본체 겉 2장 양 사이드, 총 네 곳에 아랫구멍을 뚫어둔다

POINT

아랫구멍을 뚫는 위치는 본체 겉 입구의 가장 끝 부분. 이곳은 백을 조립해서 봉투 형태가 된 후(본체 겉과 본체 안을 바느질할 때)에 타프 미싱의 구조 상 바느질 방향을 바꿀 수 없어서 아래의 사진처럼 손으로 가방을 움직이면서 옆으로 바느질을 진행해야 한다. 그래서 사전에 구멍을 뚫어 두어 바느질 폭과 간격을 맞춰서 깔끔하게 마감한다.

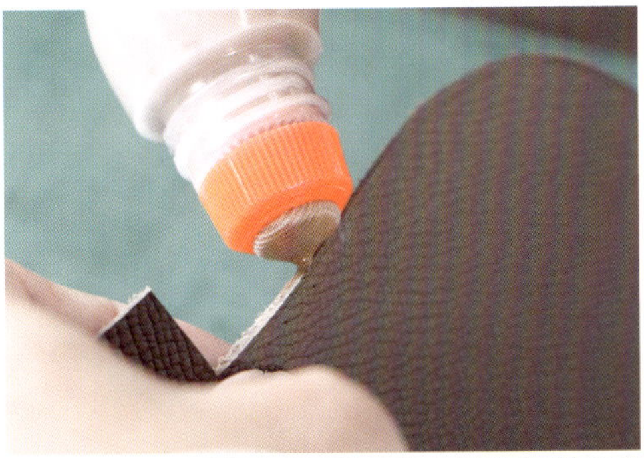

03 바닥 테두리 이외에 장식선을 긋고 단면을 마감해 둔다. 다만 옆판 쪽 양 사이드의 직선 구간은 단면이 감춰지기 때문에 따로 마감하지 않는다

POINT

본체의 양 사이드 직선에 당겨지는 부분이 앞판과 뒷판을 바느질할 때 연결되는 땀이다. 이 길다란 부분을 겹쳐서 만드는데, 앞판쪽을 위에 갑치기 때문에 뒷판의 단면은 안쪽으로 감춰지게 된다.

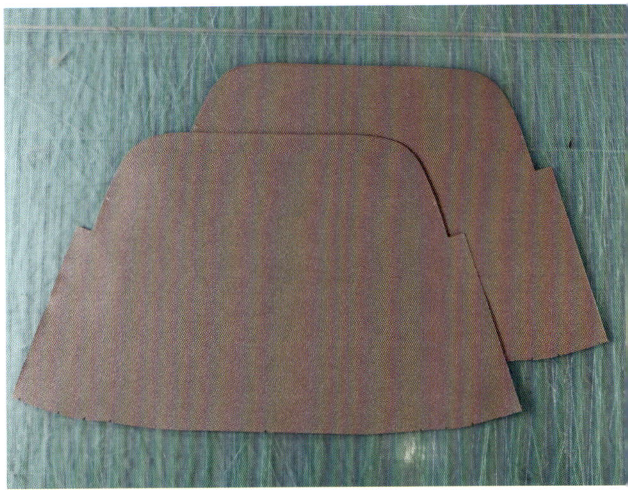

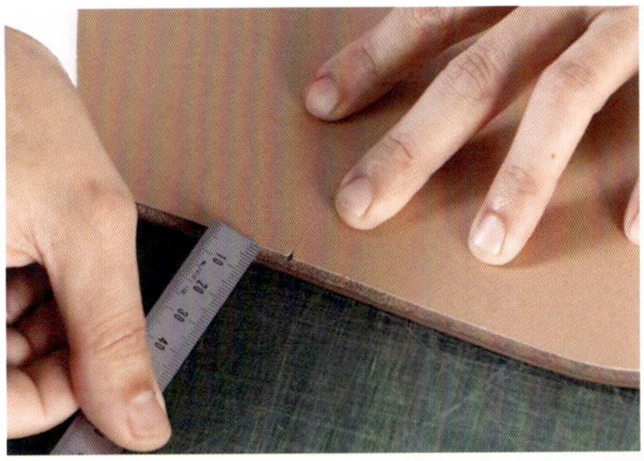

04 본체 겉의 뒷면에 센터를 나란히 맞춰서 '본체 겉 심'의 패턴을 겹친다. 윗단에서 4mm의 여유를 두고 붙이기 때문에 규격대로 측정해서 붙이는 위치를 은펜으로 표시한다(붙이는 위치는 패턴에 기재)

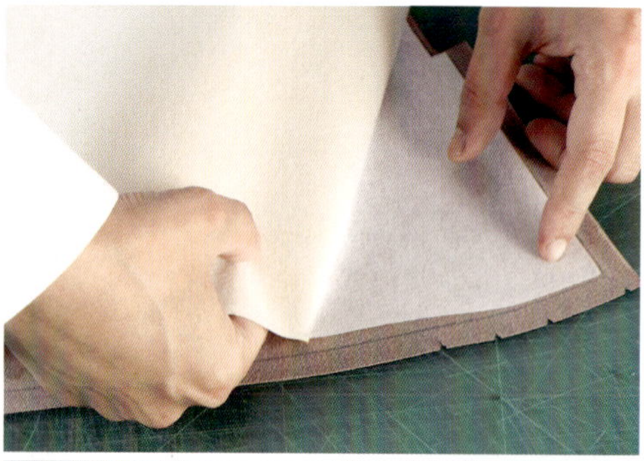

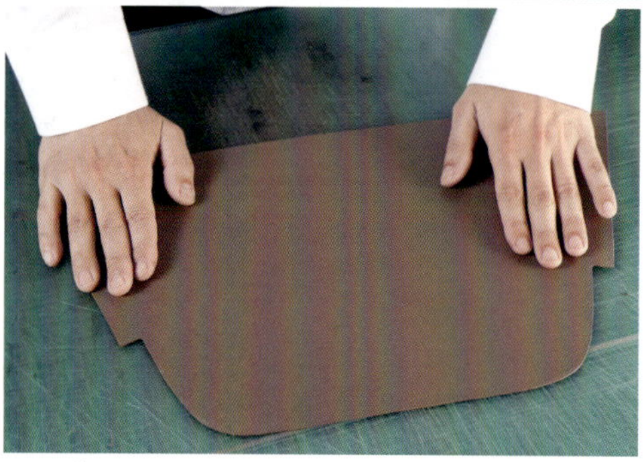

05 그어놓은 선에 맞춰서 '본체 겉 심'을 붙인다. 위치를 맞춰 둔 후 가죽의 겉면에서 압착한다. 앞판, 뒷판 어디든 동일하게 심재를 붙여둔다

손잡이를 만든다

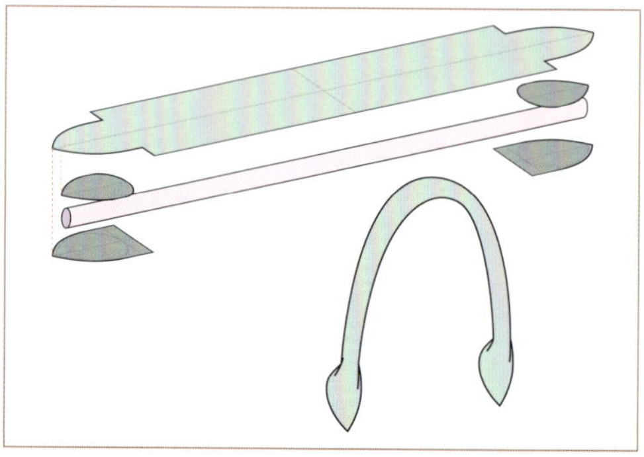

섬유가 부드러운 쪽(배 쪽)의 가죽을 쓰면 주름이 생기기 쉬우므로 중앙(등뼈 쪽)에 가까운 부분을 쓰고, 파츠가 긴 쪽을 늘어나는 방향으로 한다

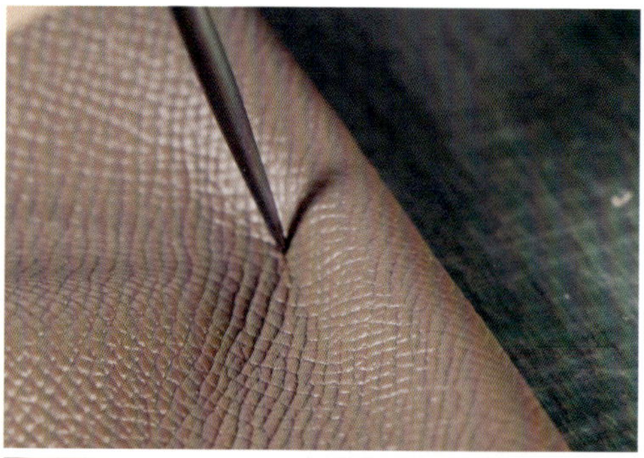

06 준비해놓은 '손잡이 심'에 가죽을 한 바퀴 두르고 길이를 똑같게 나눈다(패턴은 30~31mm으로 잡았지만 사용하는 끈의 두께나 가죽 종류, 부위에 따라 차이가 날 수 있으므로 꼭 실측한다)

POINT

준비한 '손잡이 심'에 손잡이 용 가죽을 두르고 확실히 당겨서 미싱 바늘이 들어갈 만큼의 아슬아슬한 위치에 원형 송곳으로 바늘을 꽂아 구멍을 뚫는다. 가죽을 접었을 때 구멍의 간격이 원주가 된다. 31mm이 넘으면 가죽을 얇게 하거나 얇은 심을 쓴다.

07 ‘손잡이 다는 심’을 ‘손잡이’ 끝의 붙이는 위치(테두리에서 2mm 띄운다)에 놓고 선을 그은 후 선 안쪽에 고무 접착제를 바른다

08 ‘손잡이 다는 심’의 뒷면에도 고무 접착제를 바르고 선에 맞춰서 붙인다

09 손잡이 다는 심을 붙일 때는 센터는 평평하게, 양 사이드는 양쪽으로 말 듯이 가벼운 커브를 그리며 압착한다

10 튀어 나온 모모의 끝에서 반대쪽 끝까지 테두리에서 2.8~3.0mm폭의 아랫구멍(바느질 구멍)을 뚫어둔다

11 손잡이 뒷면에 십자로 센터 라인을 긋는다

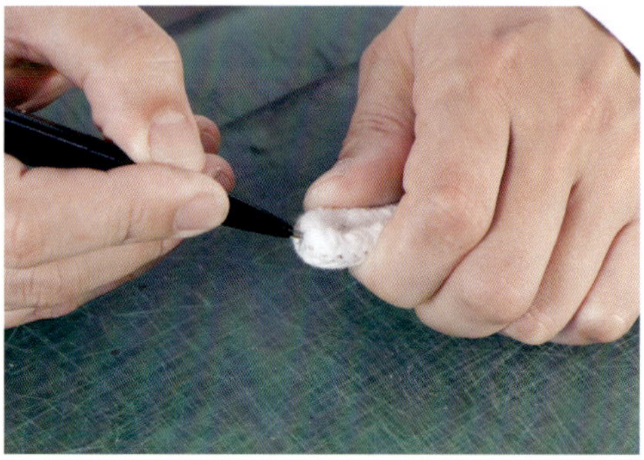

12 손잡이 심을 반으로 접고 센터에 표시한다

POINT

이 다음은 손잡이에 손잡이 심을 붙여서 입체로 만들기 때문에 손잡이 모모의 테두리에 장식선을 넣은 후 당긴다.

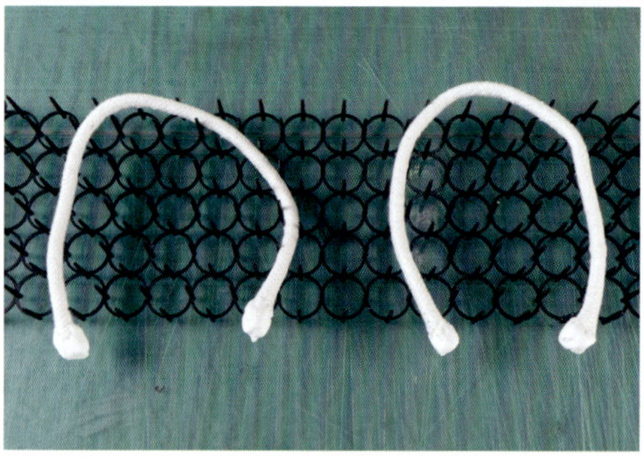

13 손잡이 심의 양 끝, 15mm 정도 범위를 본드로 충분히 적시고 말린다

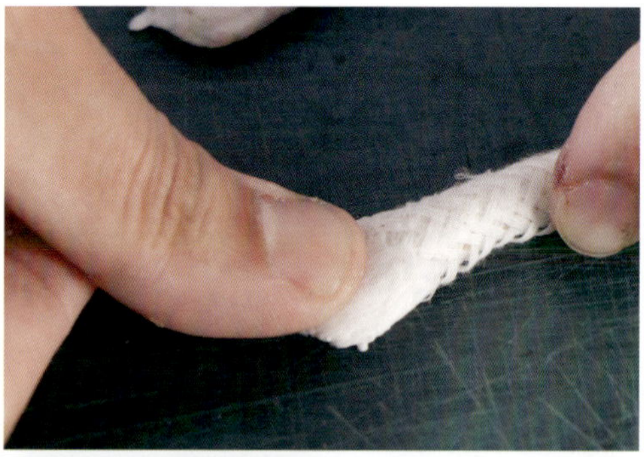

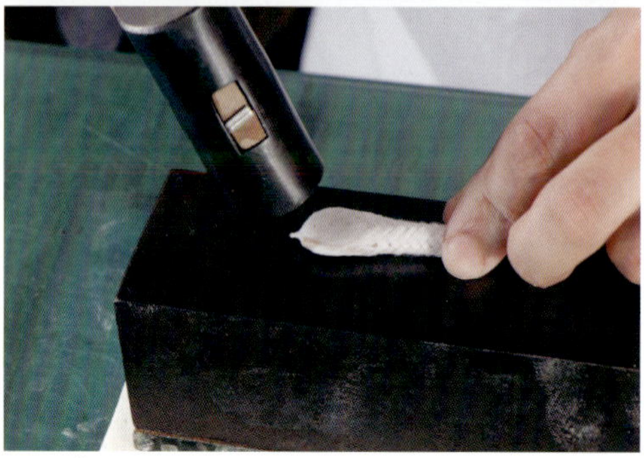

14 완전히 마르기 직전에 손가락이나 쇠망치를 써서 평평하게 만든다

15 센터를 맞춰 손잡이에 손잡이 심을 맞추고 손잡이의 뾰족한 부분 끝에서 4~5mm 안의 평행선이 되도록 은펜으로 선을 긋는다

16 선대로 손잡이 심의 끝을 잘라낸다

17 손잡이의 튀어나온 부분에서 그 10mm 이상 안쪽까지 고무 접착제를 바른다. '손잡이 안'의 뒷면에도 고무 접착제를 바른다

18 손잡이 심을 임시로 고정하기 위해 손잡이 센터에 끝에서 5~6mm 띄우고 5mm 폭의 양면 테이프를 붙인다

19 먼저 손잡이와 손잡이 심의 센터를 맞춰 좌우를 완전히 붙인다

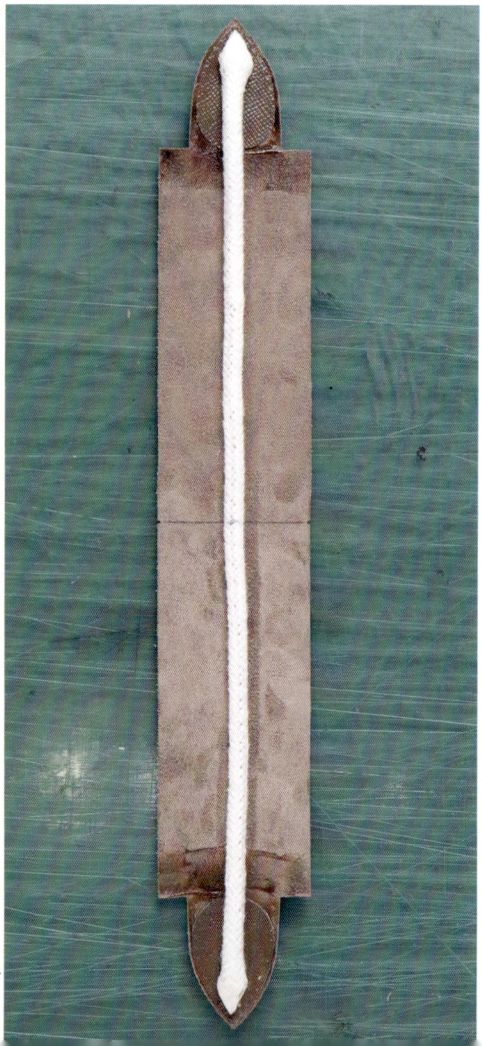

20 손잡이 모모 부분에 테두리를 맞춰 손잡이 안을 겹친다. 먼저 위치가 틀어지지 않을 정도로 테두리만을 가볍게 붙인다

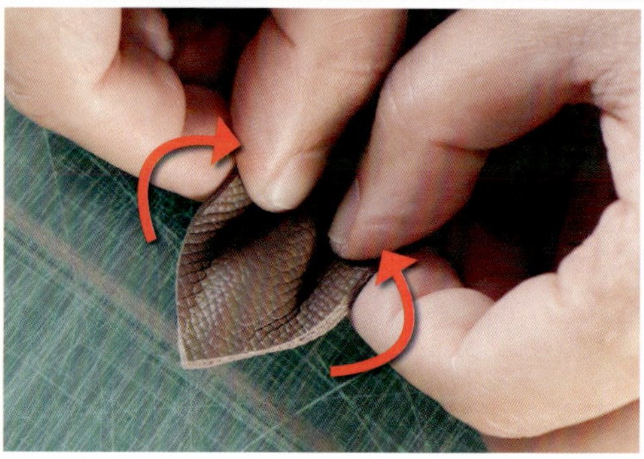

21 손잡이를 겉에서 자연스럽게 구부리고 손잡이 안이 손잡이 심에 딱 맞도록 구부리면서 붙여준다. 사진의 엄지손가락 근처를 바짝 조이듯이 붙인다

22 두 장의 손잡이 양 끝, 총 네 곳에 손잡이 안을 여유 없이 딱 붙인다

23 튀어나온 부분을 남기고 꼭지점에서 안쪽까지 뒷면 전체에 고무 접착제를 바른다. 손잡이 심에는 바르지 않아도 된다

POINT

손잡이 안이 살짝 겹치는 부분은 은면끼리 맞붙게 된다. 붙이기 어려운 가죽을 사용할 때는 가죽 은면을 깎아서 고무 접착제가 잘 붙도록 한다.

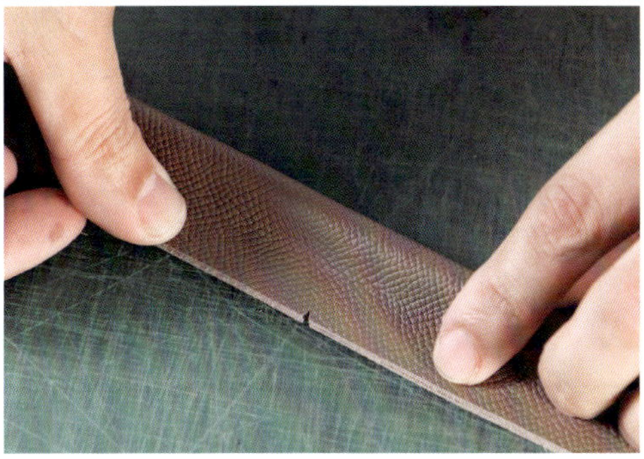

24 손잡이 부분에 먼저 양끝의 꼭지점, 센터 표시를 확실히 맞추고 그 다음에 직선구간을 붙인다

25 공간이 남지 않도록 주걱 등을 사용하여 확실히 누르고 손잡이 심에 맞춰 압착한다

POINT

주걱으로 누를 때 양쪽 면을 다 누르지 않고 한쪽에서 압착해서 뒷면을 평평하게 하는 것이 좋다. 미싱으로 바느질하기 쉬워진다(미싱은 뒷면이 평평하지 않으면 바느질하기 어렵다).

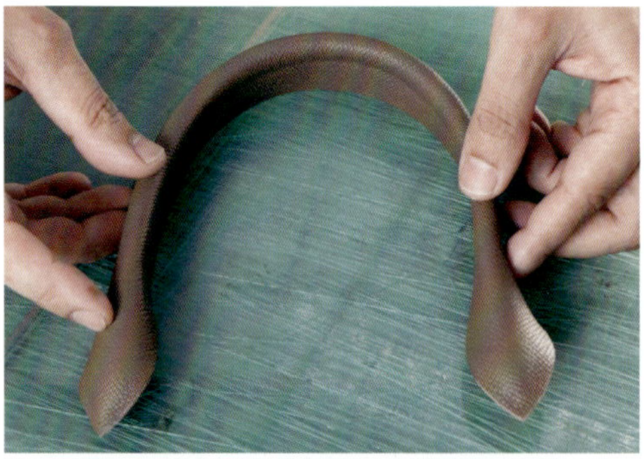

26 U자로 구부렸을 때 가죽의 안쪽에 주름이 생기지 않는 게 이상적. 가죽의 섬유가 부드럽고, 느슨하게 구부리거나, 붙이는 쪽이 균등하지 않으면 주름이 진다

27 161페이지의 공정 10에서 뚫은 아랫구멍의 끝을 나란히 바늘이나 원형 송곳으로 찌르고 나란히 놓였는지 확인한다

손잡이를 바느질한다

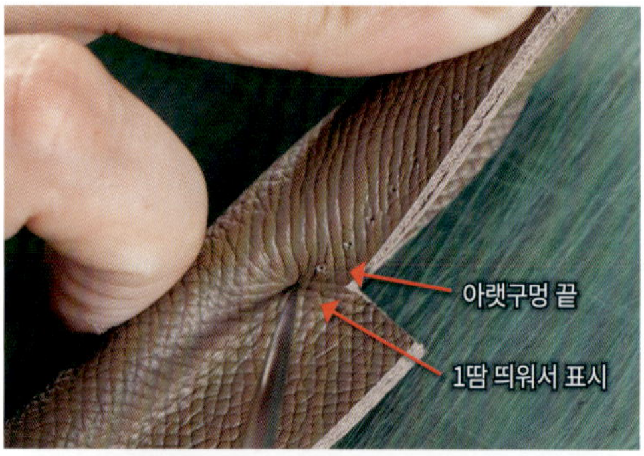

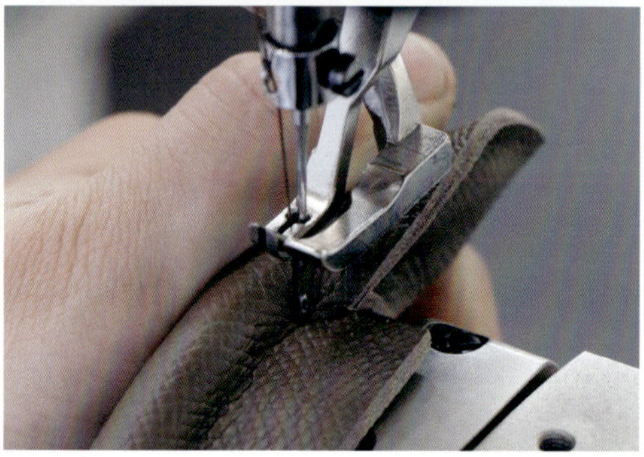

28 아랫구멍에서 1땀 띄운 위치에 표시하고 그 위치에서 1땀을 박는다(만약 바느질 땀의 라인이 연결되지 않을 때는 2땀 띄운 위치에서 바느질하고 그 뒤는 손바느질해서 연결한다). 미싱에는 역 노루발을 단다

29 가이드를 쓰지 않고 손잡이 심의 가장자리를 박아 나간다. 반대쪽의 동일한 위치까지 바느질한다. 바느질 시작과 끝은 동일하게 반대로 바느질하지 않고, 실의 여분을 60cm 정도 남긴다

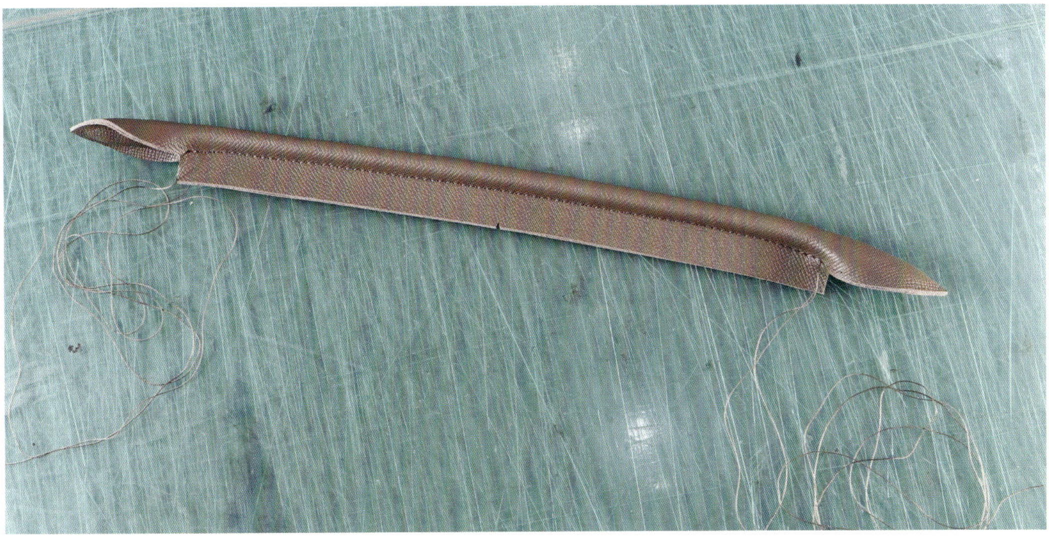

30 60cm 정도 여분을 남긴 실은 '본체 곁'에 연결할 때 사용한다. 실의 두께는 윗실은 8번, 아랫실은 20번을 쓰기 때문에 본체에 달 때는 8번 실이 보이는 쪽을 곁 쓰면 된다

31 스티치에서 3.3mm 정도 남기고 가죽 여분을 구두칼 등으로 균등하게 자른다

POINT

사포로 전체 테두리의 각을 다듬어 둔다 (다듬는 작업을 고려해서 바느질폭은 3.3mm로 넓게 잡는다). 또한 손잡이 끝부분은 장식선을 그어둔다.

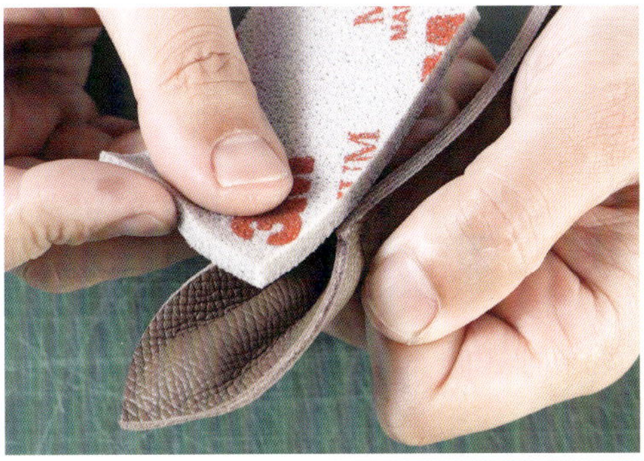

32 뒷면의 테두리가 Y자로 교차하는 부분을 사포로 다듬어 단차를 없앤다. 이 시점에서 전체에 장식선을 긋는다

33 손잡이 전체 테두리를 마감한다

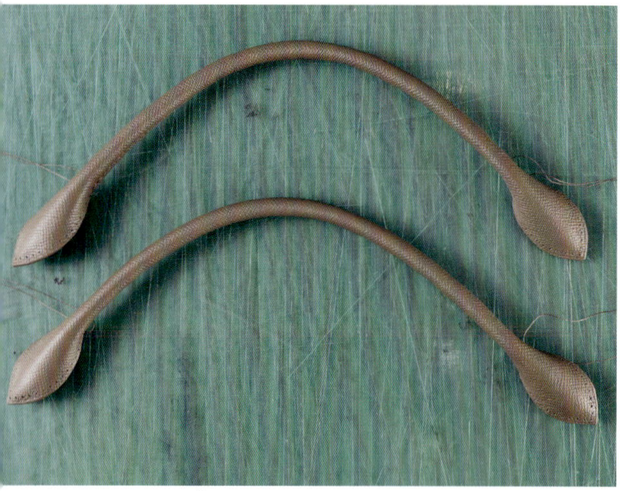

34 두 개의 손잡이를 동일하게 마감한다

바닥 겉을 만든다

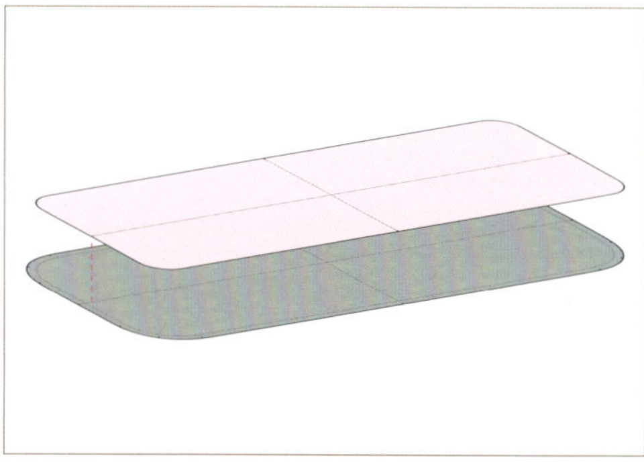

바닥 겉에는 바닥 겉 심을 붙이고 가방발을 달 다섯 개의 구멍을 뚫는다

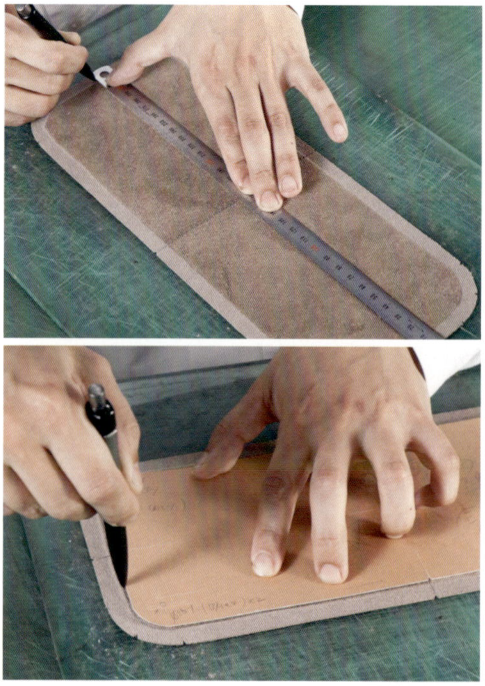

35 바닥 겉의 뒷면에 십자로 센터 라인을 은펜으로 긋고, 그 것을 기준점으로 '바닥 겉 심'의 붙이는 위치를 긋는다

36 바닥 겉의 '바닥 겉 심 붙이는 위치'의 안쪽과 바닥 겉 심(바이린 1장)의 한쪽 면에 고무 접착제를 붙인다

37 센터 라인과 표시점에 맞춰 다시 한 번 붙이는 위치의 선을 보면서 바닥 겉 심을 붙이고 롤러로 압착한다

38 바닥 겉의 패턴에서 다섯 개의 '가방발'의 표시를 원형 송곳으로 뚫고, 둥근 구멍을 뚫는다. 원형 펀치의 사이즈는 사용할 가방발에 맞춰서 쓴다

입구 심A·B·C을 합쳐서 붙인다

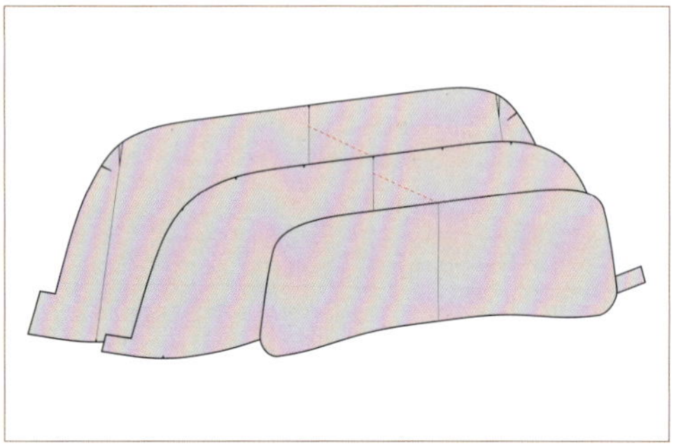

본체 겉의 입구 안에 붙이는 심은 3장 겹쳐가면서(곡선이기 때문에) 붙이고 입체적으로 만든다. 백의 형태를 유지하는 골격으로 사용한다

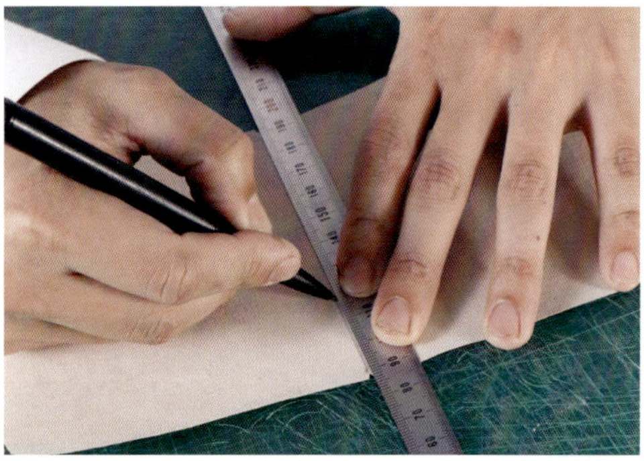

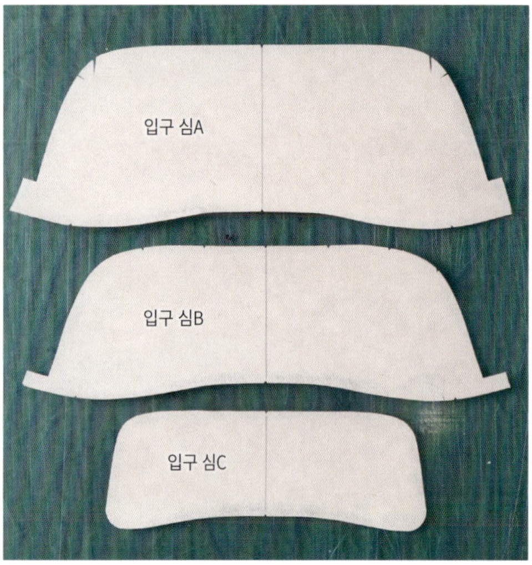

39 입구 심A~C의 세 장 모두 뒷면(피할한 쪽이 가방 바깥쪽이 되는 겉면, 그 반대쪽이 뒷면이다)에, 중앙의 표시를 아래위로 연결하는 센터 라인을 긋는다

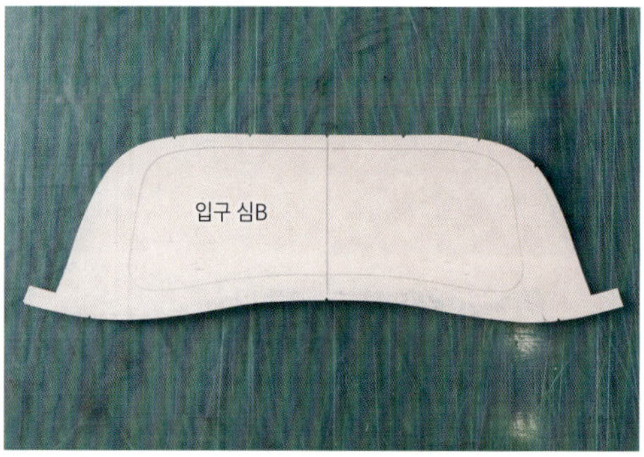

40 '입구 심B'의 뒷면에 센터를 맞춰 아랫단에서 15mm 남기고 '입구 심C'의 패턴을 놓고 은펜으로 붙이는 위치를 표시한다

41 '입구 심A' 뒷면에 센터를 맞춰 하단에서 10mm 띄우고 '입구 심B'의 패턴을 놓은 후 붙이는 위치를 표시한다

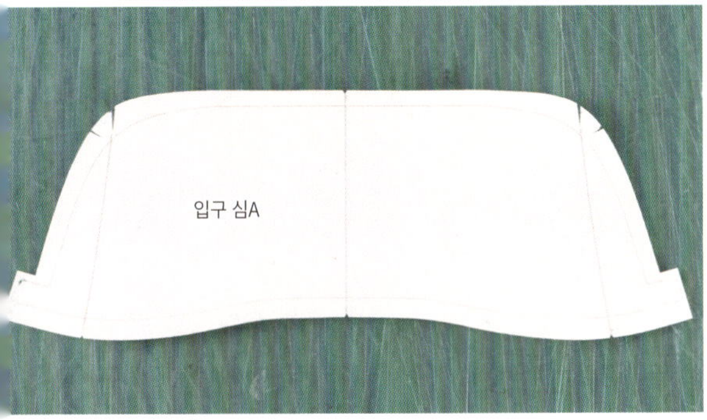

42 ‘입구 심A’ 전면에는 양 사이드의 ‘구부리며 붙이는 기준 선’을 긋는다(위의 칼집과 아래의 표시선을 잇는다)

입구 심B에 C를 붙인다

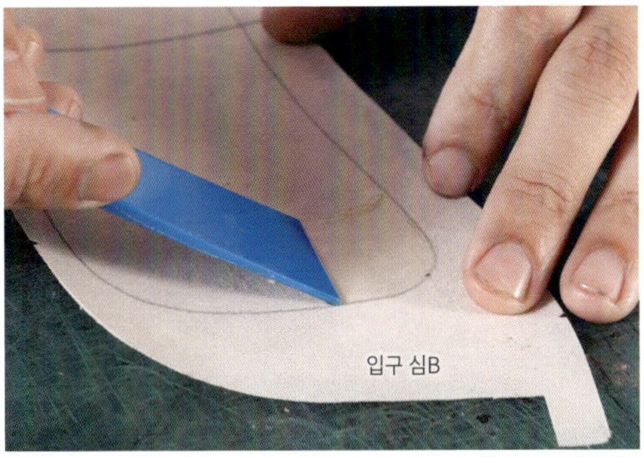

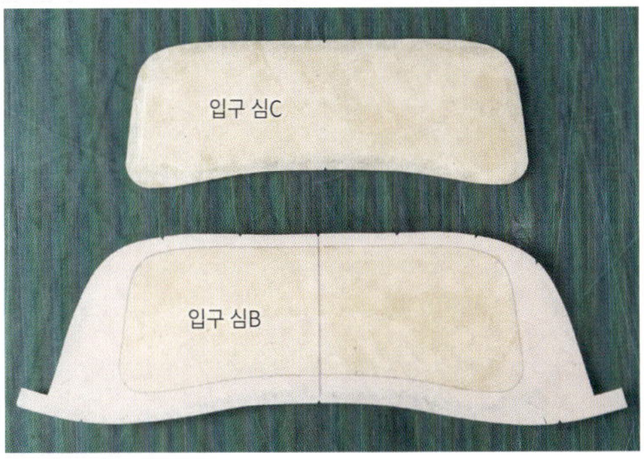

43 입구 심B 뒷면의 ‘입구 심C 붙이는 위치’의 안쪽, 입구 심C의 겉면(피할한 면) 전체에 고무접착제를 바른다

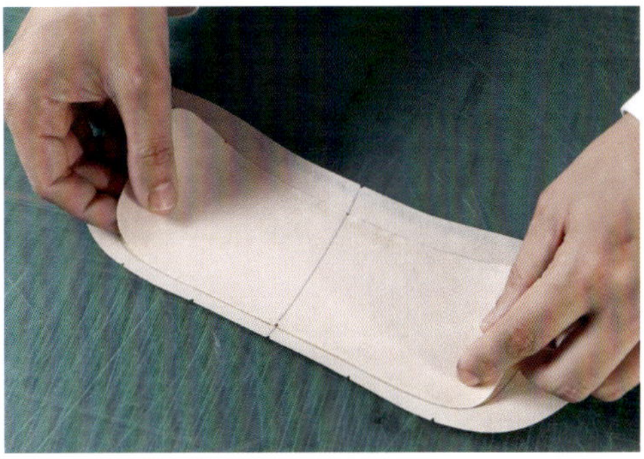

44 선에 맞춰 평평한 상태로 붙인다

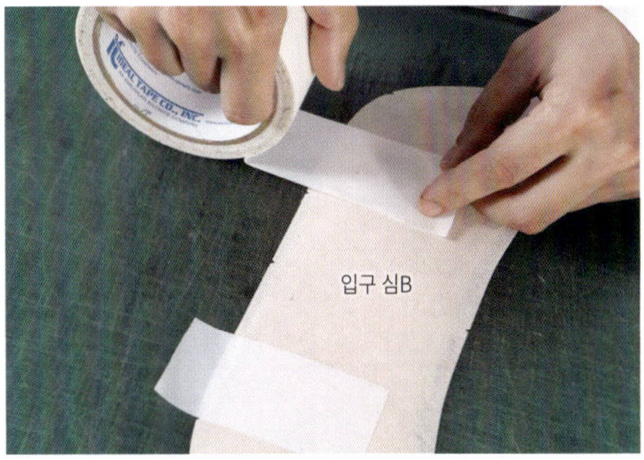

45 입구 심B 겉면에 ‘손잡이 다는 위치’를 표시하도록 보강 테이프를 붙인다(붙이는 위치는 패턴에 표시되어 있다). 40mm 폭 테이프가 없다면 1mm 정도씩 겹쳐가며 테이프를 여러 장 붙인다

POINT

보강 테이프는 손잡이 다는 부분을 보강하기 위한 공정이어서 입구 심B 상단의 바느질 땀에 걸리도록 붙인다. 아래쪽은 테두리에서 떨어뜨리는 것이 좋지만 위쪽은 테두리까지 확실히 붙인다(사진처럼 바깥쪽까지 나오도록 붙여둔다).

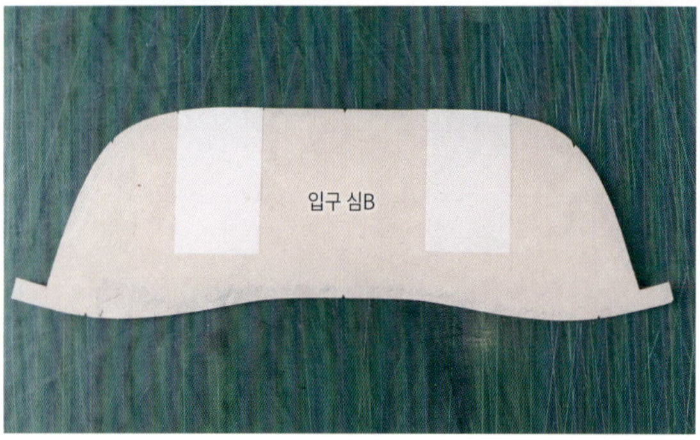

46 보강 테이프의 위쪽은 테두리의 바깥까지 붙인 후 비어져 나온 부분은 잘라낸다

입구 심A에 B를 붙인다

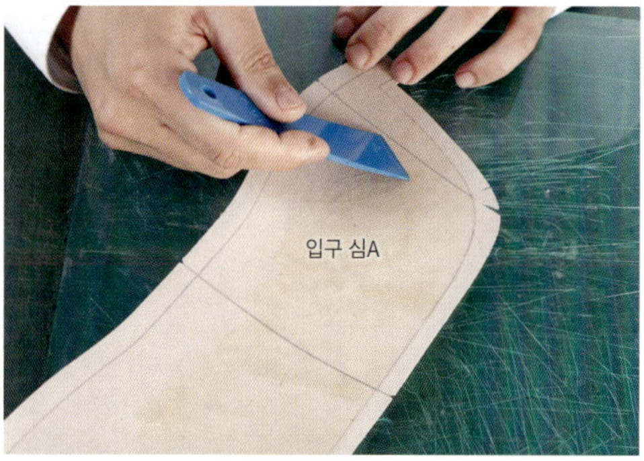

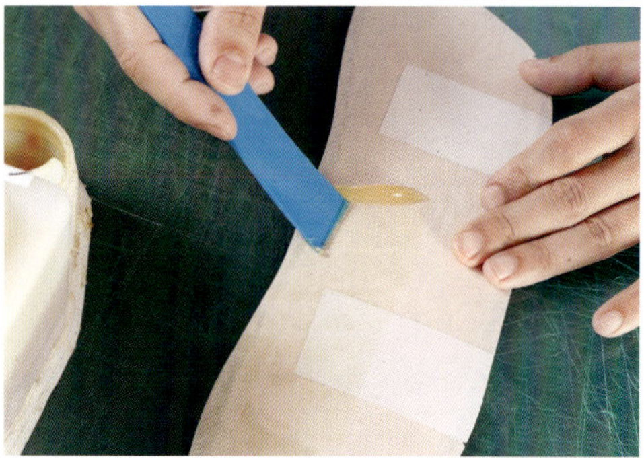

47 입구 심A 뒷면의 '입구 심B 붙이는 위치' 안쪽, 입구 심B 겉면(보강 테이프를 붙이는 면) 전체에 고무 접착제를 붙인다

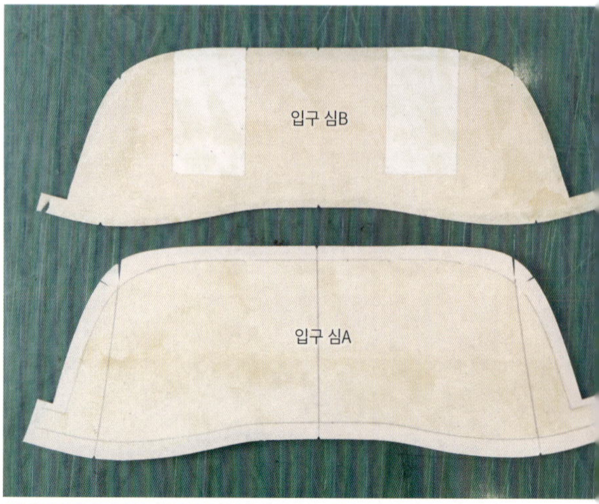

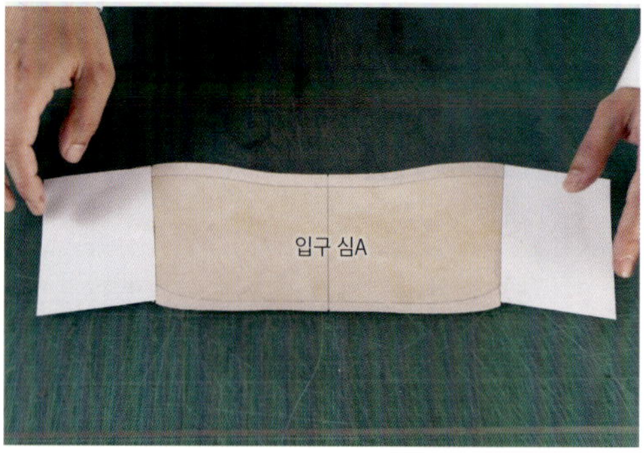

48 우선 '구부리며 붙이는 기준선'보다 안쪽을 평평하게 붙이기 위해서 선에서 바깥쪽에 종이를 댄다

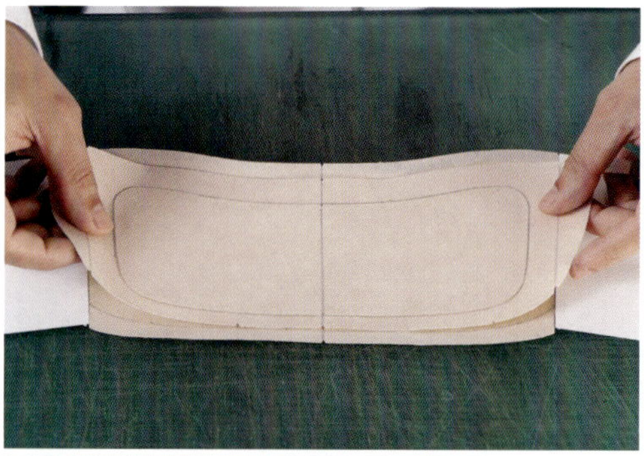

49 센터 라인에 붙이는 위치의 선을 잘 보면서 입구 심B를 놓고, 중앙부만 가볍게 압착한다

구부리며 붙인다

50 먼저 위쪽, 입구 심C보다 바깥쪽의 부분을 조금만 구부리며 붙인다

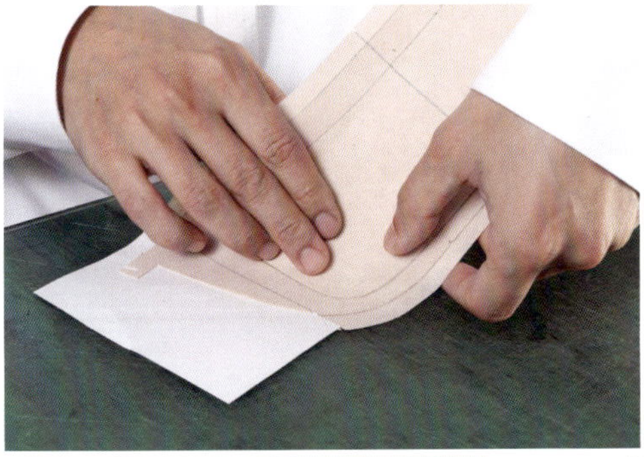

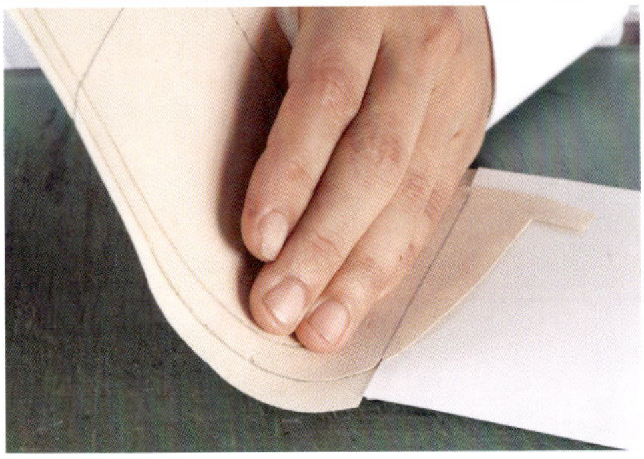

51 계속해서 '입구 심C'과 '구부리며 붙이는 기준선' 사이의 주위를 조금만 구부려가며 붙인다(양 사이드 모두 동일)

POINT

'조금만 구부려가며'가 어느 정도인지를 설명하기는 애매하지만, 소재에 주름이 지거나 당겨지거나 하지 않고 자연스럽게 커브가 나오는 정도로 구부려야 한다.

52 옆에서 봤을 때 약간 구부러진 정도가 좋다. 주름이나 틈이 생기지 않도록 주의한다

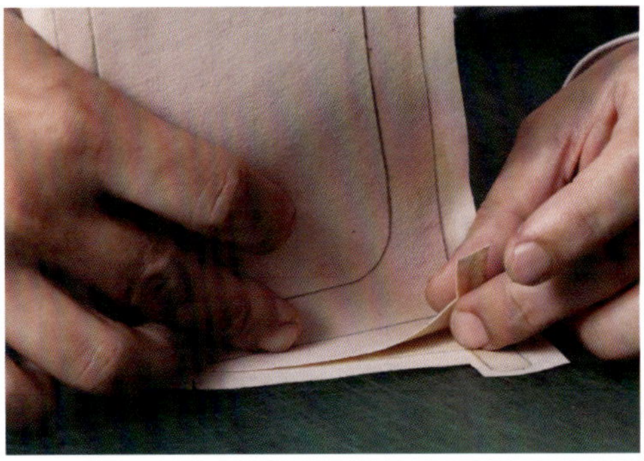

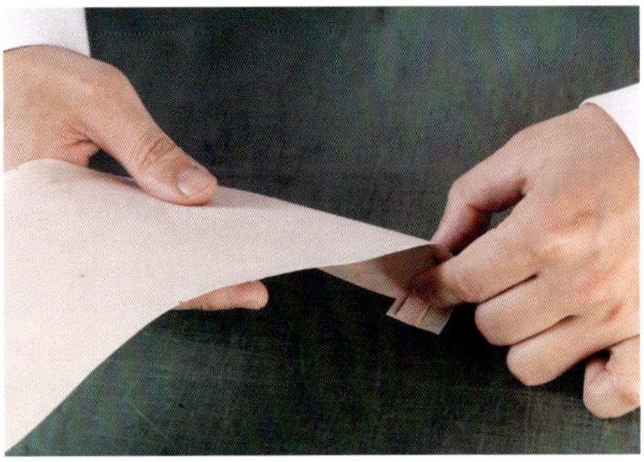

53 끼워둔 종이를 떼내고 '구부리며 붙이는 기준선'보다도 바깥쪽을 조금 강하게 구부려서 붙인다(끝은 맞추지 않아도 괜찮다)

POINT

이 심재의 탄력이 가방을 안쪽에서 당겨서 골격이 되고 가방이 납작하고 밋밋한 형태가 되는 것을 막아준다. 곡선은 끝이 90도보다 조금 더 안쪽을 향하게 한다. 구부리는 쪽이 느슨하면 탄성 효과가 없고 급하게 커브 바깥쪽으로 주름을 만들면 지나치게 구부러진다. 딱 좋은 형태가 나오도록 조절한다.

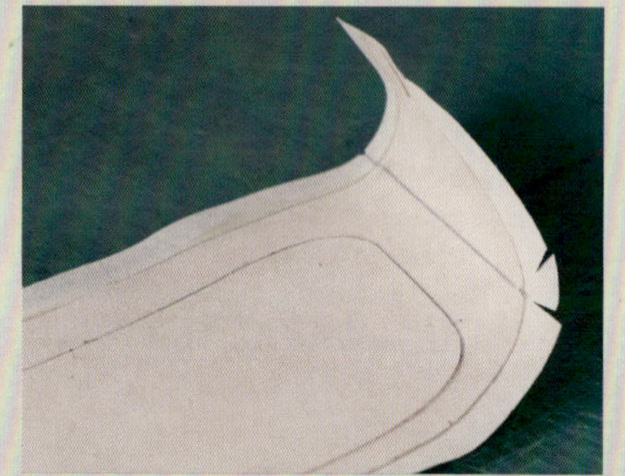

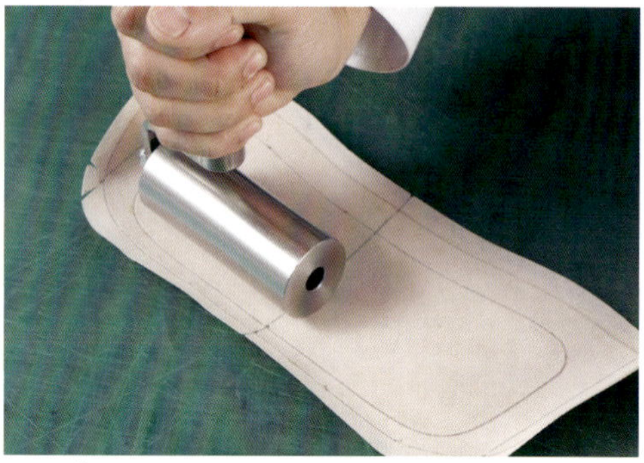

54 롤러로 문질러 확실히 압착한다

55 입구 심B, 입구 심C의 끝을 바느질한다. 요철이 드러나지 않도록 30호나 40호의 얇은 실을 쓴다. 바느질 끝은 바느질 시작 2~3땀을 겹친다. 실은 열펜으로 마감한다

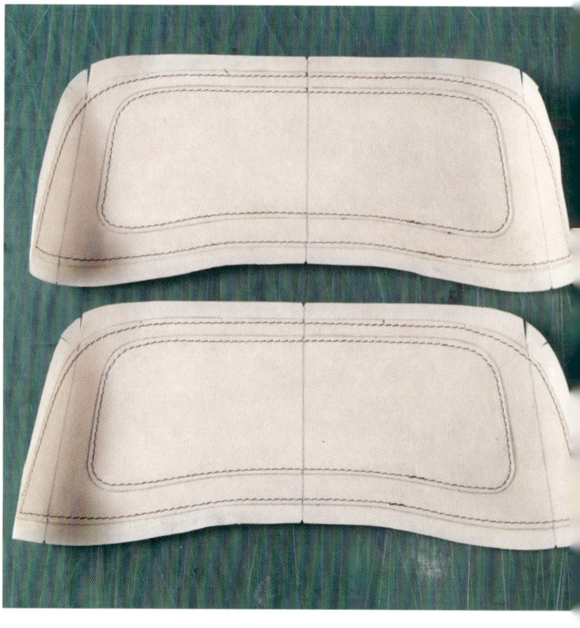

바닥 판을 만든다

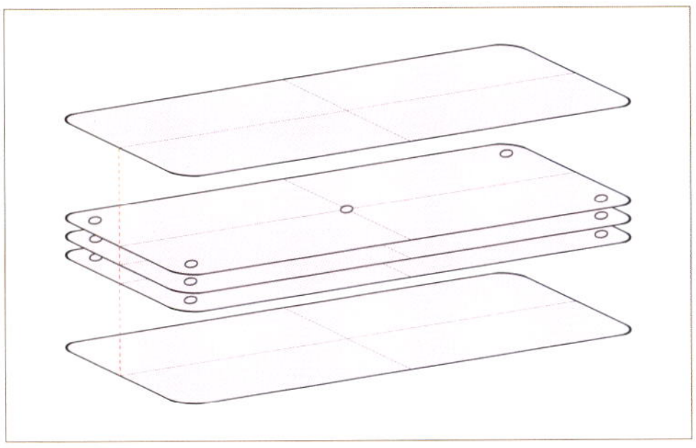

'바닥 판'은 본텍스 네 장, 바이린 한 장, 합계 다섯 장을 겹쳐서 만든다. 여기는 본체 겉을 조립한 뒤 가운데 가방 발을 고정한다

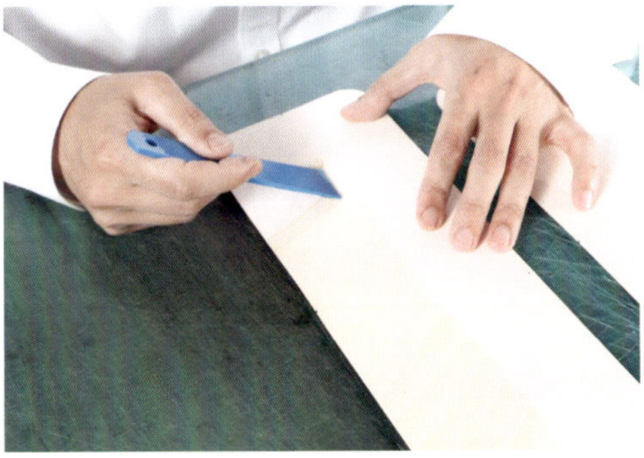

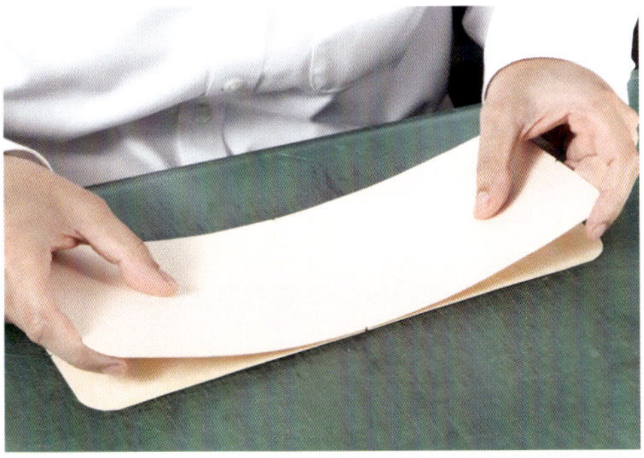

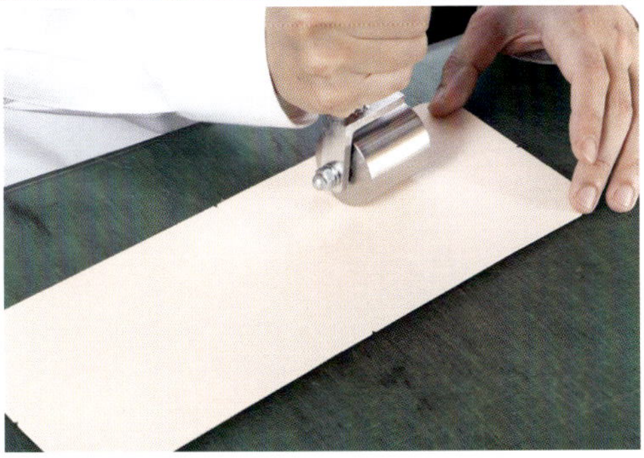

56 세 장의 본텍스를 순서대로 고무접착제를 바른 뒤, 전체 면을 붙이고 롤러로 압착한다

57 세 장 겹친 후 패턴의 '가방발' 위치를 표시하고 그 표시를 중심으로 직격 15mm 구멍을 뚫는다

58 겹쳐 붙이고 구멍을 뚫은 바닥 판과 네 장의 본텍스 한쪽 면에 고무접착제를 바른다

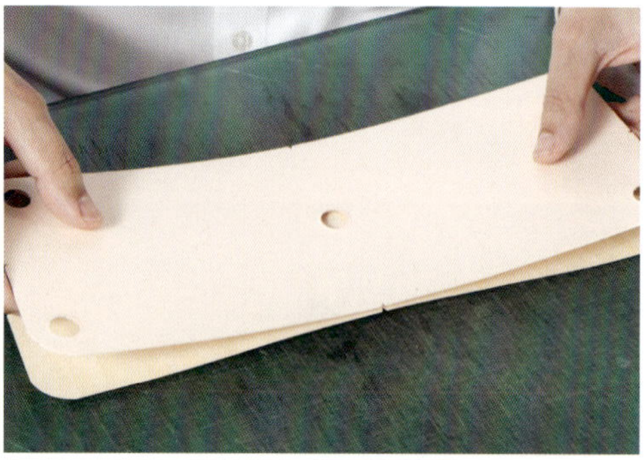

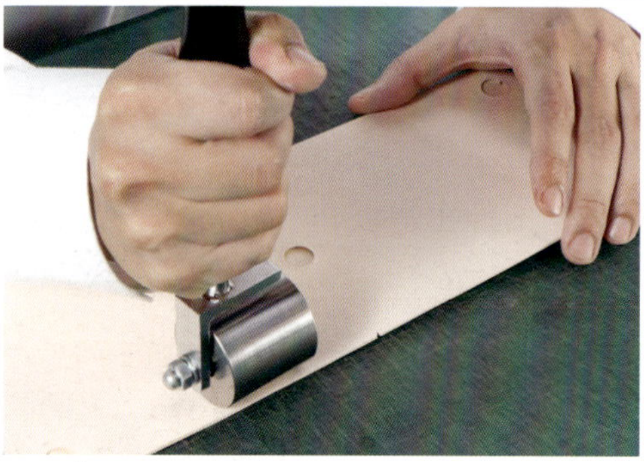

59 맞붙인 뒤 평평하게 압착한다

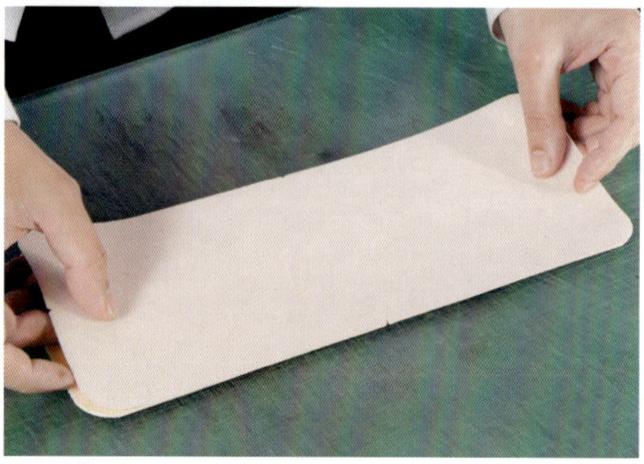

60 네 장 겹친 바닥 판A의 구멍 뚫은 쪽, 또한 바이린의 바닥 판B의 한쪽 면에 고무접착제를 바르고, 붙인다

61 평평하게 압착하고 구멍 부분도 유격이 없도록 붙인다

POINT

네 장의 '바닥 판A' 중 위의 세 장에 구멍을 뚫고 가방발을 고정하는 나사머리를 넣어서 단차를 없앤다. 또한 위에 바이린을 한 장 겹쳐서 나사를 조이는 힘이 바닥 판 전체에 걸리도록 한다(위의 1장이 없으면 나사가 구멍 때문에 흔들려 조이는 효과가 없어진다.

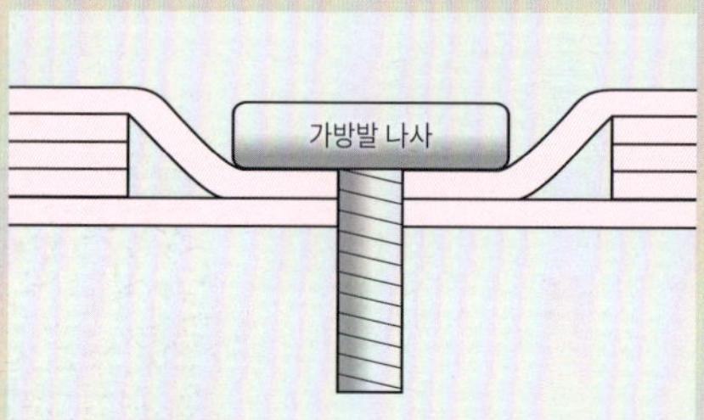

모모 가죽을 만든다

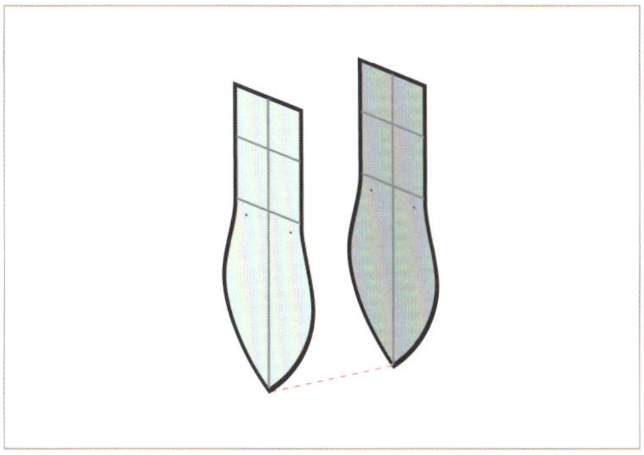

겉과 안, 같은 형태의 '모모' 파츠를 구부려가며 붙이는 범위를 바느질해서 만든다. 구부려 붙이는 부분은 자연스러운 커브가 되도록 한다

62 네 장의 '모모' 뒷면 전체에 고무 접착제를 바른다

63 네 장 모두 겉으로 사용하는 두 장 뒤에 센터에 맞춰 10mm 폭의 보강 테이프를 바른다. 아쪽은 12mm 정도 비워둔다

64 보강 테이프의 위에도 고무 접착제를 바른다커

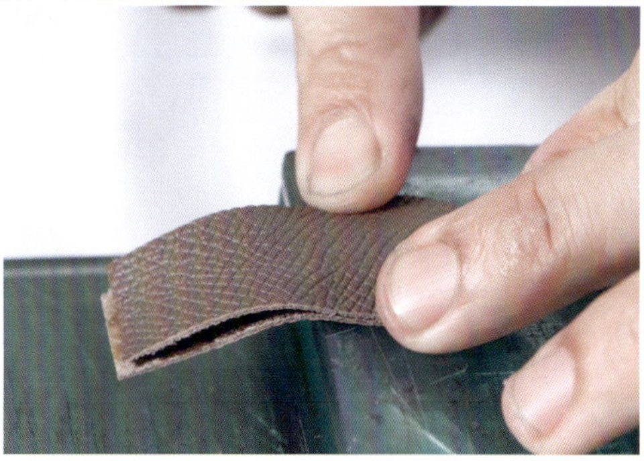

65 앞의 넓은 부분만 꼭지점과 모서리를 맞춰 붙이고 뒤쪽을 평평하게 한 후 겉에서 누른다

POINT

붙이는 쪽이 조금 구부러지기 때문에 고무판의 단차 등을 이용해서 그 부분만 띄우면서 안쪽 모모(보강 테이프를 붙이지 않은 쪽)을 평평한 상태로 누른다.

66 구부려가면서 붙인다

67 '모모 본체 가죽'을 테두리에서 3mm 띄우고 겉쪽으로 겹친다

POINT

이 때, 다는 쪽 짧은 단면은 무시해도 된다. 양 사이드부터 끝 쪽의 테두리에 균등하게 3mm 씩 간격을 둔 상태로 놔둬도 된다.

68 본체를 누른 채로 테두리를 맞춰 가죽을 잘라낸다

69 잘라낸 후 겉에서 패턴을 겹치고 '바느질 끝'을 표시한다

70 바느질 끝에 바늘을 찔러넣고 1땀 돌아서 바느질해서 바느질 끝으로 돌아온다. 여기서 반대쪽까지 바느질한다. 끝낼 때도 1땀 더 간 후 돌아와서 바느질 끝에서 끝낸다

POINT

이 모모를 손잡이와 동일하게 본체에 달아서 사용하도록 바느질 시작과 끝에 여분의 실을 길게 늘여놓는다.

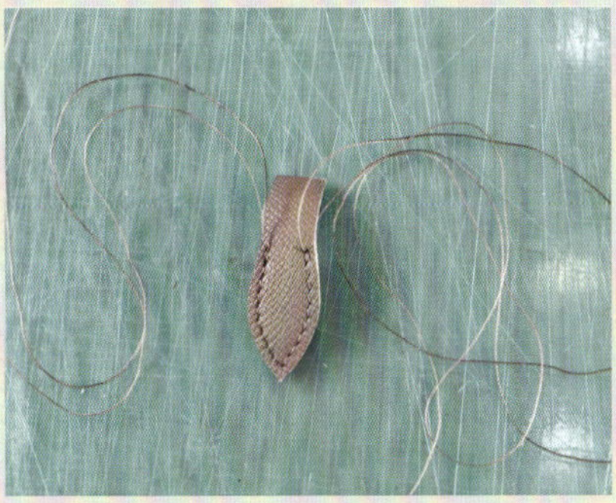

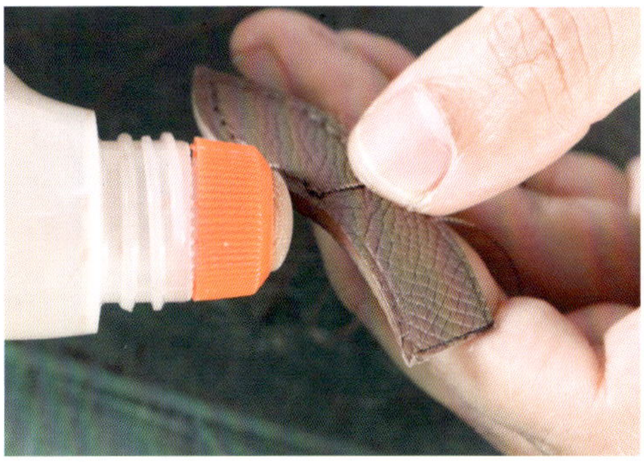

71 장식선을 긋고 단면을 마감한다

72 동일한 순서루 모모를 두 개 만든다

본체 겉을 조립한다

여기까지 만든 본체 겉의 파츠를 조립한다. 삼차원의 깔끔한 커브를 만들기 위해서는 심재를 붙이는 등의 작업을 정확하게 해야 한다.

바닥 겉에는 파이핑, 본체 겉에는 손잡이와 입구 심을 달고, 바느질해서 백의 형태를 만들어나간다

바닥 겉에 파이핑을 단다

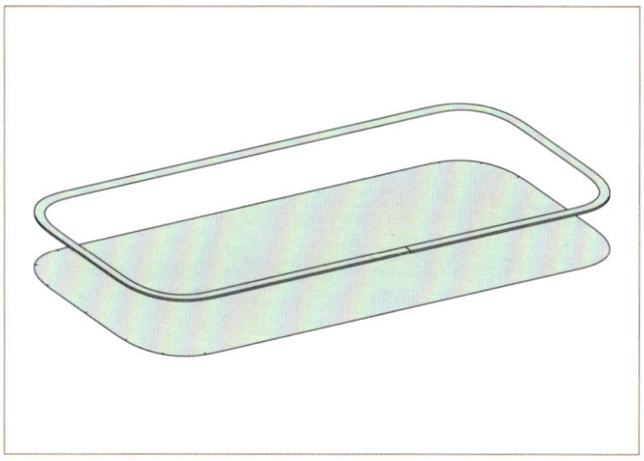

파이핑은 폴리심을 넣지 않고 붙여서 만드는 타입. 140페이지에 자세하게 설명하고 있다. 바닥 겉에는 끝을 연결해서 둥근 상태로 붙인다

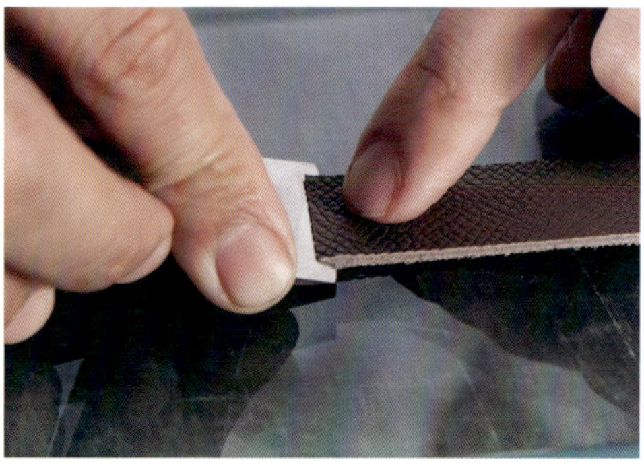

01 파이핑 한쪽 끝을 10mm 정도 폭으로(눈대중도 OK) 사선피할 해서 은면 두께를 제로로 만든다(제로 피할)

POINT

피할하는 것은 바닥면 쪽이지만, 사진처럼 은면을 위로 해서 피할하고 가죽 겉에서 구두칼을 사선으로 끊는 방식으로 피할한다. 은면쪽 시작점이 정확한 직선이 되기 때문에 깔끔하게 연결할 수 있다.

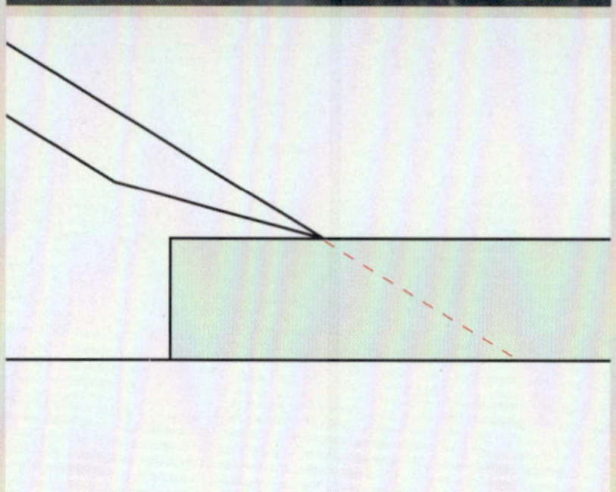

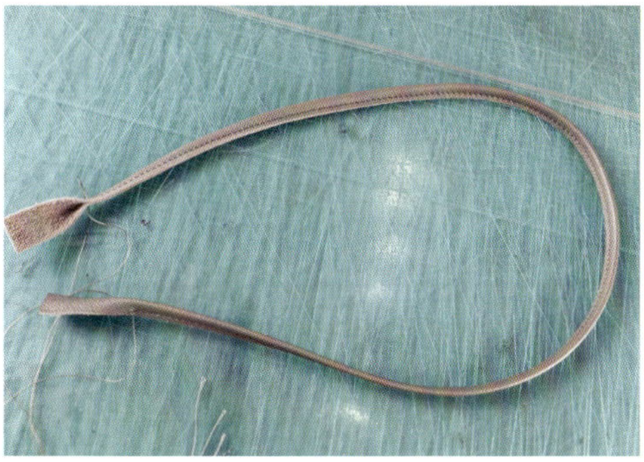

02 붙이지 않고 테두리를 나란히 놓고 반으로 접는다. 양 끝 5cm 정도(눈대중으도 OK)를 피할하고 바느질 폭 3mm로 박는다

POINT

붙이지 않고 가봉하는 것 만으로 파이핑의 접은 부위가 부풀어올라 심을 넣은 것처럼 보인다. 여기가 납작해지면 파이핑 스타일이 나빠지므로 두께가 있는 가죽을 쓰는 것이 좋다.

03 파이핑의 제로 피할한 쪽 끝을 맞추고 가봉과 동일한 위치에서 박는다. 1땀 돌아온 후 전진한다. 폭은 4mm

POINT

바닥 겉의 센터에 파이핑 양 끝을 연결하기 때문에 파이핑의 피할한 끝을 센터 홈에 맞춰 연결한다 (사진의 붉은 원). 바느질 폭은 4mm 정도로 한다.

04 직선부의 끝까지(홈 위치까지)는 파이핑을 구부리거나 당기지 않고 테두리를 맞추며 바느질해서 연결한다

05 곡선구간은 바늘 바로 옆에 확실히 가이드를 놓고 테두리를 댄다. 파이핑을 조금 당기면서 바느질한다(곡선구간이 끝나고 직선 구간이 되면 당기는 것을 멈춘다)

POINT

'파이핑을 조금 당기면서'의 뜻은 가방의 꼭지점을 확실히 보여주기 위해서 중요한 포인트이다. 다음 페이지 공정 12의 사진 참조. 곡선구간의 테두리를 맞추며 파이핑을 바느질하는 포인트는 이 책 57페이지, 141페이지를 참고하면 된다.

06 원래 위치까지 바느질하고, 센터 홈보다 5cm 앞에서 1땀 되돌아서 바느질을 끝낸다

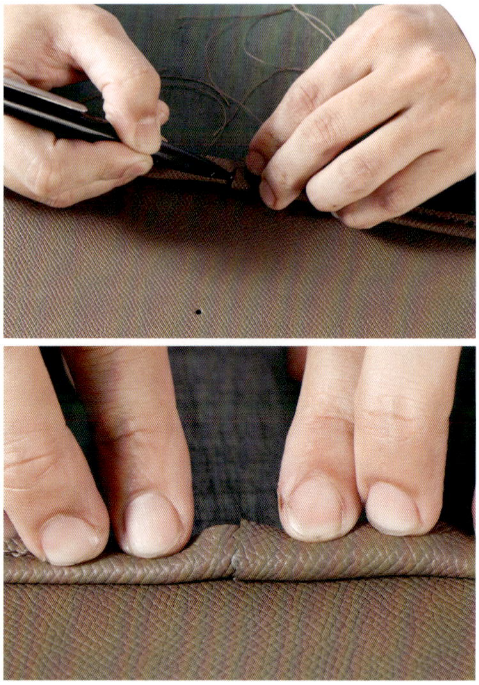

07 파이핑 바느질이 끝나는 쪽 단이 바느질 시작 쪽 단 안으로 들어가게 겹친다. 바로 연결하지 않고 먼저 표시한다

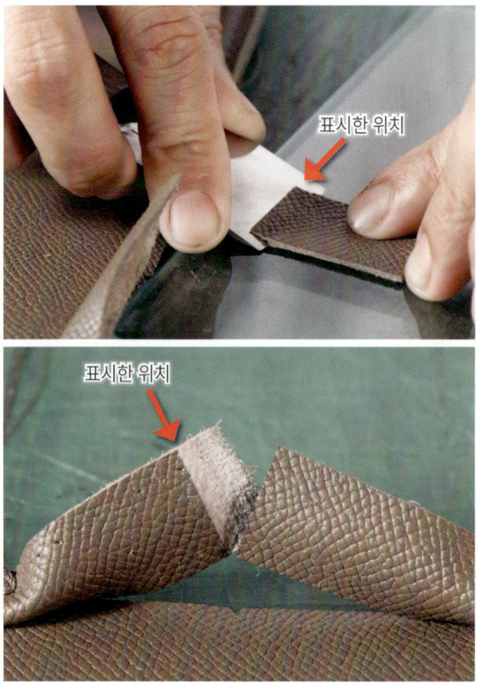

08 최초의 제로 피할(180페이지 공정 01)과 동일하게 표시부터 바닥면 쪽 끝이 두께가 제로가 되어가게 피할한다

09 피할한 면에 고무 접착제를 바르고 은면이 0.5~1mm 겹치도록 한 후 파이핑 양 끝을 붙여서 맞춘다

POINT

가죽의 바닥이 완전히 감춰지도록 은면을 0.5~1mm 정도 겹친다.

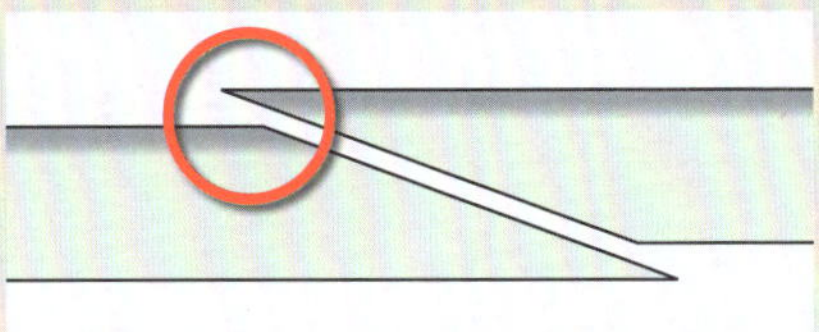

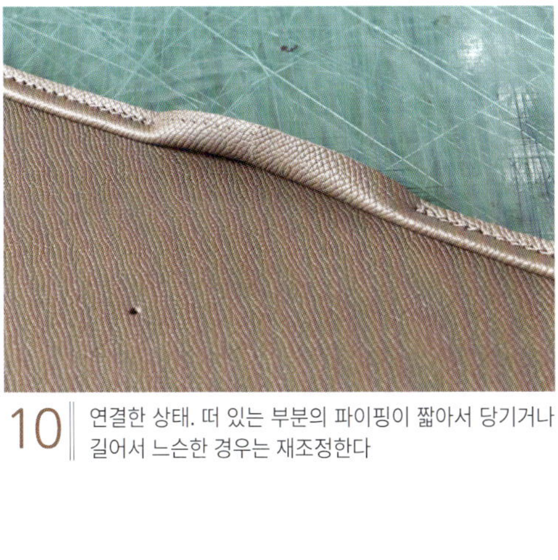

10 연결한 상태. 떠 있는 부분의 파이핑이 짧아서 당기거나 길어서 느슨한 경우는 재조정한다

11 파이핑이 떠 있는 부분을 바닥과 테두리를 맞춰서 바느질한다

12 한 바퀴 바느질한 상태. 테두리가 딱 맞게 연결되어 면이 되는 것이 이상적. 곡선 구간은 파이핑을 당기면서 바느질하기 때문에 원상태로 돌아오려는 힘으로 바닥 겉이 부풀어올라 고급스러운 형태가 된다

본체 겉에 입구 심을 붙인다

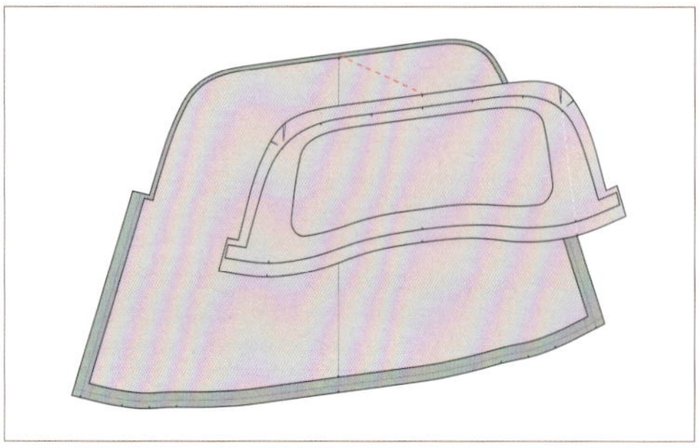

'본판 겉'에 세 장 붙인 '입구 심'과 '손잡이'를 붙인다. 손잡이의 손바느질이나 입구심을 입체감 있게 붙이는 방법과 포인트를 설명한다

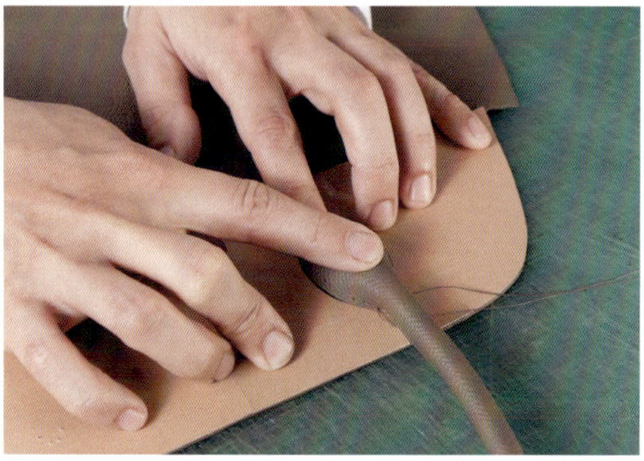

13 본체 겉 입구의 테두리에 맞춰 '손잡이 다는 패턴'을 겹치고 실제 손잡이를 놓고 형태가 맞는지 체크한다

14 맞다면 '손잡이 다는 패턴'의 잘린 선을 안쪽에 은펜으로 선을 긋는다

POINT

손잡이를 단 후에 은펜의 선이 보이지 않아야 한다. 사진처럼 은펜을 비스듬히 놓고 그리면 펜이 안쪽에 닿기 때문에 안전하다.

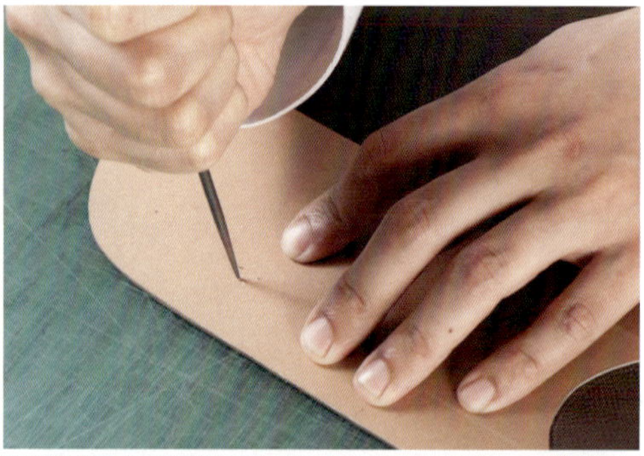

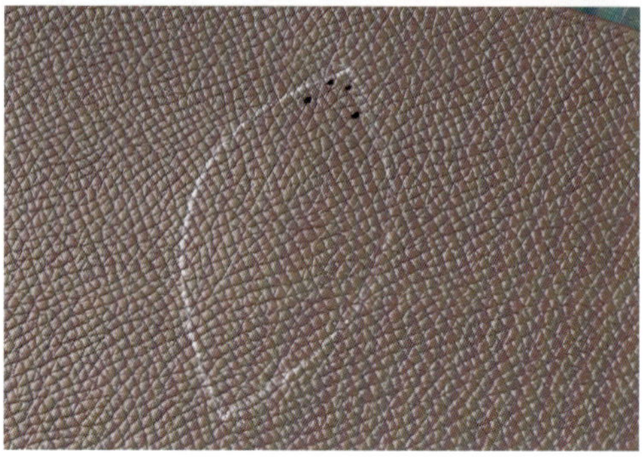

15 추가로 원형송곳으로 점을 4개 찍어서 '바느질 끝'의 표시를 하고 구멍을 뚫는다

16 본체 겉의 뒷면도 동일하게 손잡이 다는 위치의 선을 표시한다. 선은 감춰지므로 안쪽에 그리지 않아도 된다

17 본체 겉 뒷면에 '입구 심A'의 패턴을 겹친다(상단에서 2mm 띄운다). '여기까지 평면'의 위치에 표시한다

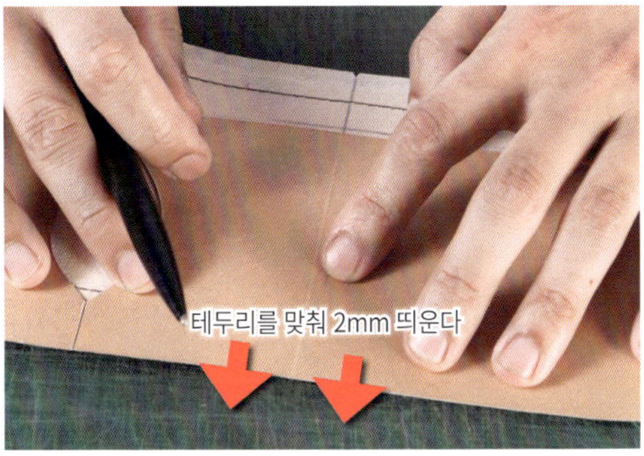

18 입구 앞 심의 겉면(겹쳐 붙이는 면의 반대)에 '손잡이 다는 패턴'을 겹치고 손잡이 다는 위치에 선을 긋는다

POINT

입구 앞 심은 본체 겉의 테두리부터 2mm 띄우고 붙이기 때문에, 손잡이 위치는 2mm 테두리에 가까운 위치에 온다. 먼저 '손잡이 다는 패턴'을 상단의 테두리에 나란히 놓고 겹친다. 여기서 2mm 띄운 상태로 선을 그으면 딱 좋은 위치가 된다.

19 입구 심의 표면, 본체 겉 안면에 '입구 심A'의 패턴에서 '여기까지 평면'의 표시를 한다

20 본체 겉과 안, 손잡이 다는 위치의 선 안쪽의 영역에 고무 접착제를 바른다. 또한 입구의 '여기까지 평면'의 표시보다 안쪽의 영역에 테두리에서부터 1.5mm 간격을 띄우고 6mm 고무 접착제를 바른다

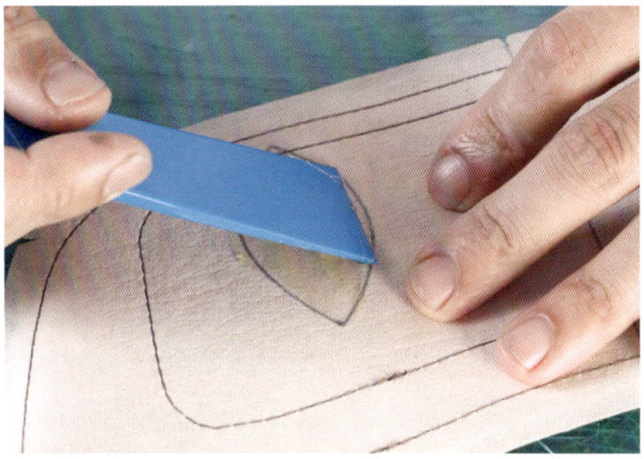

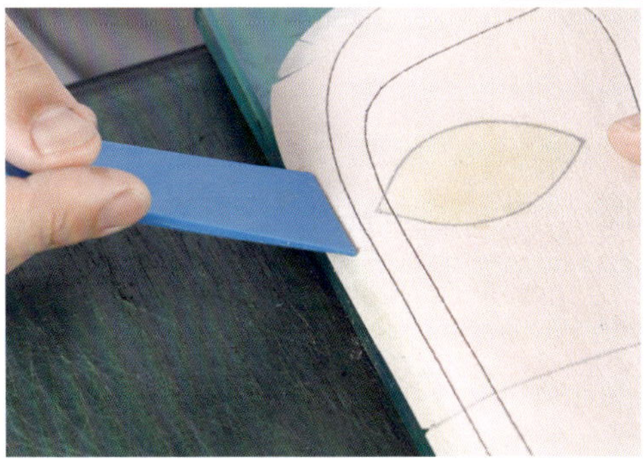

21 입구 앞 심의 겉면은 손잡이 다는 위치의 선 안쪽에 고무 접착제를 바른다. 또한 입구 앞 '여기까지 평면'의 표시보다 안쪽에 폭 6mm 폭으로 고무 접착제를 바른다

22 고무 접착제를 바른 상태. 여기서부터 '여기까지 평면'보다도 안쪽을 평평한 상태로 붙인다

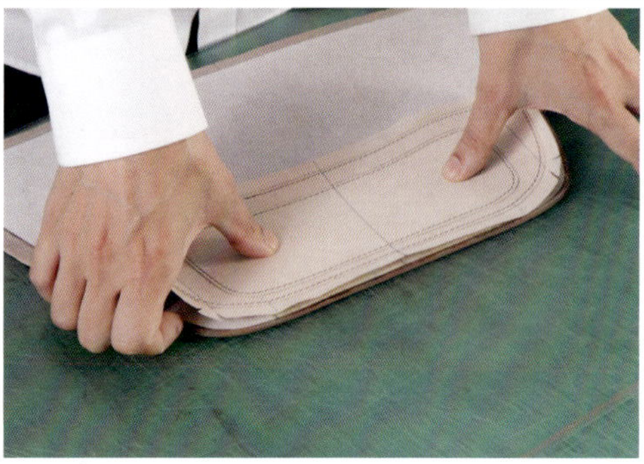

23 센터의 홈을 맞춰 겉면의 테두리에서 2mm 띄워서 입구심을 붙인다. 먼저 '손잡이 다는 위치'의 근처를 누르며 평면으로 붙인다

24 테두리는 안을 향해 살짝 구부리며 붙인다

POINT

테두리에서 2mm 띄우고 붙이는 이유. 구부리면서 붙이면 딱 2mm 간격이 된다.

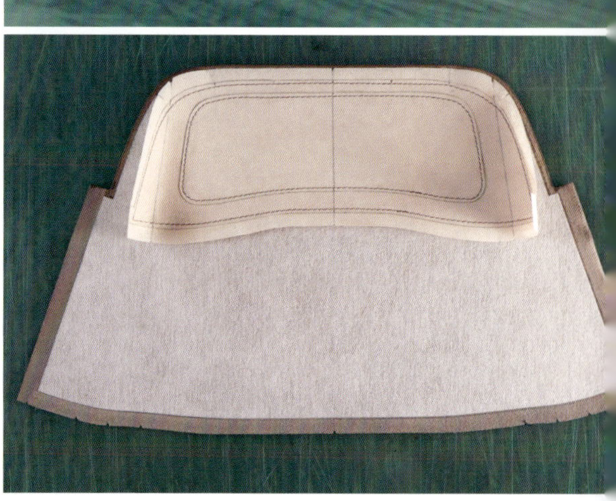

본체 겉에 손잡이를 바느질한다

손잡이를 바느질할 때는 미싱 스티치를 손바느질로 재현하는 방법을 쓴다. 입구 심의 양 사이드를 붙이면 입체로 만드는 작업이 힘들기 때문에, 이 시점에 작업을 한다

25 손잡이를 바느질할 때 남겨둔 실에 바늘을 끼운다. 윗실의 바늘은 바로 빼기 때문에 가볍게만 끼워도 된다

26 먼저 양쪽의 실을 지금 나 있는 구멍에 꽂고 다는 부분 안쪽으로 뺀다

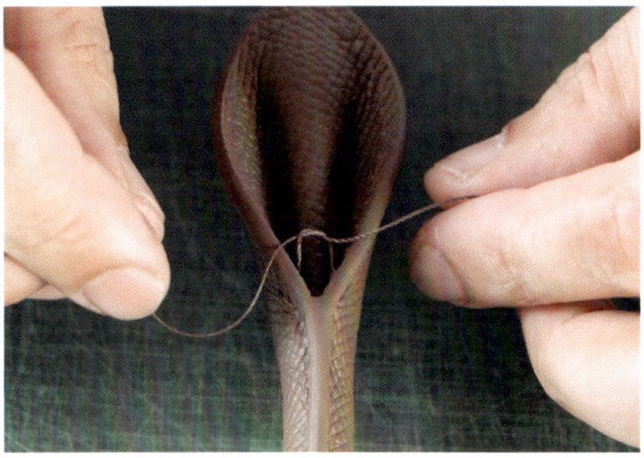

27 다는 부분 안쪽으로 양쪽 실을 묶어서 1땀으로 만든다

28 실을 당겨서 공간을 없애고 2땀째 강하게 묶는다

POINT

실을 당기는 것 만으로는 공간을 없애기 쉽지 않기 때문에 다는 부분을 가죽 등으로 말아서 고정해두면 좋다. 여기서 공간이 남아버리면 손잡이 다는 부분의 실이 느슨해질 가능성도 있으므로 확실히 매어둔다.

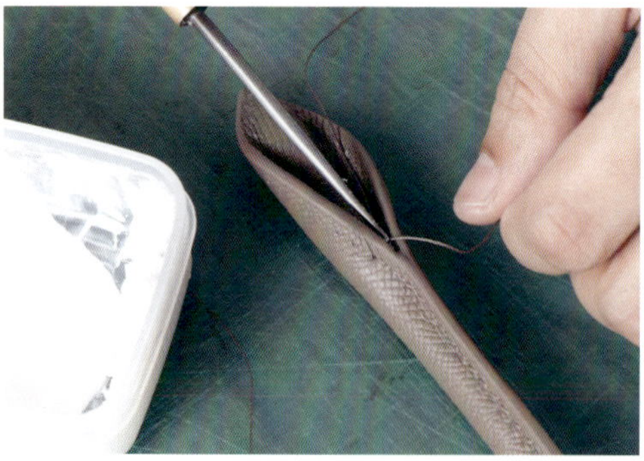

29 묶은 땀에 본드를 바르고 3회 정도 돌려서 실을 확실히 고정한다

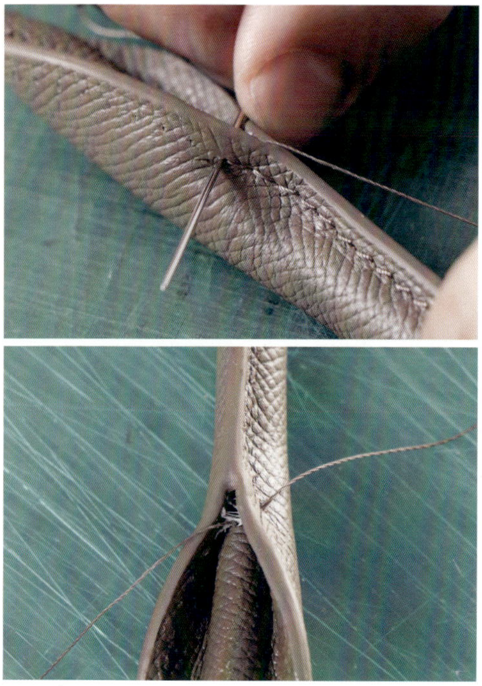

30 이어서 윗실(8번)만을 먼저 윗실 안쪽에 통과한 것과 동일하게 구멍에 통과하고 다시 한 번 밖으로 뺀다

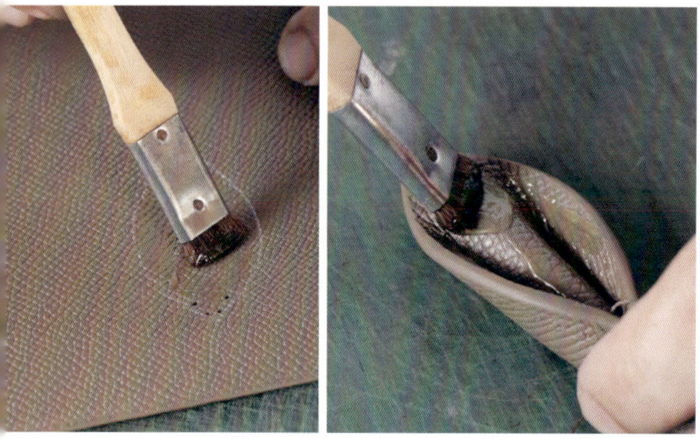

31 이 시점에, 본체 겉의 '손잡이 다는 위치'의 선 안쪽, 손잡이 다는 위치에 고무 접착제를 바른다

32 아랫실(다는 부분 안쪽에 오는 실)을 본체 겉에 뚫어놓은 '바느질 끝' 아랫구멍의 상단에 통과한다

POINT

손잡이를 다는 방향에 주의한다. 형태가 좌우 대칭이 되기 때문에 틀리기 쉬운데, 윗실 쪽이 겉으로 온다. 여기서는 왼쪽을 향해 바느질한다. 오른쪽을 바느질할 때는 실을 통과하는 쪽이 바뀌기 때문에. 192페이지의 공정 46의 설명을 참고하면 된다.

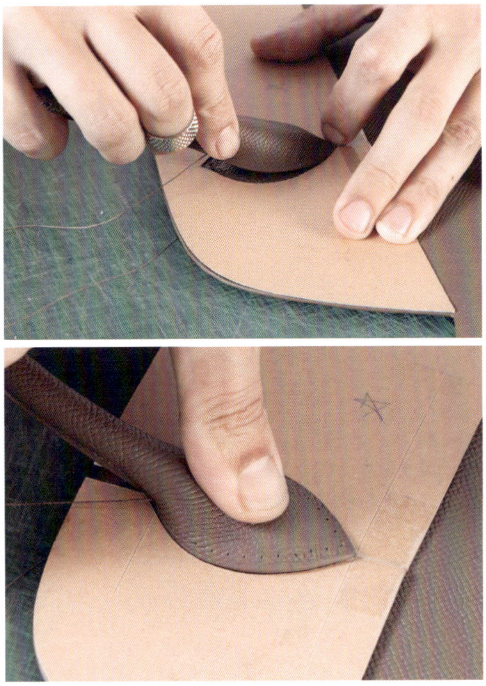

33 '손잡이 다는 패턴'을 겹치고, 먼저 손잡이 끝 위치를 정확하게 맞춘다. 잡는 부분을 연다는 느낌으로 패턴을 맞춘 다음 붙인다

34 안팎에 나와 있는 윗실과 아랫실을 잡고 확실히 당겨서 묶는다. 이 시점에서 윗실의 바늘은 빼도 된다

35 손잡이 다는 부분의 다음 구멍과, 본체 겉의 바느질 끝 하단의 구멍을 마름송곳으로 뚫어서 연결한다(위치가 조금 어긋난다면 바늘을 꽂아 구멍을 맞춘다

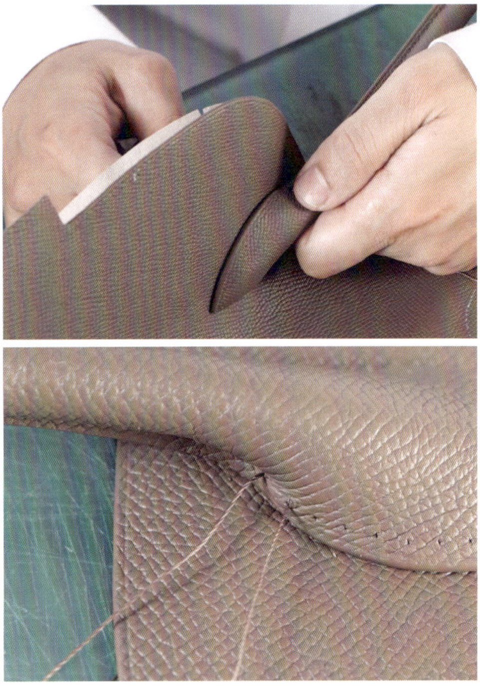

36 이 구멍에 안쪽에 있는 아랫실을 통과해서 밖으로 뺀다

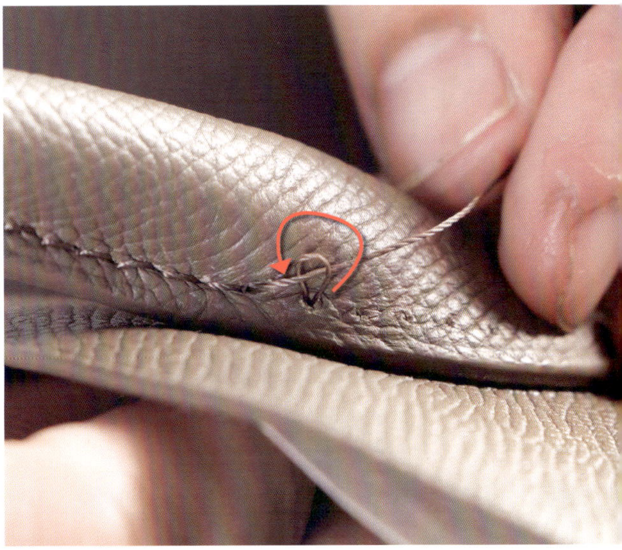

37 겉에 나와 있는 아랫실을 윗실에 매고, 같은 구멍에 통과한다. 묶는 방향은 바느질을 진행하는 방향을 향해 반시계방향으로 돌린다(묶는 방향은 192페이지에서 상세히 설명)

38 상하의 실을 밸런스 좋게 당겨서 묶고, 실을 구멍 안으로 넣는다

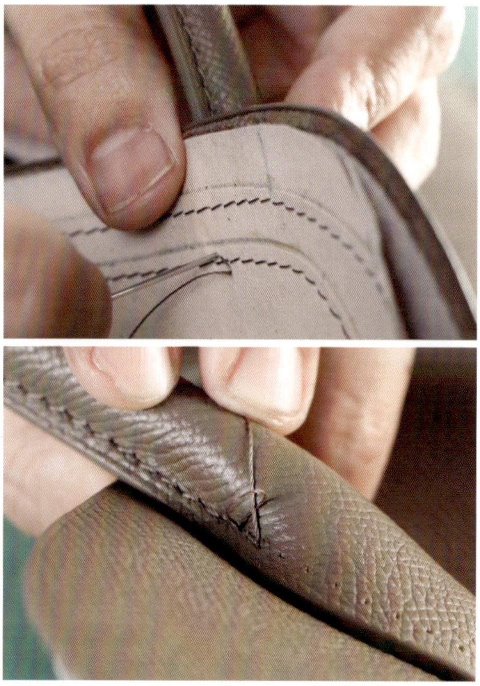

39 반대로 바느질해야 해서 안쪽에 나와 있는 아랫실을 첫 번째 구멍(바느질 끝 상단)에서 겉으로 빼서 먼저 동일하게 윗실에 매어서 안쪽으로 돌린다

POINT

아랫실을 윗실에 메는 방향은 꼭 미싱의 스티치와 맞춰야 한다. 그러지 않으면 기울기가 맞지 않는다. 실을 메는 방향에 대해서는 192페이지에서 설명한다

40 다시 한 번 밸런스를 맞춰 당기고, 실을 구멍에 넣는다. 힘이 걸리는 부분이라 실이 느슨해져서 손잡이에 공간이 생길 수도 있기 때문에 확실히 묶어야 한다

41 여기서부터는 본체 겉에 구멍을 뚫어두지 않았기 때문에 마름 송곳으로 손잡이 쪽 구멍을 관통하면서 바느질한다. 다만, 끝쪽의 꼭지점은 원형 송곳을 사용해서 둥근 구멍을 뚫는다

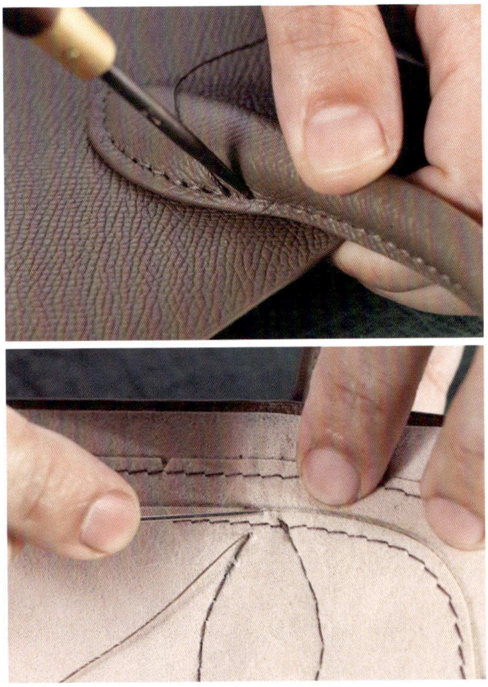

42 반대쪽의 바느질 끝 상단까지 바느질을 진행할 때, 여기서는 손잡이를 바느질한 실이 그대로 남아있기 때문에, 이것을 마름 송곳으로 찌르지 않도록 원형 송곳으로 구멍을 넓혀가며 바늘을 통과한다

43 바느질 끝 상단에서 3땀 돌아와서 바느질하면, 실을 모두 안으로 꺼낸다

44 바느질 땀에 맞춰 본드를 바르고 실을 자른다

45 이상으로 손잡이 달기가 완성

POINT

윗실과 아랫실을 묶어서 미싱과 동일한 스티치로 바느질을 재현한다. 주의할 점은 아랫실을 윗실에 묶을 때, 돌리는 방향을 바느질을 진행하는 방향의 반대로 해서 반시계 방향으로 통일하지 않으면 스티치의 기울기가 맞지 않는다. 188~191페이지에서 설명하고 있는 것은, 본체 겉을 향한 왼쪽의 손잡이라서, 실을 묶는 방향은 [바깥쪽→안쪽]이지만, 오른쪽 손잡이를 바느질할 때는 묶는 방향은 [안쪽→ 바깥쪽]이 된다.

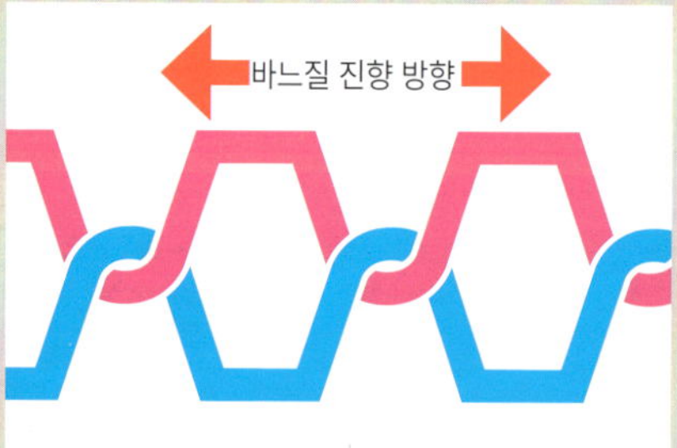

바느질 진행 방향이 어느쪽이든, 아랫실은 반시계 방향으로 윗실에 묶기 때문에 스티치가 일정해진다

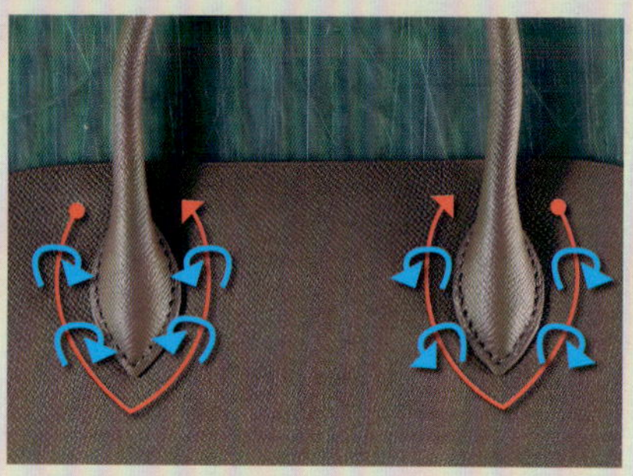

이 그림에서 붉은 화살표가 바느질 진행 방향이고, 푸른 화살표가 실을 묶는 방향이 된다

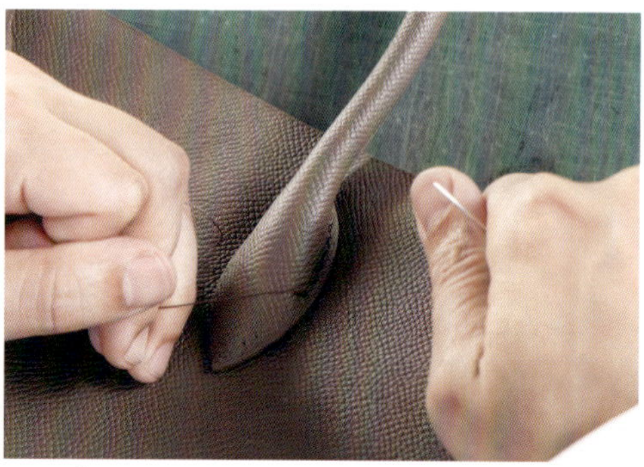

46 위의 POINT 대로, 실을 묶는 방향에 주의하면서 손잡이를 오른쪽으로 바느질한다

47 손잡이의 양 끝을 단 상태. 앞판, 뒷판 모두 동일한 순서로 손잡이를 단다

입구 심의 양 사이드를 붙인다

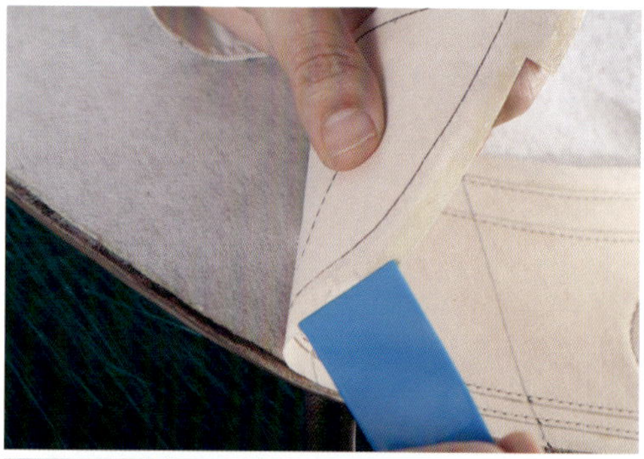

48 붙이지 않고 떠 있는 상태의 '입구 심'의 양 사이드를 붙인다. 입구 심의 테두리에 6mm 폭으로 고무 접착제를 바르고, 앞판 겉 입구의 테두리에는 1.5mm 띄우고 6mm 폭으로 고무 접착제를 바른다

49 먼저 입구 심의 끝 꼭지점이 되는 부분(사진 위의 붉은 원)을 붙인 다음, 안쪽을 향해 붙여나간다. 입구 심은 통상 본체 겉 입구의 테두리에서 2mm 띄운다

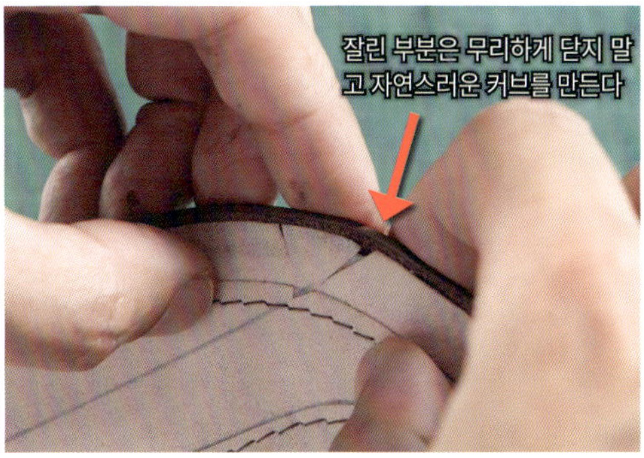

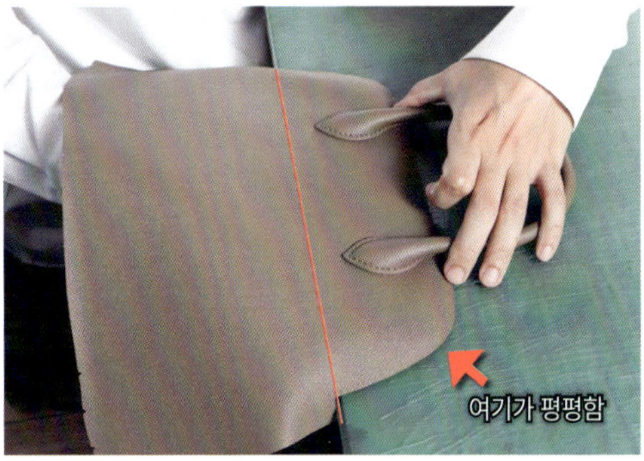

50 본체 겉과 입구 심의 치수가 다르기 때문에 본체 겉이 안쪽에 말려 들어가듯 커브가 생긴다. 형태를 유지하면서 정확하게 붙이고, 입구 안쪽의 라인이 면이 되듯 만든다

POINT

입구 양 끝을 잇는 라인(사진의 붉은 선)의 단면이 이런 모양이 되도록 설계되어 있다.

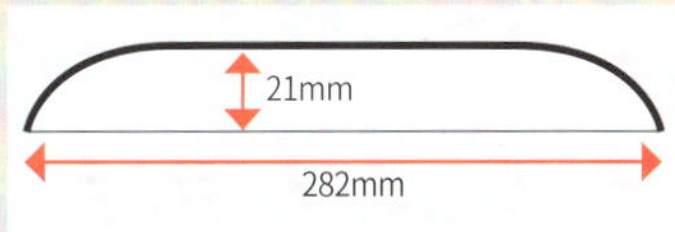

앞판과 뒷판을 연결한다

앞뒤 양 사이드에 있는 장방형으로 튀어나온 부분을 겹쳐서 붙이고 바느질한다. 앞판과 뒷판이 원통형으로 연결된다

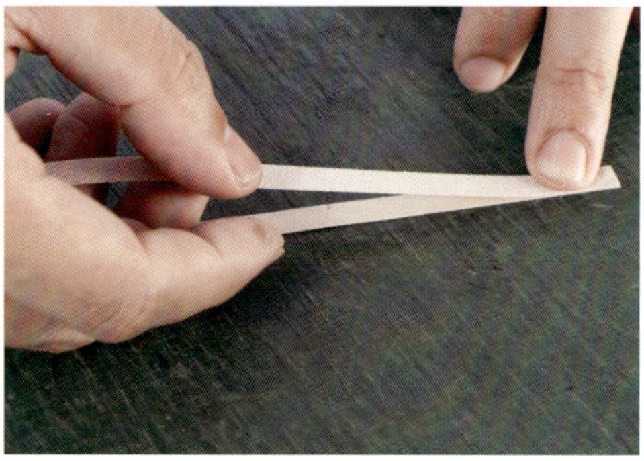

51 '본체 겉 사이드 심'은 0.4mm 두께의 바이린 3장을, 피할한 면을 동일한 방향으로 늘어놓고 맞춰서 붙여서 1.2mm로 만든다. 동일한 방법으로 2장 만든다

POINT

여기서 본체 사이드를 한쪽씩 바느질하는데, 먼저 '앞판 왼쪽'과 '뒷판 오른쪽'을 연결한다. 왜냐하면 원통형이 된 상태에서 바느질할 때(196페이지 공정 61), 역순으로는 미싱에 거는 공간이 줄어들어 작업이 까다롭기 때문이다.

52 뒷판 사이드(겹칠 때 아래로 가는 쪽)의 튀어나온 부분에 12mm 폭으로 고무 접착제를 바른다. 또한 사이드 심의 피할하지 않은 면에 고무 접착제를 바른다

53 테두리에서 상단은 2mm, 긴 변은 4mm 띄우고 '본체 겉 사이드 심'을 붙인다(피할한 면을 바깥으로 향하게 한다). 붙일 때는 본체 겉의 테두리의 물결을 눌러주기 위해 자 등의 도구로 맞춰서 직선으로 붙인다

POINT

앞판과 뒷판에 고무 접착제의 바르는 방법이 다르다. 바르는 폭은 두 쪽 다 12mm 폭이지만, 붙일 때 뒤쪽이 되는 '뒷판'은 테두리부터 바른다, 앞쪽이 되는 '앞판'은 테두리에서 2mm 띄우고 바른다

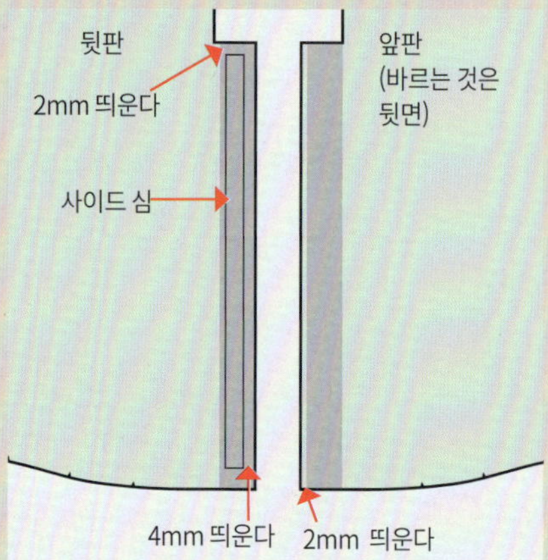

54 앞판의 사이드(위에서 겹쳐 붙이는 쪽)는, 뒷면에, 테두리에서 2mm 띄우고 12mm 폭으로 고무 접착제를 바른다(단, 상하단은 끝까지 바른다)

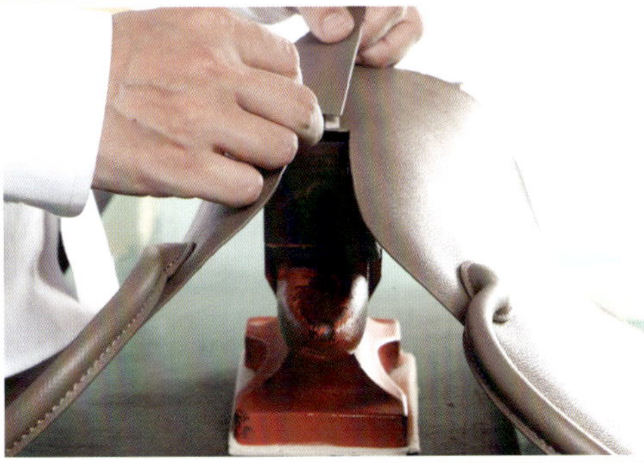

55 본체 겉 사이드 심 위에 전부 고무 접착제를 바르고, 튀어나온 부분의 꼭지점과 아래의 홈을 맞춰 평면으로 붙인다. 앞판, 뒷판 모두 테두리가 직선이 되므로 주의. 입체적인 디자인이므로 적당한 높이의 작업대 위에 띄워 놓고 붙이면 작업이 쉽다

56 미싱의 가이드를 앞판 쪽 테두리에 걸고 하단에서 상단을 향해 폭 2.5mm와 11.5mm 2 라인을 바느질한다(미싱의 가이드와 바늘 간격을 맞춰 정확하게 바느질 폭을 설정한다)

57 상단은 테두리에서 2.5mm 간격을 두고 하단은 테두리까지 바느질한다. 1땀 돌아와서 바느질한 뒤 열펜으로 마감한다

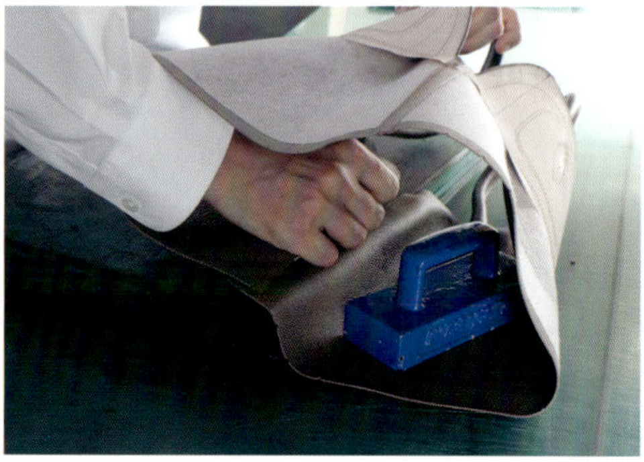

58 본체의 반대쪽도 동일하게 연결하는데, 가운데 입체적인 형태를 만들 때는 단차나 무게 있는 물건을 올려놓으면 도움이 된다

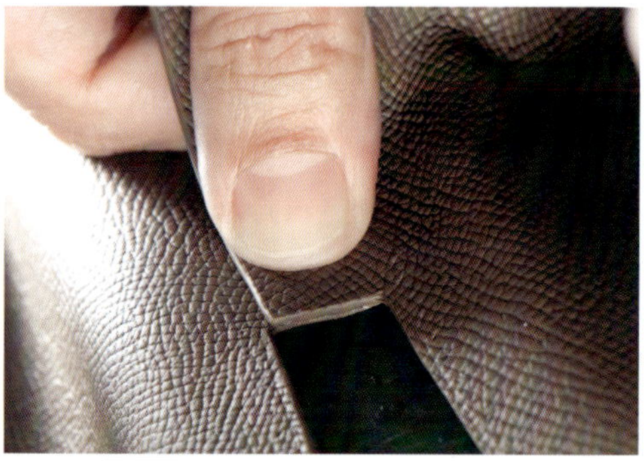

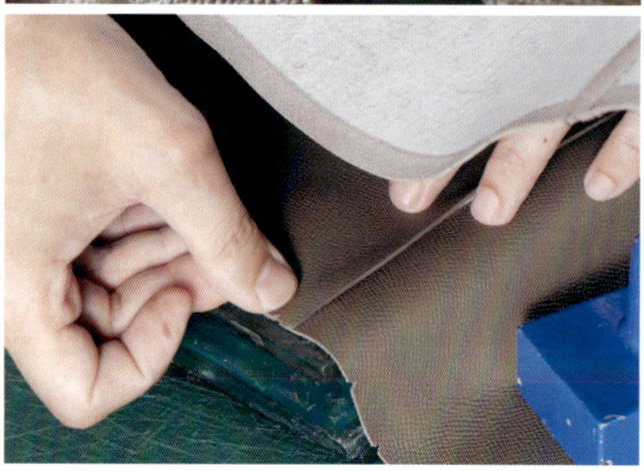

59 튀어나온 부분 꼭지점과 바닥 홈을 나란히 하고 붙인다. 앞판, 뒷판 모두 테두리가 직선이 되므로 주의한다

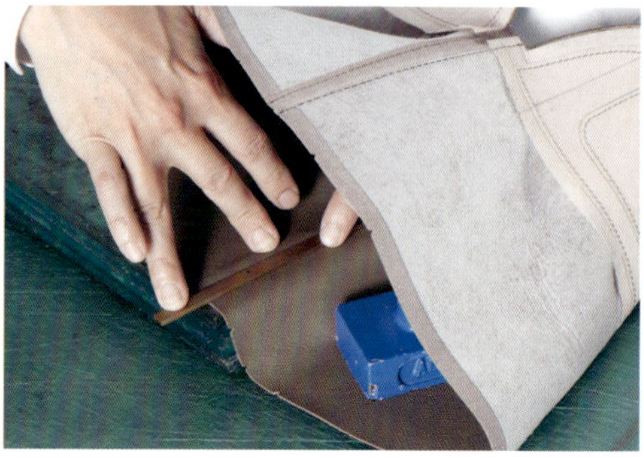

60 이쪽을 붙일 때도 테두리가 물결치기 쉽기 때문에 자 등의 도구를 써서 반듯하게 붙인다

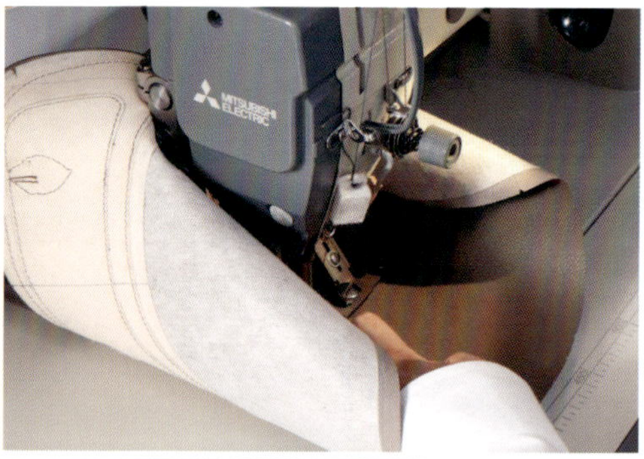

61 앞서와 동일하게 앞판의 테두리부터 폭 2.5mm, 11.5mm의 두 라인을 바느질한다. 이번에는 위에서 아래를 향해 바느질한다

본체 겉과 바닥 겉을 바느질한다

본체 겉과 바닥 겉의 테두리를 나란히 하고 바닥 쪽을 위로 행해 바느질해서 봉투 형태로 만든다. '바닥 판'에 '가방발'을 단다

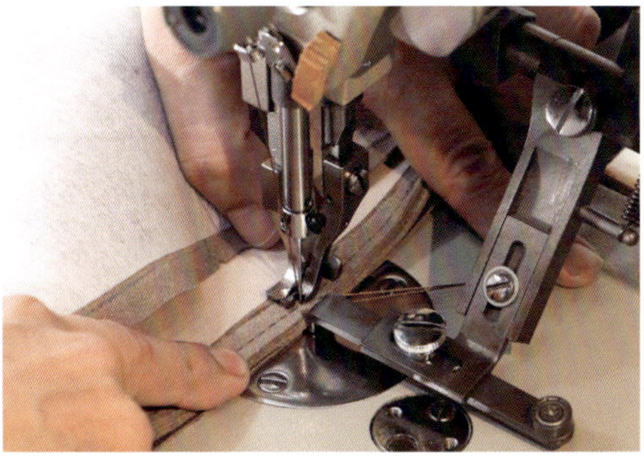

62 본체 겉과 바닥 겉은 붙이지 않고 손으로 누르며 미싱의 가이드 부분에 테두리를 나란히 놓고 바느질한다. 먼저 본체 겉과 바닥 겉, 둘 다 뒷판 쪽 센터 홈을 맞춰 겹친 후 언저리에서 바느질을 시작한다(바닥 겉 본체 쪽은 파이핑을 연결한 쪽). 바느질 폭은 5mm(파이핑 가봉 부분 1mm 안쪽)

63 이대로 테두리와 홈을 맞춰서 한 바퀴 바느질한다. 커브 부분은 파이핑 쪽을 조금 당기면서 바느질하면 뒤집었을 때 본체 겉이 부풀어 오르는 듯한 인상을 준다

POINT

홈을 맞추면서, 입체적으로 바느질하는 테크닉은 '2WAY 숄더 토트 백'의 61 페이지 공정 33부터 62페이지 공정 35까지에서도 설명하고 있으므로 참고한다.

64 바느질 끝부분은 실이 느슨해질 수 있으므로 한 번 당겨서 4~5번 겹쳐 박고 열펜으로 마감한다

65 본체 겉과 바닥 겉을 조립한 형태. 좌우 대칭이 되고 전체적으로 무너진 곳이 없는지 체크한다

66 뒤집기 전에 바닥 겉 심의 위에 고무 접착제를 바른다

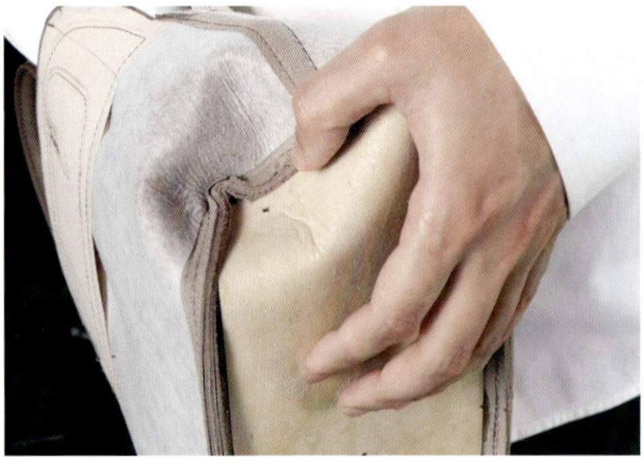

67 고무 접착제를 조금 건조한 다음 본체 겉을 뒤집는다

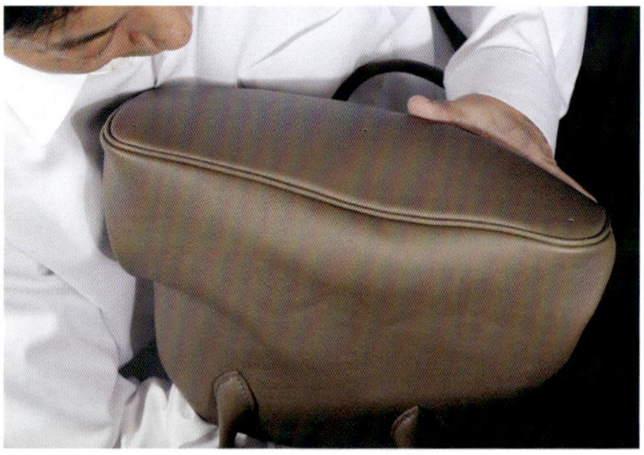

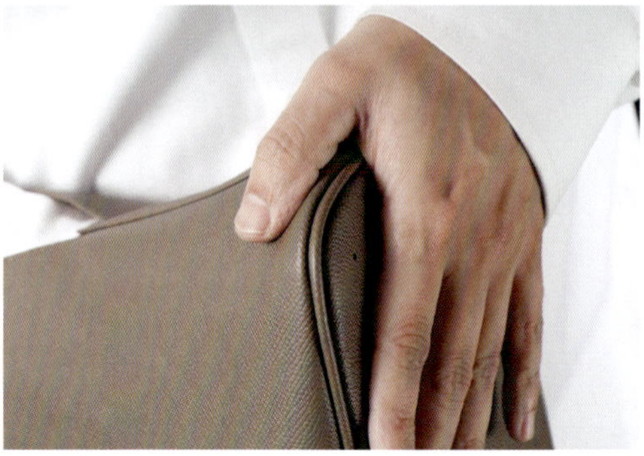

68 본체를 뒤집은 후 바닥의 바느질 땀을 확실히 안까지 눌러서 파이핑의 방향이 균등하도록 조절한다

바닥 판을 붙인다

69 바닥 판의 안쪽 면(본텍스 쪽)에 고무 접착제를 바르고, 본체 안에 집어넣는다

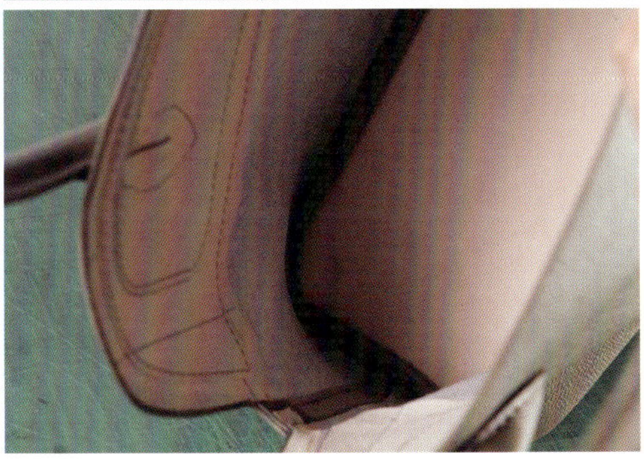

70 바닥 겉 심과 바닥 판은 동일한 형태이기 때문에 테두리를 맞춰서 붙인다

가방발을 단다

71 미리 바닥에 뚫어둔 5개의 가방발 구멍을 원형 펀치로 바닥 판까지 관통한다

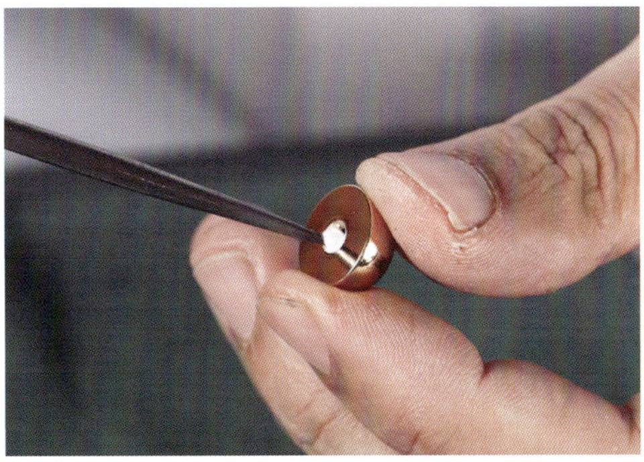

72 가방발을 달기 전에 나사 구멍에 본드를 살짝 묻혀서 확실히 고정한다. 여기서는 나사형태를 사용했기 때문에 본체 안쪽에서 드라이버로 고정해서 완료한다

POINT

만약 징 형태의 가방발을 쓴다면 박을 때 안쪽을 지지대 위에 올려놓아야 한다. 하지만 가방이 봉투 형태여서 아래의 사진처럼 긴 지지대가 필요하다. 시중에서 구하기 힘들기 때문에 나사 형태의 가방발을 쓰는 것이 낫다.

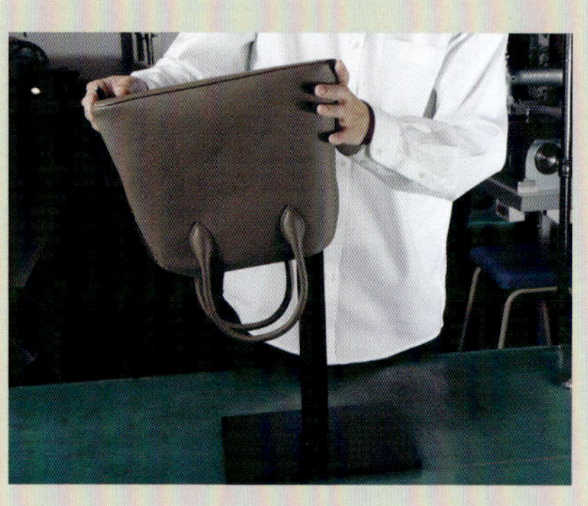

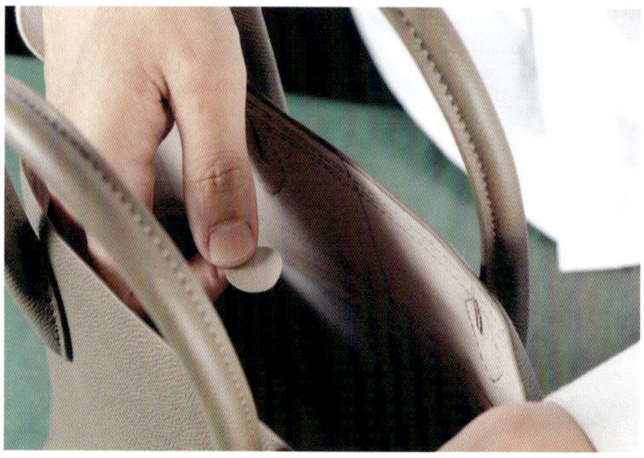

73 가방발의 요철이 바닥 안에 나오지 않도록 나사 머리의 위에 안감 소재나 심재로 만든 패치를 붙인다

74 다섯 개의 가방발을 달면 본체 겉이 완성된다. '입구 심', '본체 겉 사이드 심', '바닥 겉 심', '바닥 판' 등의 파츠가 골격이 되어서, 겉판만으로도 가방 형태가 완성된 것을 알 수 있다

모모 가죽을 단다

75 바느질 끝의 구멍의 바로 옆(테두리에서 4~5mm 위치)에 원형 송곳으로 하나씩 구멍을 뚫는다. 또한 아랫실은 크게 묶은 후 잘라낸다

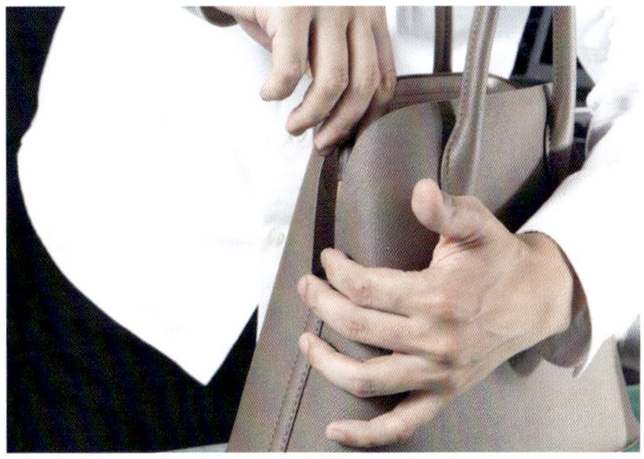

76 모모 뒷면의 붙이는 부분 쪽, 끝에서 8~9mm에 고무 접착제를 바른다. 본체 입구의 단(안쪽)에도 10mm 폭에도 고무 접착제를 바른다

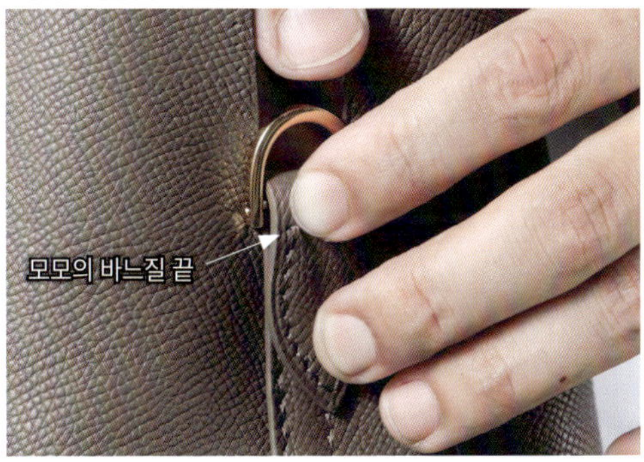

77 사용하는 D링을 통과하고 본체 겉 입구에 뚫어 놓은 아랫 구멍의 하단(테두리에서 2.5mm 위치)와 모모의 바느질 끝 높이에 맞춘다. 이 상태로 D링이 흠집나지 않도록 감싸서 안쪽을 10mm 정도 폭으로 붙인다(겉쪽 위치를 우선해서, 붙이는 폭울 조절한다)

POINT

모모의 바느질 끝 높이가 본체 겉 사이드의 바느질 땀의 끝(위의 테두리에서 2.5mm)에 오는 상태로 바느질한다. 다만, D링이 꽉 끼거나 느슨해지지 않도록 안쪽 폭을 잘 조절한다

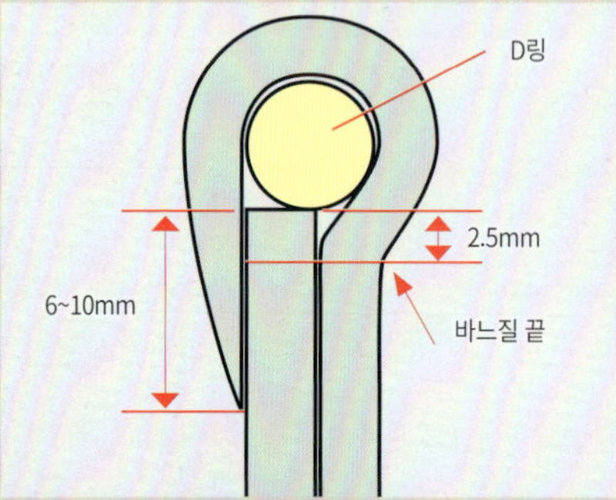

78 본체 겉 사이드 바느질 땀의 상단을 연결하듯 바로 옆으로 바느질하고, 모모를 고정한다

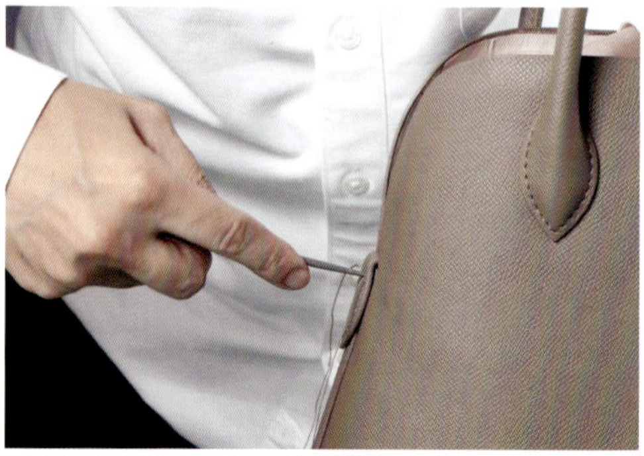

79 공정 75에서 뚫어둔 구멍을 본체 겉~안쪽의 모모까지 관통하듯이 원형 송곳으로 찌른다. 또한 같은 높이로 가죽의 바깥쪽에도 원형 송곳으로 구멍을 뚫는다

80 남은 윗실에 바늘을 꽂고 바느질 끝의 안쪽에 바깥에 뚫어둔 원형 구멍을 3~4개 뚫는다. 이 땀은 마지막에 입구를 바느질할 때 바느질 땀이 된다

81 윗실을 안쪽으로 당기고 아래로 빼서 본드로 붙인다

82 D링을 통과하고 붙인 상태를 체크한다

본체 안의 파츠를 만든다

본체 안은 파츠가 많지 않기 때문에 여기서 하는 작업은 '본체 안 포켓', '본체 안 입구 심', '바닥 안', '지퍼 틀'의 밑 준비 정도다.

본체 안 포켓을 만든다

01 '본체 안 포켓'의 안쪽 면 전체에 고무 접착제를 바르고, 센터 홈을 기준으로 반을 접어서 붙인다

02 롤러로 평평하게 압착한다

03 '본체 안 포켓 목형'을 접는 선에 나란히 겹친다. 접는 선 이외의 세 변을 목형대로 잘라낸다

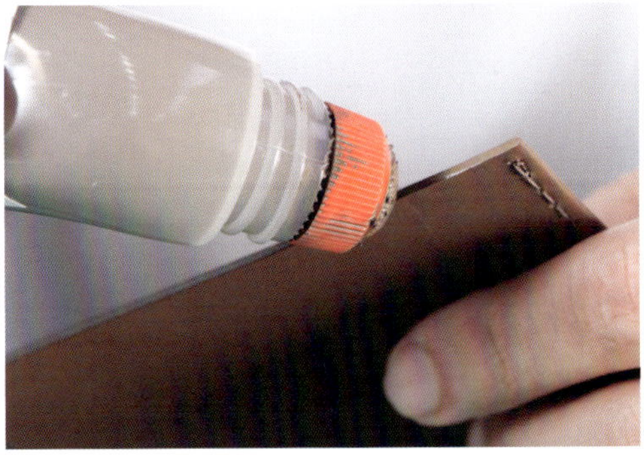

04 접는 선 쪽을 2.5mm 폭으로 바느질하고, 장식선을 긋는다. 다른 세 변은 장식선 테두리를 남기고 마감한다

본체 안 입구 심을 만든다

05 '본체 안 입구 심A'의 겉면(피할한 면 = 가방 바깥쪽을 향함)에 패턴의 '보강 테이프 붙이는 위치'를 참고하면서 40mm 폭의 보강 테이프를 붙인다. 40mm 폭의 테이프가 없다면 두께 0.3mm 이하의 천으로 대신해도 된다

06 본체 안 입구 심A의 겉면에 센터 라인과 '본체 안 입구 심B'의 붙이는 위치를 표시하고 붙이는 위치 안쪽에 고무 접착제를 바른다

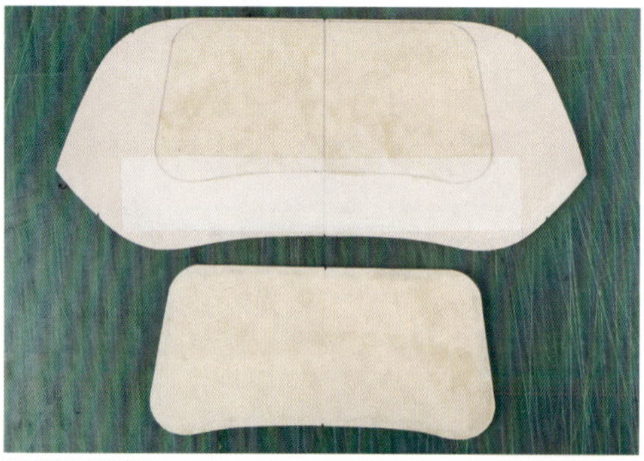

07 '본체 안 입구 심B' 한쪽 면(피할하지 않은 면)에 고무 접착제를 바르고, 선에 맞춰 붙이고 둘레를 바느질한다

08 붙인 쪽 면 입구에 컴퍼스로 테두리에서 8mm 폭의 선을 긋는다(지퍼 선이 된다)

바닥 안을 만든다

09 '바닥 안' 겉면에 십자의 센터 라인, 심재 붙이는 위치의 선을 긋고, 그 안쪽과 '바닥 안 심'의 한쪽 면에 고무 접착제를 바른다

10 선에 맞춰 바닥 안 심을 붙이고, 롤러로 압착한다

지퍼 틀을 만든다

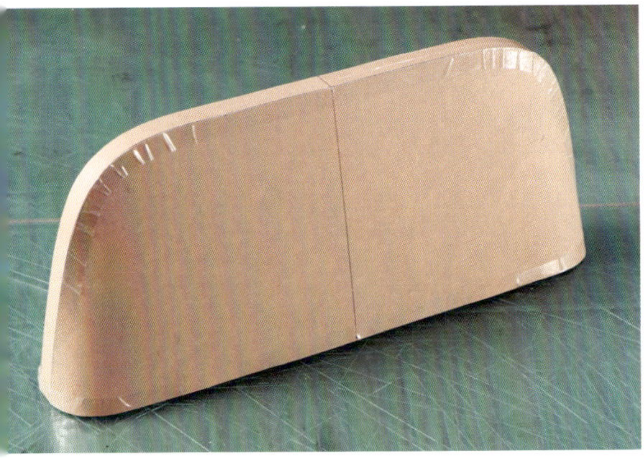

지퍼 틀은 지퍼를 입체적으로 붙이기 위한 도구이다. 프로 작업자는 목형 틀 등을 가지고 있으나, 여기서는 누구나 쉽게 사용할 수 있게끔 두꺼운 종이로 만드는 방법을 소개한다

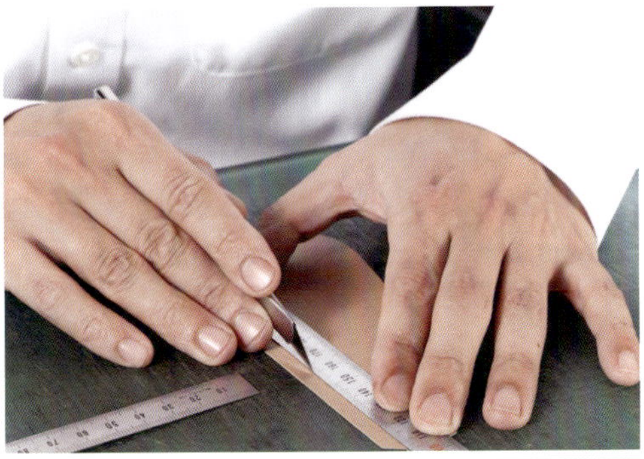

11 지퍼 틀의 '중앙 기둥'과 '옆 기둥'의 바깥으로 접는 선에 커터로 접는 선을 긋고 지지대의 모서리 등을 활용해서 정확하게 접는다

12 바깥 접기로 전부 접은 상태. 이 두 종류의 기둥이 틀을 지지하고 가방의 형태를 유지한다

13 지퍼 틀의 '본체' 2장과 '윗판'에는 센터 라인을 그어둔다(양면에 긋는다)

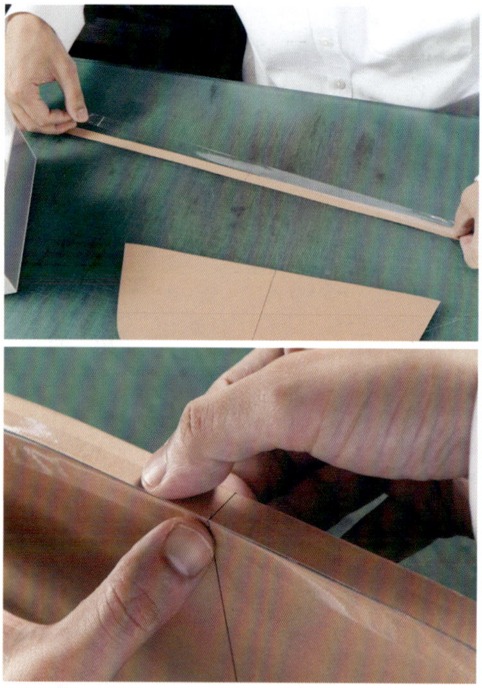

14 '윗판'의 한쪽 사이드에 셀로판 테이프를 붙이고 센터 라인과 테두리를 맞춰 '본체'의 윗단에 여유를 두지 않고 맞붙인다

15 이대로 단까지 붙여나간다. 이음매에 여유가 생기지 않도록 확실하게 테두리를 맞춘다

16 윗판은 길게 설계했기 때문에 본체의 하단에 비어져나온 부분은 테두리에 맞춰 잘라낸다

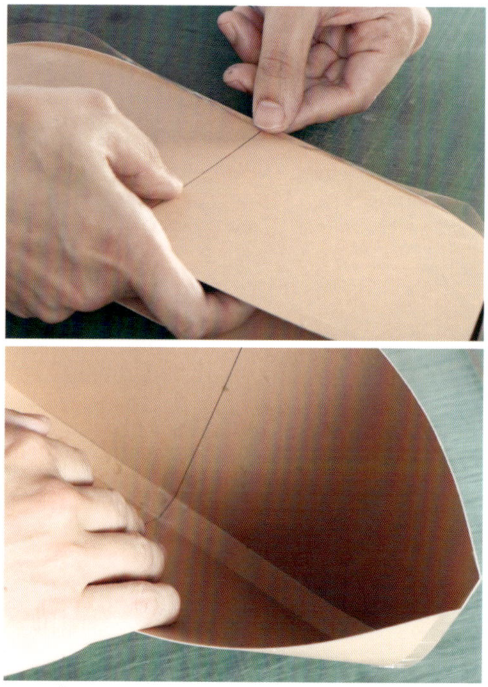

17 윗판의 다른 한 방향에도 셀로판 테이프를 붙이고, 다른 1장의 본체도 동일하게 붙인다. 중앙 부분은 옆쪽에서 셀로판 테이프를 붙이고 보강해 둔다

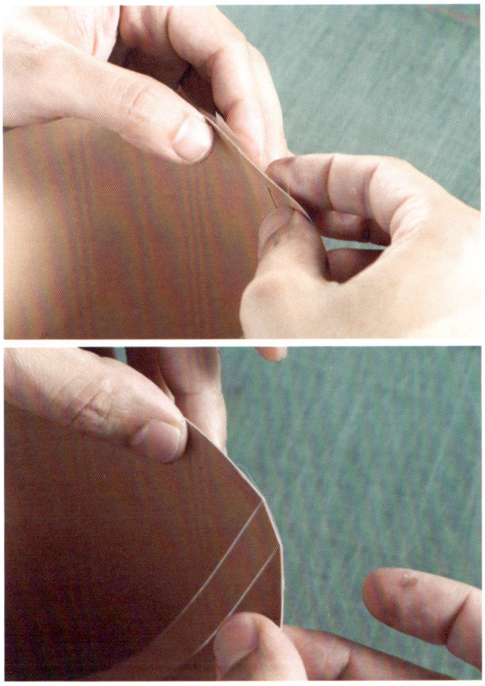

18 하단의 이음매는 테이프를 옆으로 붙여 보강한다

19 본체 사이드의 형태를 '옆 기둥'의 곡선 구간에 맞추듯 형태를 수정하면서 셀로판 테이프로 붙인다(옆 기둥의 곡선 구간의 표시와 본체 윗판의 이음매를 맞춘다)

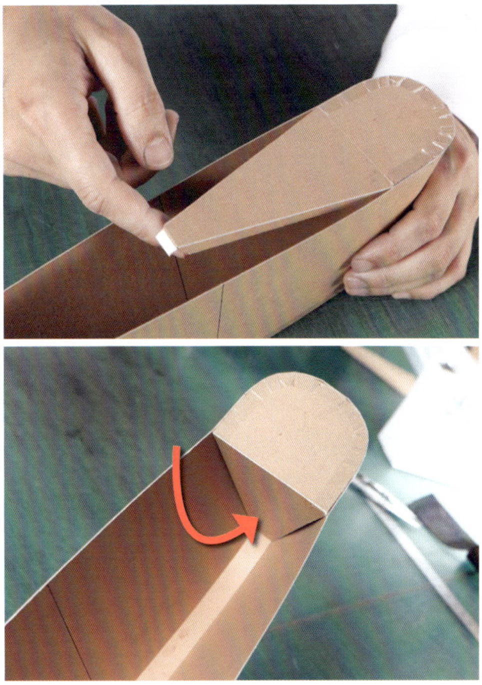

20 옆 기둥의 얇은 단에 5mm 폭의 양면 테이프를 붙이고, 테두리가 접촉해서 자연스럽게 멈출 때까지 눌러준다

21 중앙 기둥의 '맞붙이는 면'의 테두리에 맞춰 양면 테이프를 붙이고, 2개의 기둥을 좌우 대칭으로 맞붙인다

22 맞붙인 부분의 아래를 접고 셀로판 테이프를 붙여 연결한다. 중앙의 정점도 테이프를 붙여서 보강한다

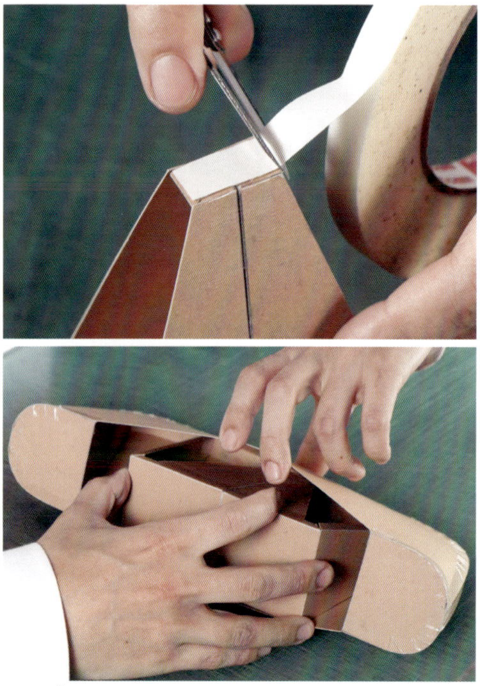

23 좁아진 쪽 끝에 양면 테이프를 붙이고, 본체 가운데 넣는다. 양 사이드의 날개처럼 생긴 부분은 열어둔 상태로 놔둔다

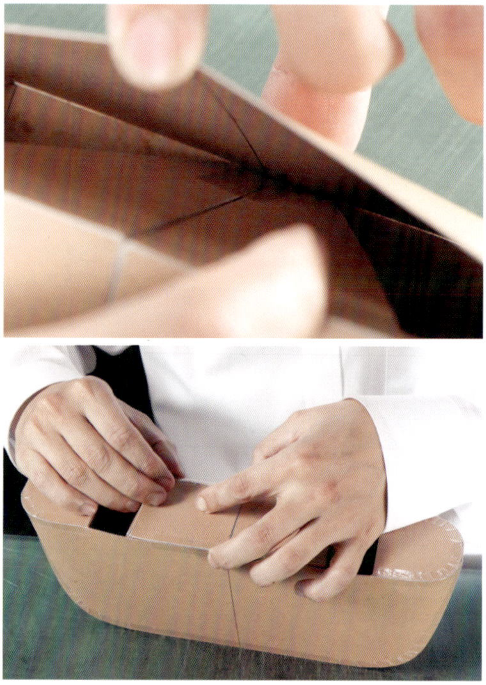

24 중앙 기둥의 끝을 본체 안쪽의 센터 라인에 맞춰 붙인 후, 바깥에서 셀로판 테이프로 고정한다

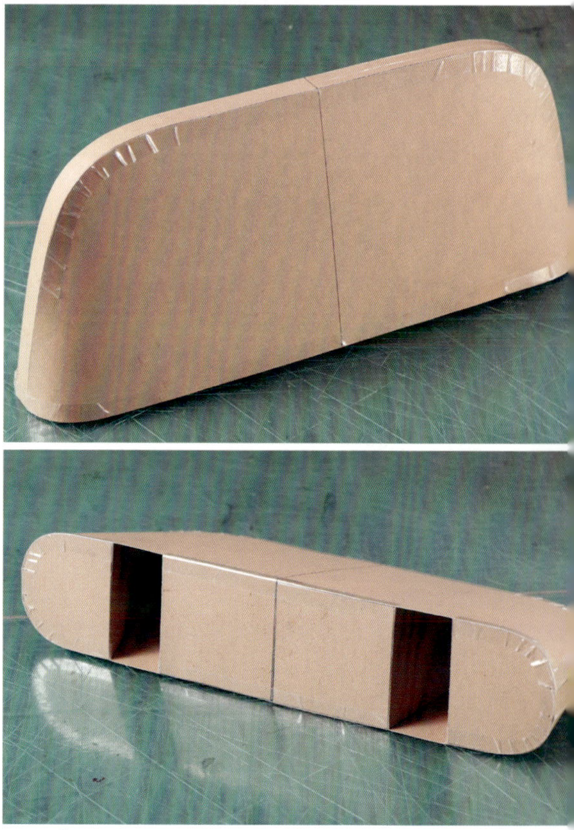

25 중앙 기둥의 양 끝은, 본체의 안쪽에 테두리가 닿아 자연스럽게 멈추는 곳을 누른다. 붙이는 방법이나 누르는 각도가 어긋나서 곡선이 맞지 않는지 체크한다. 바닥의 형태도 잘 맞는지 바닥 패턴에 대서 맞춰본다

본체 안을 조립한다

본체 안을 중심으로, 입구 심, 지퍼, 바닥 안을 붙이면서 조립해나간다. 지퍼 틀을 사용한 지퍼 달기가 포인트이다.

본체 안에 입구 심과 포켓을 만든다

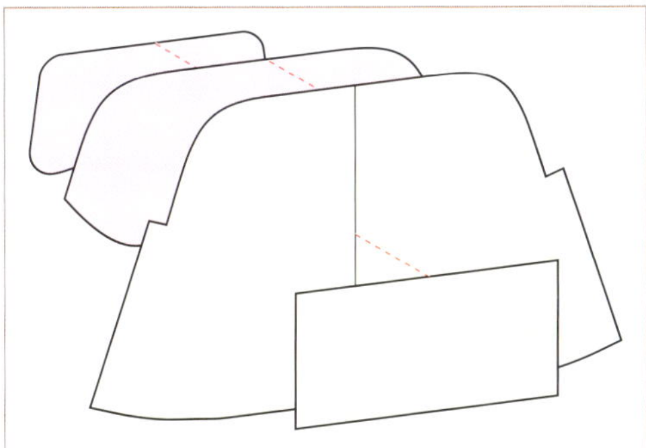

본체 안에 있는 입구 심 중앙의 평평한 부분만을 붙인 상태에서 본체 안 포켓을 달고 마지막에 양 사이드를 구부려 붙인다

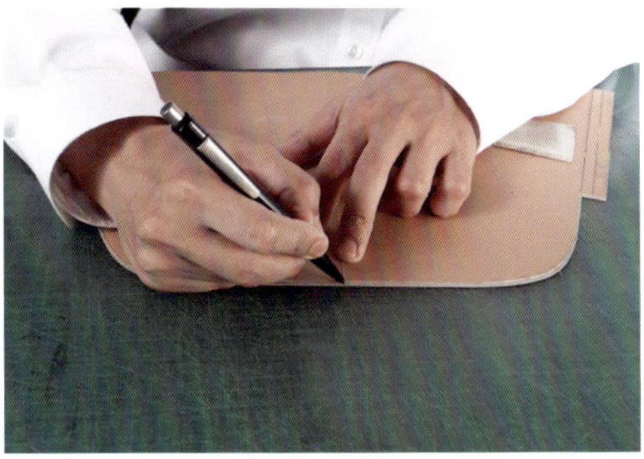

01 본체 안 뒷면의 입구에 패턴의 센터에 맞춰 표시한다. 또한 본체 안 입구 심을 센터를 맞춰 겹치고 입구 심B의 양 사이드 연장선상에 표시한다

02 입구 심B의 연장선상은 양 사이드의 직선을 위로 연장했을 때 입구와 교차되는 위치이다

03 본체 안 뒷면의 입구와 입구 심 뒷면(입구 심B을 붙이지 않은 면)의 입구에, 6mm 폭으로 고무 접착제를 바른다

04 입구 심B의 연장선상에 표시한 점에서 바깥은 붙이지 않기 때문에. 종이를 대고, 안쪽만 평평하게 붙인다

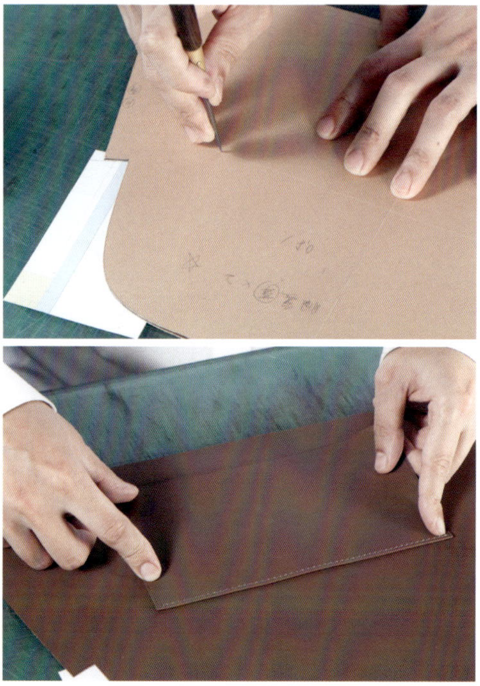

05 패턴을 대고 본체 안 포켓 다는 위치의 네 꼭지점을 표시한다. 본체 안 포켓의 바닥 변만 2mm 폭의 양면 테이프를 붙이고, 표시에 맞춰 붙인다(94페이지의 공정 36과 동일한 요령)

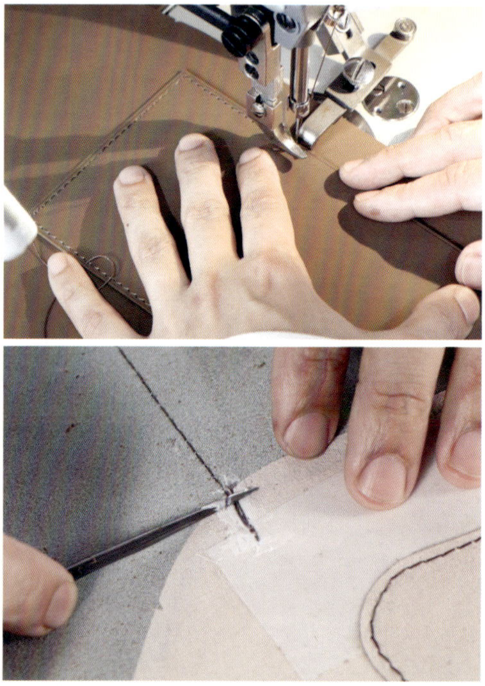

06 포켓 사이드의 바닥 변만 ㄷ자 모양으로 바느질한다. 바느질 시작과 바느질 끝은 3땀 돌아와서 실이 안쪽으로 나오게 끝낸 뒤 본드로 마감한다

07 포켓을 단 상태. 포켓 바느질 땀 상단이 보강 테이프 사이에 두고 입구 심B의 바느질 땀과 이어진다. 이렇게 하면 포켓의 바느질이 단단해진다

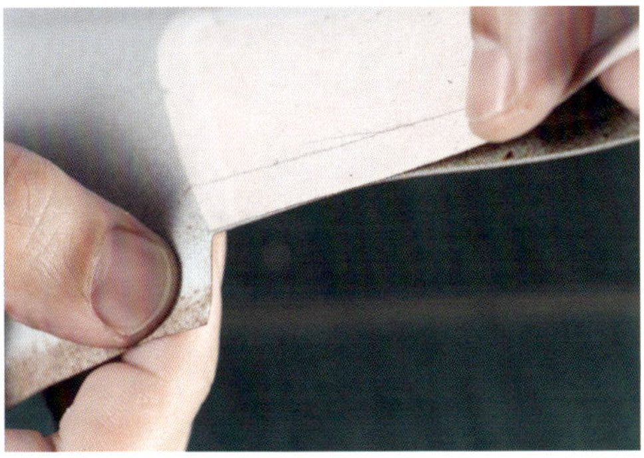

08 끼워둔 종이를 떼고 입구 심의 모서리를 본체 안 입구 끝, 내각 부분에 대고 붙인다

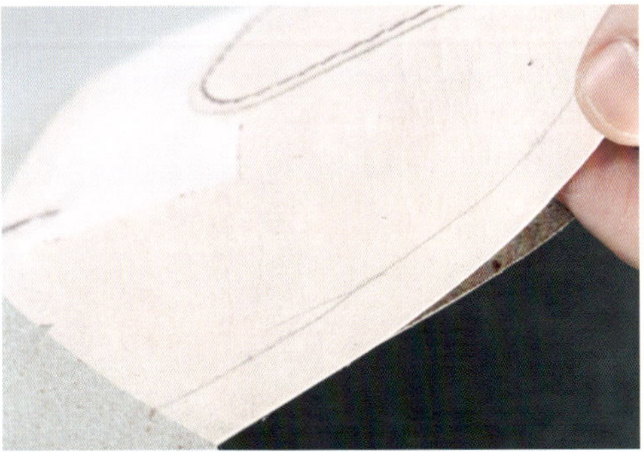

09 여기서부터 테두리를 맞춰 붙여 나가면, 입구 심 쪽이 치수가 길어서 조금 뜬 상태가 된다

10 뜬 부분이 접촉할 수 있게끔 입구 심의 '구부리기 기준선'을 중심으로 커브를 만들며 붙인다. 고무 접착제를 쓰기 때문에 1시간 이내에 완료해야 한다

POINT

여기는 커브의 자연스러움과 좌우 균형이 중요하다. 구부리는 각도가 급하면 주름이 생기므로 주의한다. 테두리를 딱 맞춰 붙이는 게 힘들다면 아래 사진 처럼 적당하게 붙인 후 잘라내도 된다.

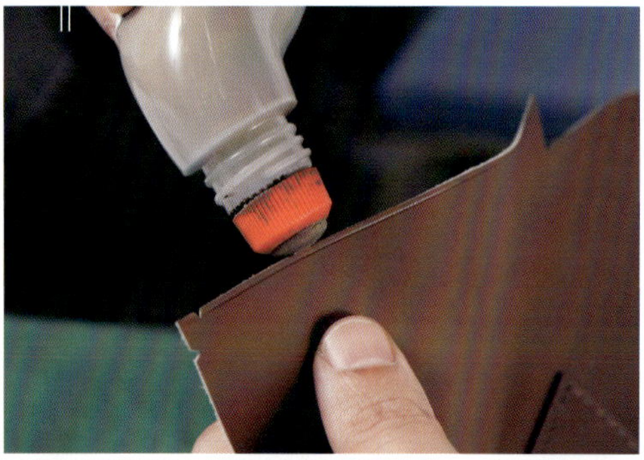

11 바닥을 제외하고 본체 안의 단면을 마감한다. 내각 부분도 원형 송곳 등을 사용해서 확실하게 붙인다. 뒷판 쪽이 되는 부분의 양 사이드 직선부는 감춰지기 때문에 마감하지 않아도 된다

POINT

아래 그림의 붉은 선 부분이 단면 마감 부위

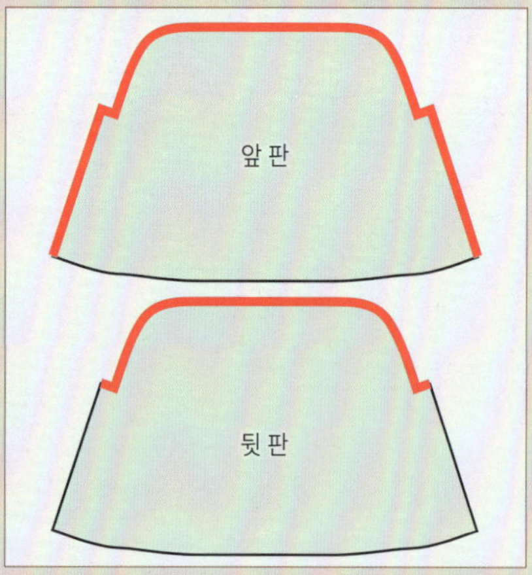

본체 안 2장을 바느질한다

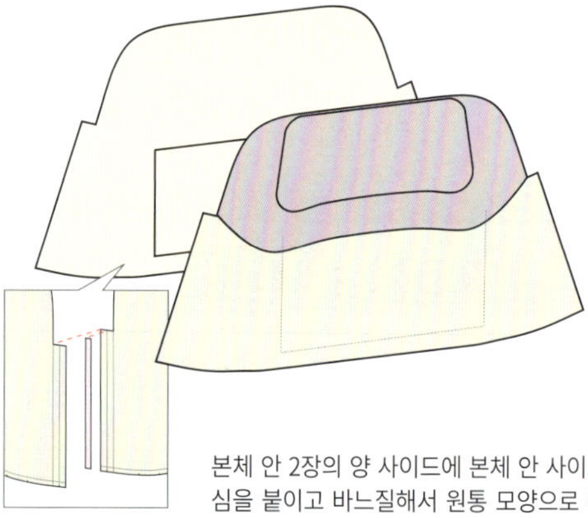

본체 안 2장의 양 사이드에 본체 안 사이드 심을 붙이고 바느질해서 원통 모양으로 만든다

12 '본체 안 사이드 심'은 두께 0.4mm의 바이린 2장을 붙여서 2장 만든다(피할한 면을 같은 방향으로 놓는다)

13 뒷판(단면을 마감하지 않은 쪽) 겉쪽의 양 사이드 직선부에, 테두리부터 12mm 폭으로 고무 접착제를 바른다

14 본체 안 사이드 심의 뒷면(피할하지 않은 면)에도 고무 접착제를 바른다(테두리에서 4mm 띄우되 상단만 2mm 띄운다). 위에서부터 다시 고무 접착제를 바른다

15 앞판 안쪽 양 사이드에, 테두리에서 2mm 띄워서 12mm 폭으로 고무 접착제를 바르고, 모서리와 칼집을 맞춰서 직선부를 붙인다. '앞판의 왼쪽'과 '뒷판의 오른쪽'을 연결한다(반대로 하면, 원통으로 만들 때 미싱을 쓰기 불편하다)

16 연결하는 땀의 테두리로부터 2.5mm 폭과 11.5mm 폭의 위치를, 아래에서 위로 바느질한다

17 본체 안의 다른 한 쪽 연결 땀도 위와 동일한 형태로 사이드 심을 붙이고, 테두리에서 12mm 폭으로 고무 접착제를 바른다

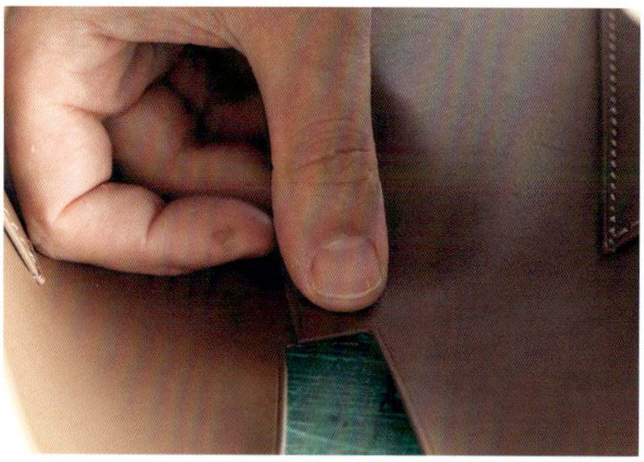

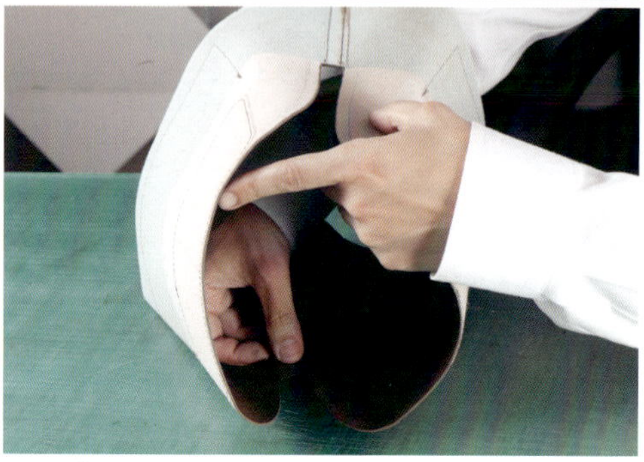

18 모서리와 칼집을 맞춰서 본체 안의 사이드를 맞붙이고 원통으로 만든다

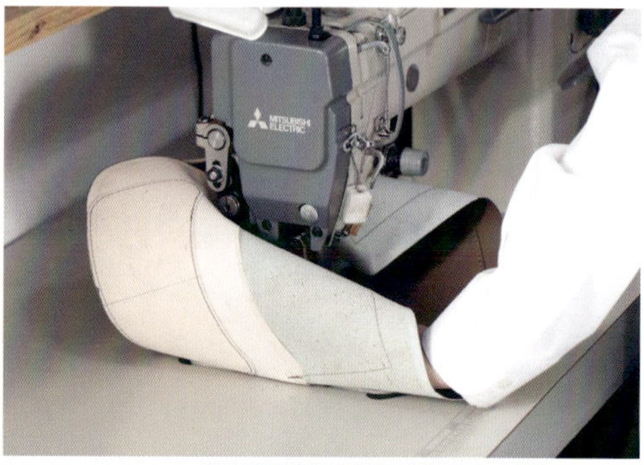

19 본체를 조금 넘기면서, 연결 땀 테두리에서 2.5mm 폭과 11.5mm 폭의 위치를 위에서 아래를 향해 바느질한다.

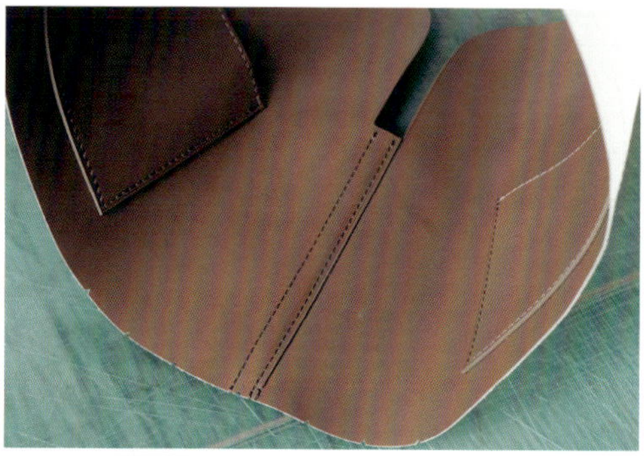

20 본체 안을 바느질한 후, 본체 겉의 가운데에 넣고, 입구 끝 ~ 센터 표시끝 이 잘 맞는지 체크한다

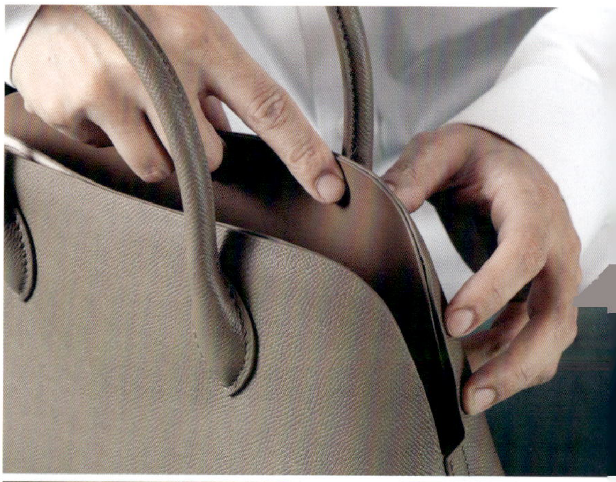

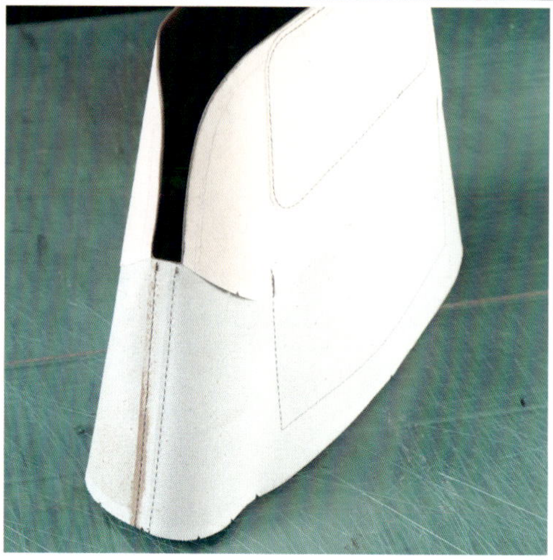

본체 안에 지퍼를 붙인다

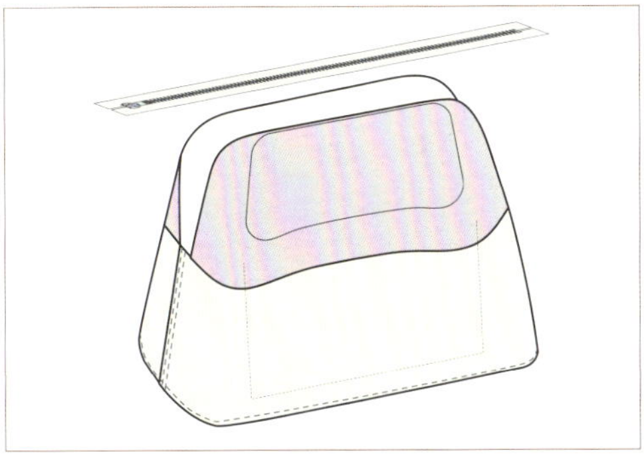

지퍼 틀을 이용하고 지퍼를 붙인다. 이어서 바닥 안을 바느질해서 연결하고 본체 안을 완성한다

21 본체 안의 안쪽에 지퍼 틀을 넣고, 입구의 테두리와 센터 표시를 맞춰 고정한다

POINT

지퍼 틀 바닥의 빈 틈에 적당한 크기의 자석을 넣고 본체 안의 바깥쪽과 끼우듯이 자석을 붙이면 안쪽을 고정할 수 있다

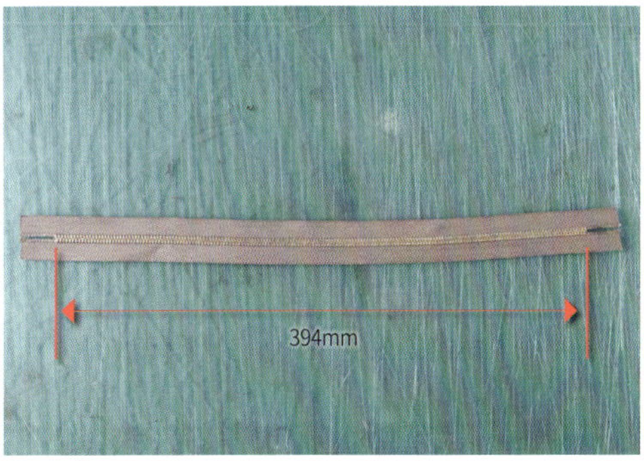

22 지퍼는, 총 길이 434mm 정도를 준비한다. 양끝의 이빨을 빼고, 이빨과 이빨의 길이는 394mm로 만든다

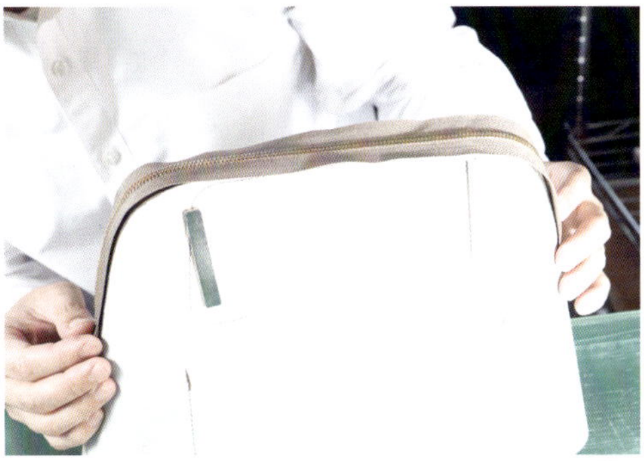

23 본체 안의 입구에 맞춰 길이를 체크하고, 지퍼 센터(이빨과 이빨의 센터)에 표시한다

24 본체 안 입구의 테두리에, 테두리에서부터 1mm 띄워서 7~8mm 폭으로 고무 접착제를 바른다. 양끝의 짧은 변에도 동일하게 바른다

25 지퍼 양사이드에도 7mm 폭으로 고무 접착제를 바른다. 고무 접착제를 바른 쪽을 뒷쪽으로 해서, 지퍼 슬라이더 2개를 머리를 맞춰 통과한다

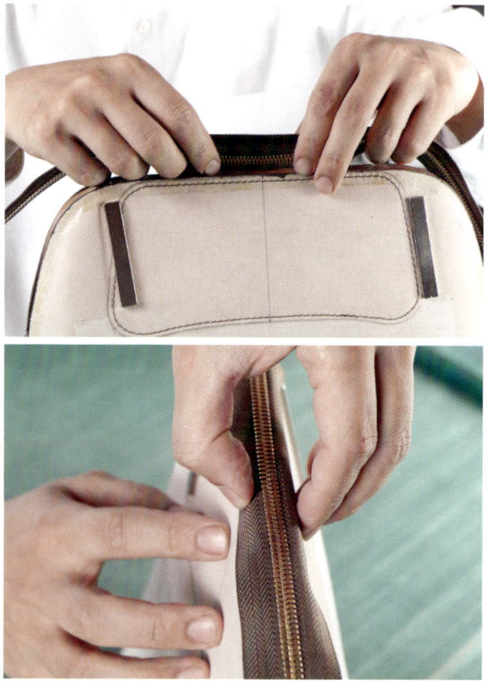

26 센터의 표시에 맞춰, 지퍼 테이프의 끝을 붙이는 선(206페이지 공정 08에 그은 8mm 선)에 맞춰 붙인다(슬라이더는 옆쪽으로 밀어놓는다)

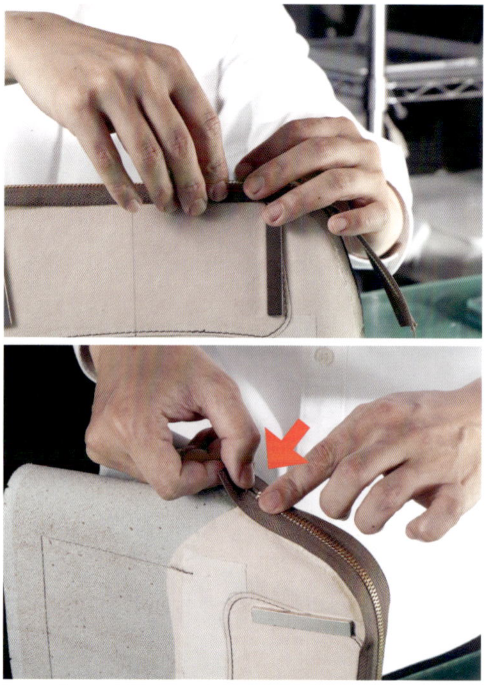

27 직선 구간(커브 앞까지)을 붙이고, 커브에 맞춰서 앞쪽에 끝 부분을 붙인다. 슬라이더는 작업에 방해되지 않는 위치로 밀어둔다

28 곡선 구간의 지퍼 테이프를 균등하게 주름을 주면서 붙인다. 천을 접듯이 조심스럽게 누르면서 요철이 생기지 않도록 붙인다

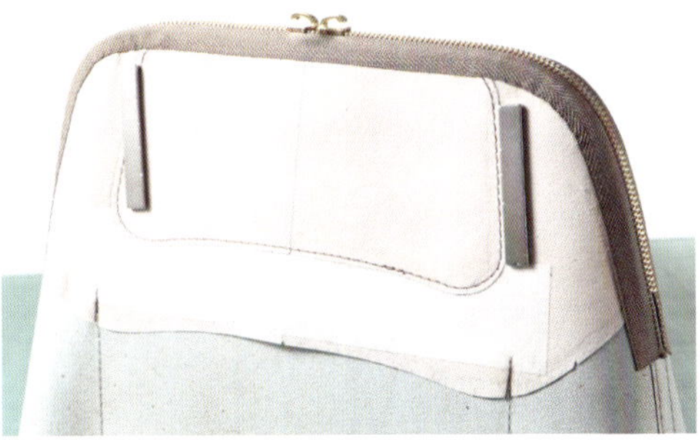

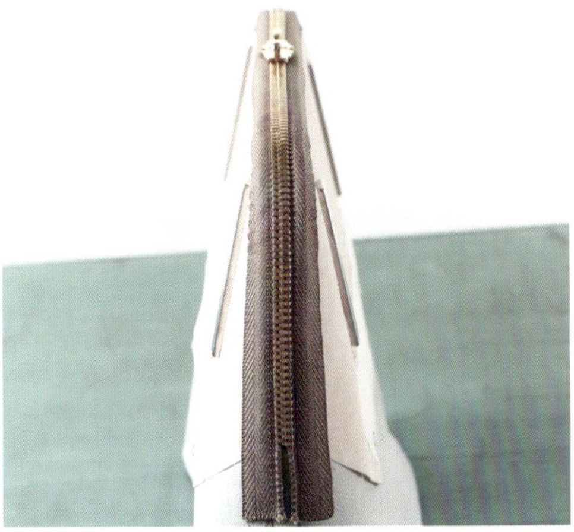

29 지퍼를 붙인 상태. 여러 방향에서 보면서 비뚤어진 부분이 없는지, 잘 붙었는지를 확인한다

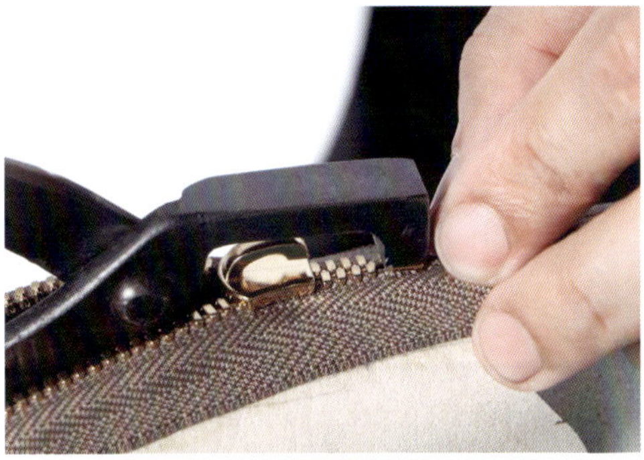

30 이빨을 몇 개 빼고 아래 스토퍼를 단다

31 지퍼 테이프의 양 끝을 아래 스토퍼에서 1.5~2cm 정도를 남겨서 자르고, 고무 접착제를 발라서 확실히 붙인다

본체 안과 바닥 안을 바느질한다

32 본체 안과 바닥 안의 뒷판 쪽 센터 칼집을 맞춰서 겹치고 손으로 눌러가며 5mm 폭으로 바느질한다

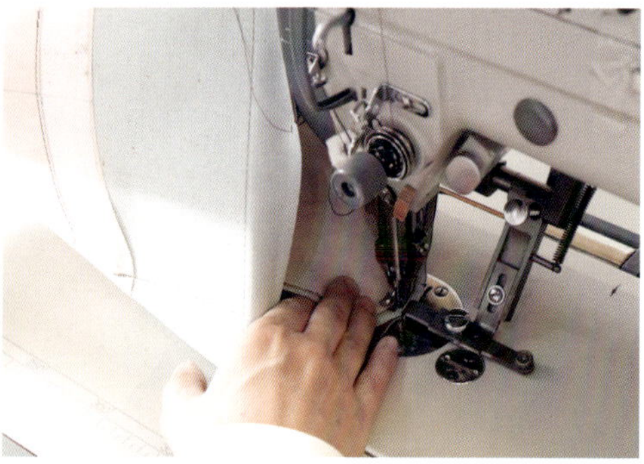

33 커브는 칼집을 맞추면서 정확하게 바느질한다. 바닥을 다는 요령은, 197 페이지(본체 겉의 작업)에서 설명하고 있다

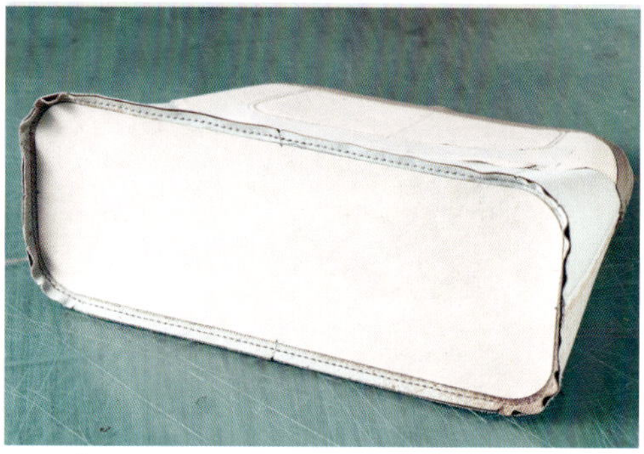

34 본체 안에 바닥 안을 단 상태

POINT

본체 안에도 사이드 심과 입구 심으로 골격을 만들었기 때문에 이 자체로 혼자서 설 수 있다. 이 가방 특유의 입체적인 형태를 유지하면서 본체 안의 처짐이나 뒤틀림을 방지한다.

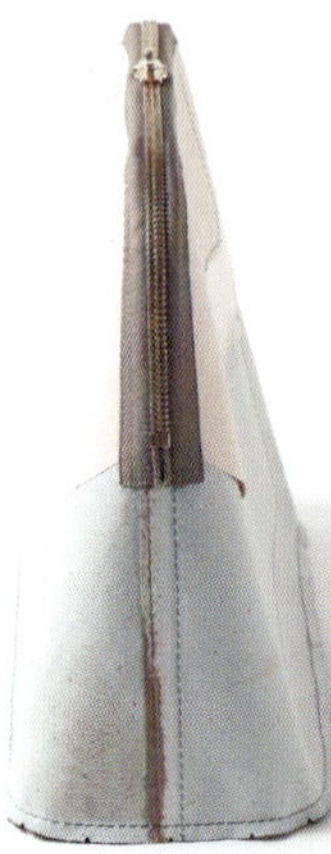

숄더 스트랩을 만든다

숄더 스트랩은 양 끝이 뾰족한 끝의 중앙 파츠와 그 양쪽의 버클 부착 파츠, 총 3개 파츠로 나뉜다.

버클 스트랩을 만든다

01 '버클 스트랩'의 뒷면 자체에 고무 접착제를 바른다

POINT

보강 테이프는 접착력이 약하기 때문에 붙이기 전에는 꼭 고무 접착제를 바르는 것이 기본이다. 다음 작업에 등장하는 각종 부착 위치 등은 패턴 표시에서 옮겨서 표시하면 된다.

02 잘록한 쪽 끝에서 5mm 띄운 위치에서 10mm 폭의 보강 테이프를 붙이기 시작해서, '개고리다는 위치'에서 90 도 정도 구부리며 붙인다. 그 다음은 '버클다는 위치'까지 평평하게 붙인다

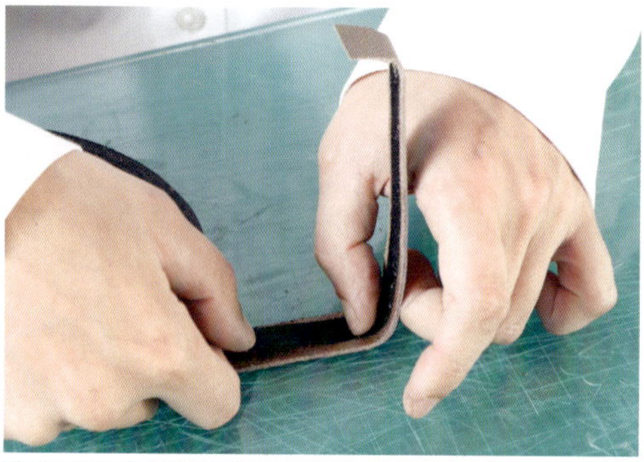

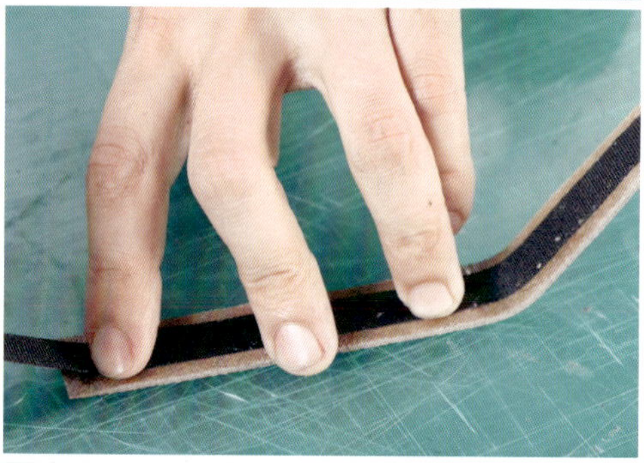

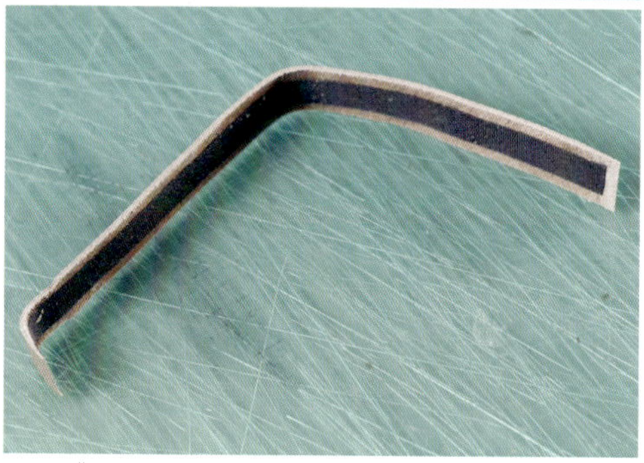

03 버클다는 위치도 90도 정도 구부리며 붙이고 그 다음은 평평하게 붙인다. 끝에서 5mm 띄운 위치에서 자른다

04 패턴에서 '심 붙이는 위치'와 '안 붙이는 위치'를 표시한다

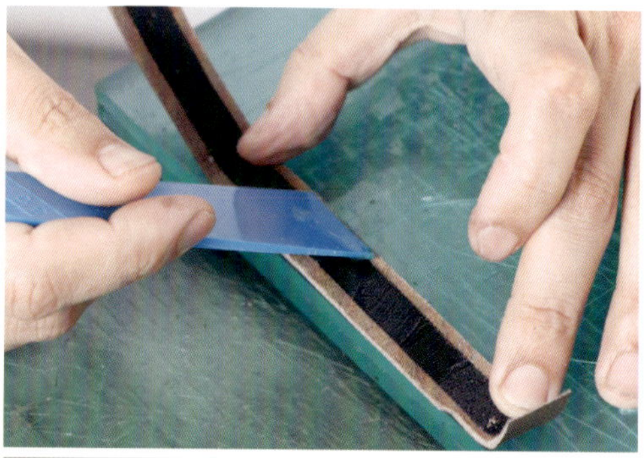

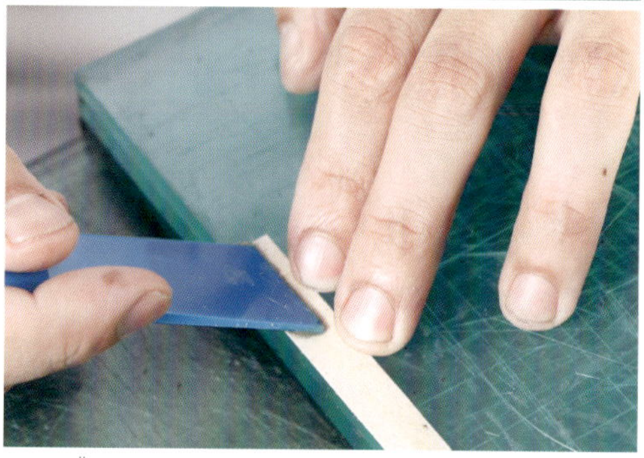

05 보강 테이프 위에 고무 접착제를 바른다. '버클쪽 스트랩 심'의 겉(피할하지 않은 면)에도 고무 접착제를 바른다

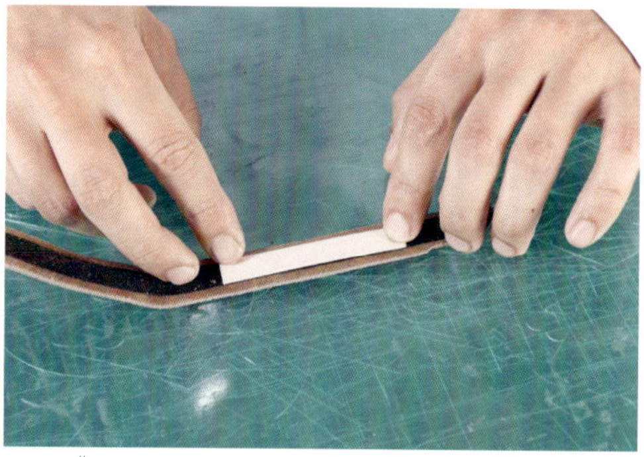

06 심 붙이는 위치에 맞춰 붙인다

07 '스트랩 안 부착 대'의 뒷면에 고무 접착제를 바르고, 버클다는 위치 근처의 '안 붙이는 위치'에 맞춰 끝만 붙인다

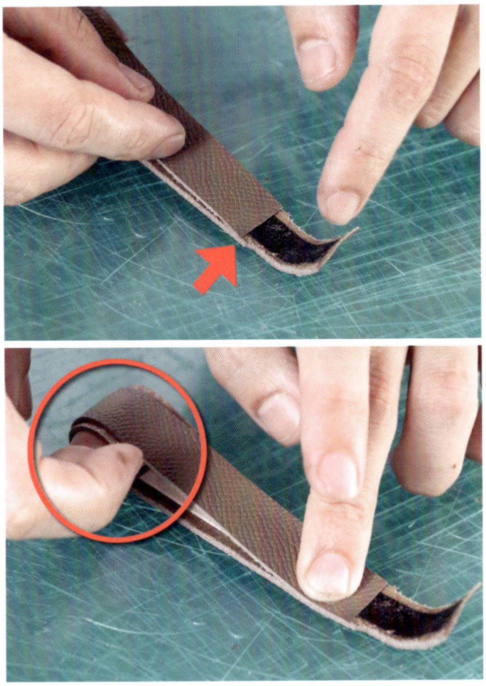

08 끝을 '끝 겹치는 위치'(잘록한 꼭지점에서 2mm 앞)에 맞춰, 180도 구부리면서 '스트랩 안 부착 대'를 압착한다

09 '스트랩 안 부착 소' 뒷면에 고무 접착제를 바르고, 개고리다는 위치의 뒷면에 바른다. 90도 이상 구부리며 붙인다

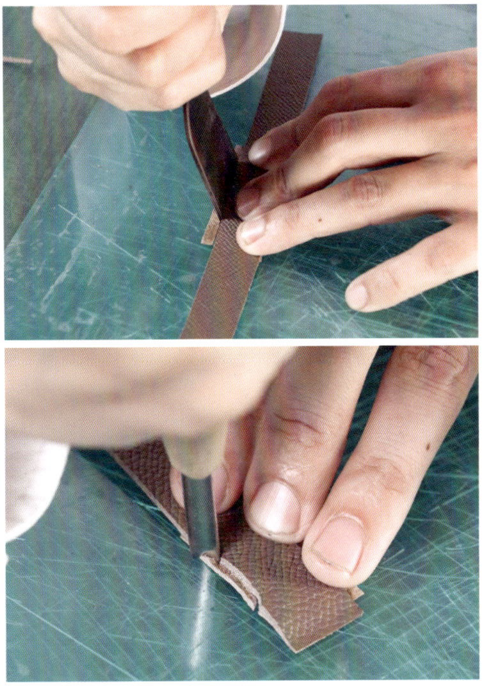

10 뒷면의 튀어나온 부분은 겉에서 잘라낸다. 잘록한 부분은 조각도로 자르거나 원형 펀치를 사용한다

개고리를 부착한다

11 공정 08처럼 구부려 붙인 상태로, 버클다는 위치의 접는 금의 정점에 표시한다. 이 표시의 중심에 패턴의 버클다는 위치를 놓고, 양끝의 표시를 가죽에도 표시한다(오차를 없애기 위해 실물을 맞춘다)

12 3×16mm의 펀치로 타원 구멍을 뚫는다(구멍 사이즈는 사용하는 버클에 맞춰 조절한다)

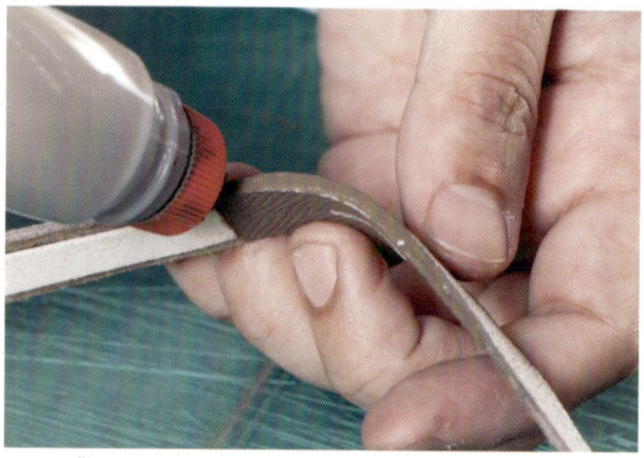

13 버클다는 위치, 개고리다는 위치를 중심으로, 6cm 정도 범위에 장식선을 긋고 테두리를 마감한다

14 잘록한 쪽 끝은 테두리에서부터 10mm 폭으로 고무 접착제를 바른다. 개고리다는 위치는 띄우고 반대쪽도 동일하게 바른다

15 개고리를 걸고 붙인다. 잘록한 꼭지점을 딱 맞춘다

끝쪽 스트랩을 만든다

16 '끝쪽 스트랩 겉', '끝쪽 스트랩 안', '끝쪽 스트랩 심'의 센터에 선을 긋는다

17 스트랩 안(정재단 쪽)의 뒷면과, 스트랩 심의 한쪽 면에 고무 접착제를 바르고 센터 표시를 맞춰 붙인다. 양 사이드도 테두리에서부터 균등하게 3.5mm 간격을 띄운다

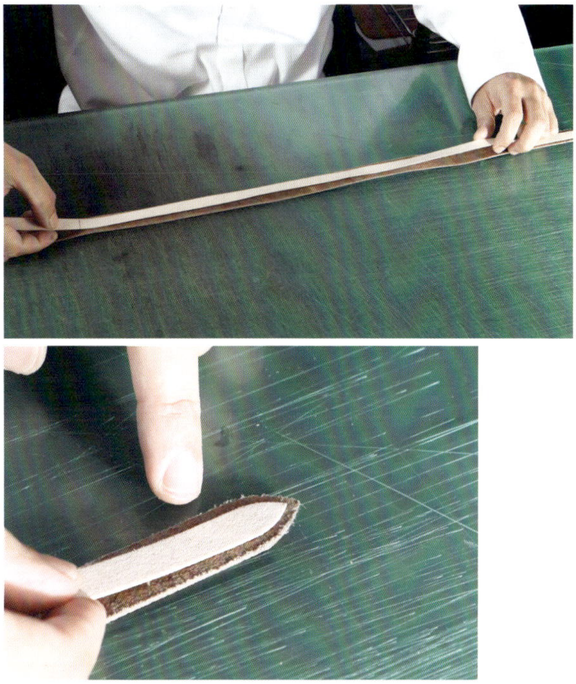

18 끝을 향해 딱 맞춰 붙인다. 끝 부분도 테두리에서부터 균등한 간격을 두고 붙인다

19 스트랩 심 위와 스트랩 겉(거친 쪽)에도 고무 접착제를 바르고 센터를 맞춰 스트랩 안과 맞붙인다

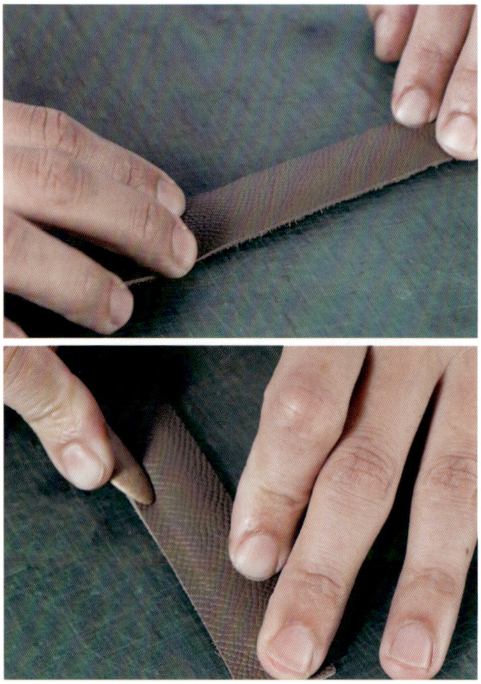

20 스트랩 겉 쪽이 부풀고, 스트랩 안이 평평해지도록 겉에서 압착한다. 주걱은, 심재 끝을 따라서 조금 안쪽으로 밀듯이 누른다

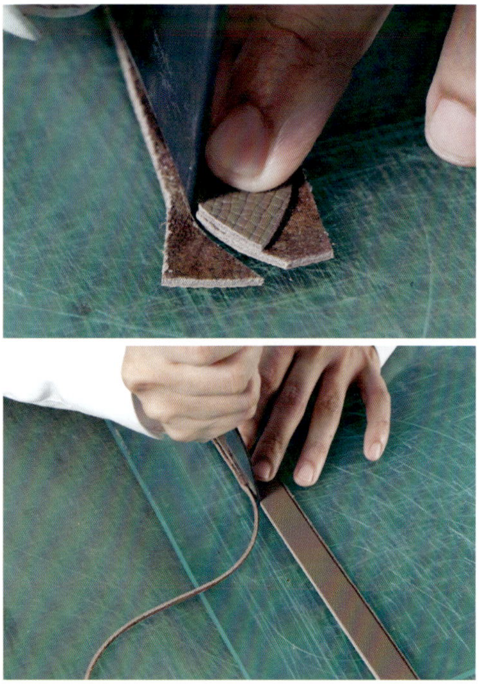

21 안쪽에서 테두리에 맞춰 스트랩 겉 여분을 잘라낸다

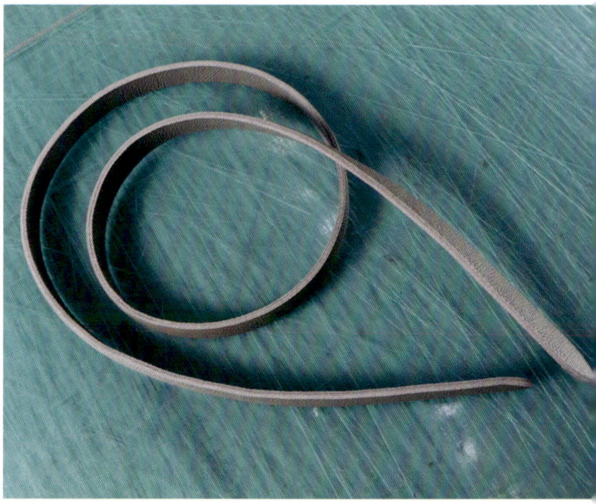

22 스트랩 끝을 한 바퀴 둘러 바느질한다

POINT

바느질 시작점은 사용중 잘 닳지 않은 부위가 좋기 때문에 핀 구멍의 조금 위가 좋다. 중앙은 어깨에 쓸리고 핀 구멍 부분은 버클에 쓸린다. 바느질 끝과 시작은 3중으로 바느질하고 열펜으로 마감한다.

23 핀 구멍 위치를 표시하고 둥근 구멍을 뚫는다. 둥근 구멍 사이즈는 버클 핀에 맞춘다

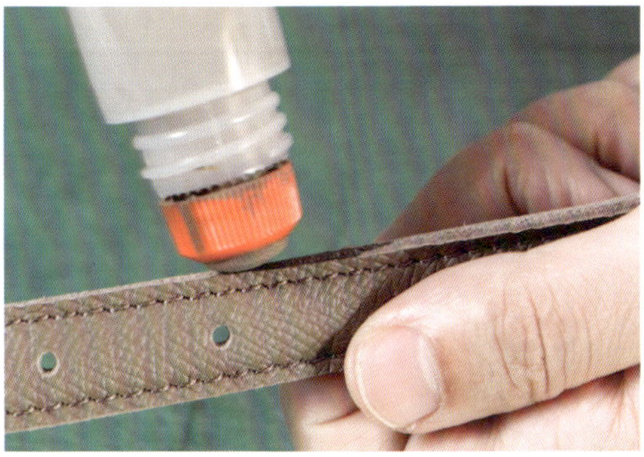

24 끝쪽 스트랩 전체에 장식선을 긋고 단면을 마감한다

고리 가죽을 만든다

25 2장의 '고리 가죽'의 뒷면에 고무 접착제를 바르고 짧은 변 한쪽 끝을 맞춰서 붙인다

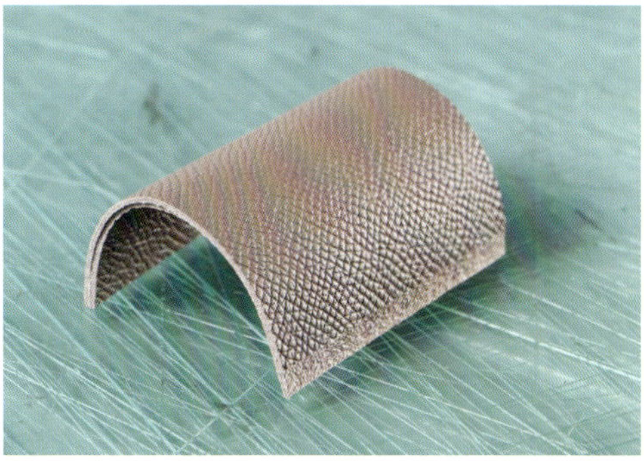

26 이대로 자연스럽게 커브를 만들면서 전체를 붙이고, 롤러로 압착한다. 다 붙인 쪽 끝은 맞추지 않아도 된다. 커브 상태는 둥글게 만들었을 때 안쪽 가죽에 주름이 생기지 않을 정도로 한다

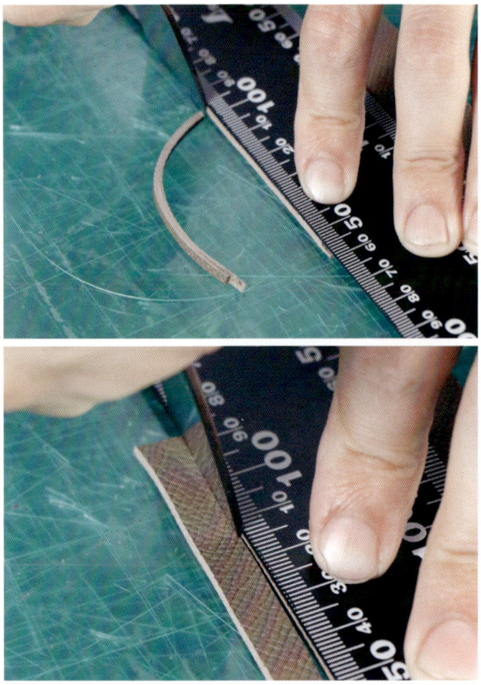

27 끝을 직선으로 잘라내고 8mm 폭으로 4장 자른다

28 구부리면 장식선 긋기가 힘들기 때문에 미리 장식선을 그어둔다. 뒷면은 그을 필요가 없다

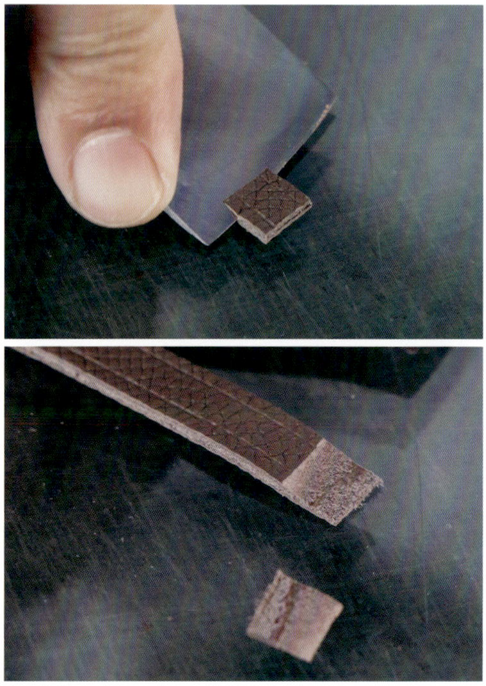

29 한쪽 끝을 겉에서 6mm 폭으로 제로 피할(끝 두께가 제로가 되는 피할)

30 '버클 스트랩'의 버클다는 위치 근처와, '끝쪽 스트랩'을 겹치고 고리 가죽을 딱 맞춰 감은 후, 피할 시작점(은면 끝)에 겹치는 위치에 표시한다

31 다른 한 장의 고리 가죽은 버클 스트랩의 심을 붙인 위치에, 스트랩 두께만큼 감고 길이를 맞춰서 30과 동일하게 표시한다

POINT

공정 30에서 한 바퀴의 길이를 재는 고리 가죽은 버클 옆에 다는 '고정 고리', 공정 31에서 꿰매는 고리 가죽은 전체를 묶는 '움직이는 고리'이다. 재는 방법도, 다는 방법도 다르므로 주의한다.

32 표시 위치에서 안쪽을 향해 사선으로 피할한다(180페이지의 파이핑과 동일한 요령). 피할 폭은 반대쪽과 동일하게 6mm로 한다

33 피할한 면에 고무 접착제를 바른 뒤 다시 스트랩에 감고, 길이를 체크하며 붙인다

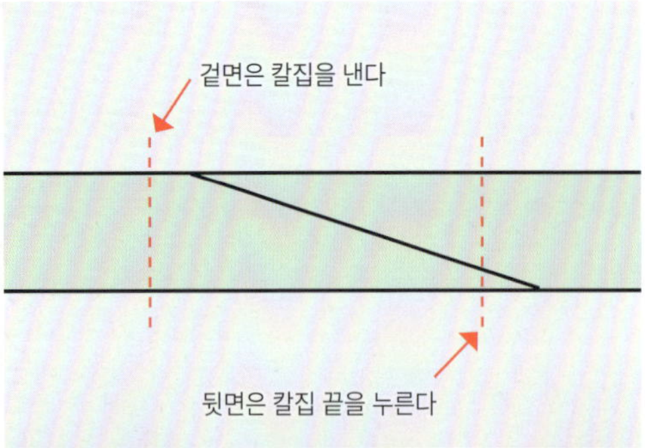

34 위 그림을 참고해서 연결 땀을 바느질하기 위한 4개의 구멍을 원형 송곳으로 뚫는다

35 20번 실 한쪽에 손바느질 바늘을 끼우고, 반대쪽 끝은 묶는다. 안쪽에서 바느질 구멍을 통과해서 연결하며 바느질한다. 겉에서 평행으로 보이는 바느질 땀은 3중으로 하고 안쪽으로 X 자 형태로 연결해서 바느질한다

36 마지막에는 안팎의 가죽 틈을 통해 테두리로 실을 빼고 본드를 발라 테두리 표면에서 자른다

37 테두리를 칠하고 마감한다. 실의 잘린 면이 보이지 않게 한다

버클 스트랩에 고리 가죽을 부착한다

38 숄더 스트랩에 고정 고리와 움직이는 고리, 버클을 달고, 버클 스트랩을 임시로 조인다

39 고리의 길이를 다시 한번 체크하고, 개고리를 단 잘록한 부분의 꼭지점에서 2mm 간격을 띄우고 끝의 위치를 정한다. 전체적인 밸런스도 체크한다

40 위치와 길이가 문제 없다면 양면 테이프로 붙인다. 바느질 끝 위치를 계산하기 위해 임시로 붙이는 것이다

41 버클 쪽은 접는 금에 가깝게 달기 때문에 시험삼아 바늘을 대고 그 위치를 계산한다

POINT

위의 사진처럼 고정 고리를 넘기면서 바느질하기 때문에 사용하는 미싱이나 노루발 종류, 누르는 힘에 따라 얼마나 바늘을 안으로 꽂을 수 있는지가 달라진다. 직접 테스트하면서 위치를 찾아내야 한다.

42 앞 페이지 공정 41에서 계산한 바느질 끝 위치에 은펜으로 표시하고, 안쪽에도 표시한다

43 임시로 고정한 양면 테이프는 떼어내고, 뒷면에 고무 접착제를 바른다. 버클 쪽은 바느질 끝의 표시까지, 개고리 쪽은 앞 페이지의 공정 39를 참조한다.

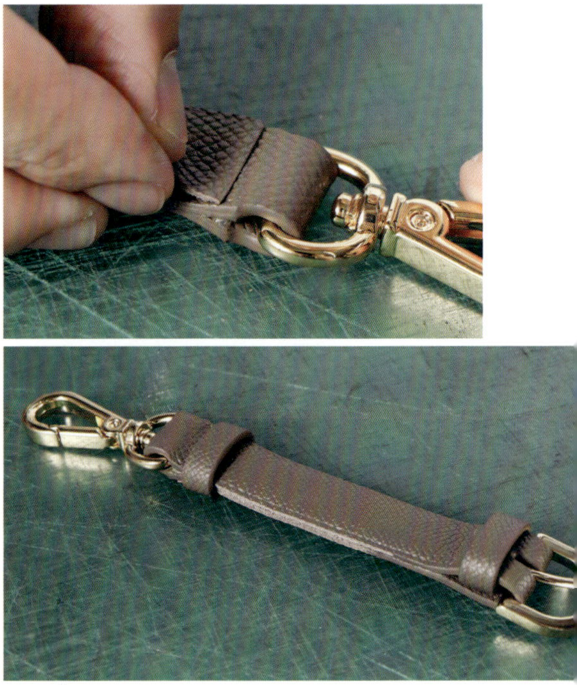

44 고리를 바르게 통과하고 붙인다

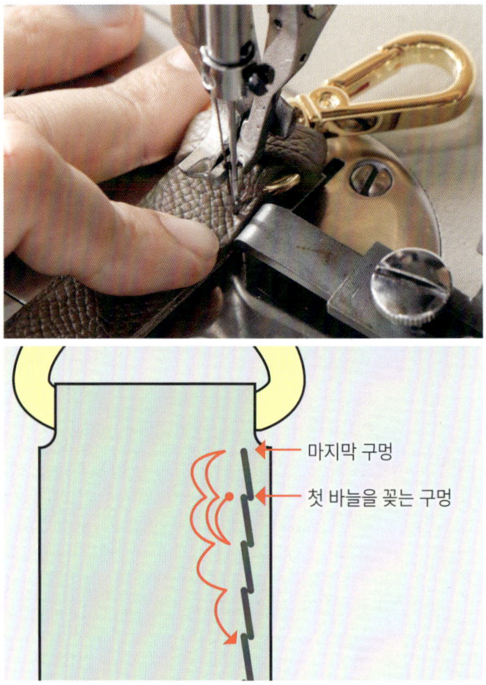

45 개고리 쪽 움직이는 고리를 밖으로 빼고 잘록한 꼭지점에 아슬아슬하게 마지막 구멍이 오도록 바느질한다. 그림처럼 마지막 구멍 1땀 앞에서 바늘을 꽂고 반대로 바느질한다

POINT

개고리 쪽의 뒷면은 바느질 땀 끝이 가죽 끝보다 밖으로 나오게 된다. 이렇게 하지 않으면 가죽 끝이 들떠서 벗겨진다.

46 이대로 바느질을 진행해서 표시한 바느질 끝의 위치까지 바느질한다. 마지막도 처음의 역순서로 박는다

47 반대쪽은 버클 쪽에서 바느질하게 되는데, 앞서 한 작업의 좌우대칭으로 바느질하는 것이 좋다

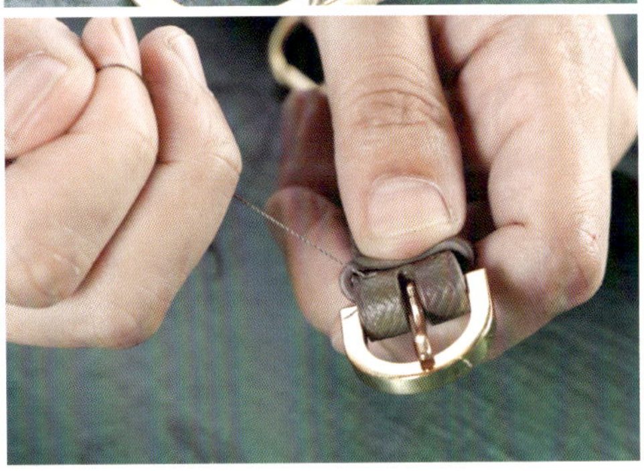

48 버클 다는 가죽에 아슬아슬한 위치(버클 구멍 끝과 같은 높이 정도)에 구멍을 뚫는다. 230 페이지의 공정 35처럼 끝을 묶은 실에 손바느질 바늘을 꿰고, 가죽의 틈으로 구멍을 뚫은 후 3번 돌려서 감는다

49 한쪽을 감은 후 가죽 사이를 통과해서 반대쪽으로 빼낸 뒤 반대쪽도 3번 감는다. 마지막은 가죽 사이로 빼낸 후 본드를 발라 끝에서 잘라낸다

50 미리 마감해 둔 버클과 개고리 주변 이외에도 장식선을 긋고 단면을 마감한다

51 끝쪽 스트랩의 양 끝에 버클 스트랩을 달면 숄더 스트랩이 완성된다

본체 겉과 본체 안을 조립한다

최종 조립 단계로, 본체 겉과 본체 안의 입구를 바느질하는 작업이다. 여기까지 확실히 작업하면 입구의 수치도 정확하게 맞게 된다.

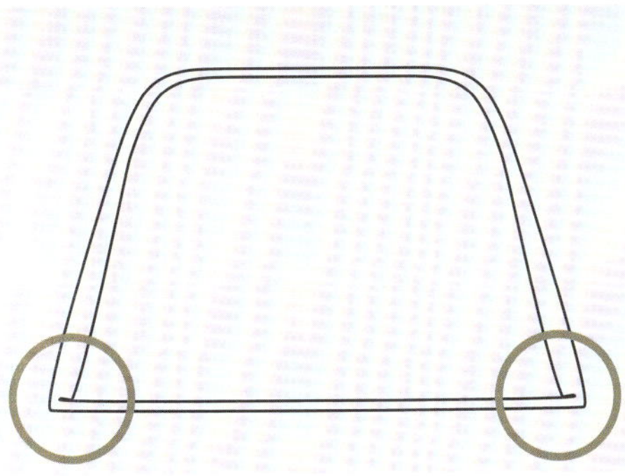

01 본체 안 입구에 , 테두리부터 3mm 띄워서 10mm 폭으로 양면 테이프를 붙이고 본체 겉의 가운데에 넣는다. 본체 안의 바닥 바느질은 그림처럼 본체 겉의 안쪽에서 바깥으로 넓혀나간다

POINT

본체 안 입구에 양면 테이프를 붙일 때 테두리가 지퍼로 보이지 않기 때문에 찾아가면서 붙인다. 또한 본체 안을 집어넣을 때 앞판·뒷판의 방향을 본체 겉과 맞춘다.

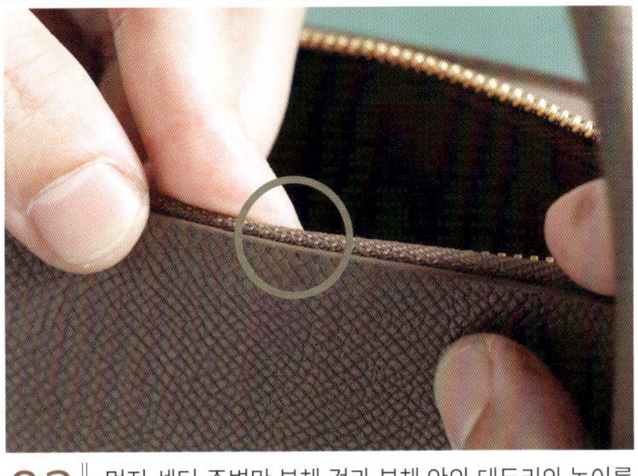

02 먼저 센터 주변만 본체 겉과 본체 안의 테두리의 높이를 맞춰서 붙인다. 지퍼 테이프를 접을 때 보이는 폭이 천의 두께 만큼으로 잡으면 높이가 일정하다. 안팎을 둘다 살펴보며 작업한다

03 그대로 입구 끝까지 테두리를 정확하게 맞추고 비틀리지 않도록 주의하면서 맞춰 붙인다. 이 위치를 맞추는 것이 중요하기 때문에 겉과 안을 모두 체크해야 한다

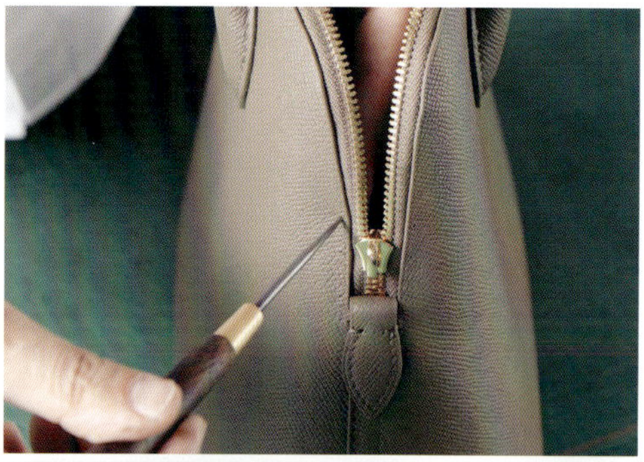

04 본체 겉 입구 끝에 뚫어놓은 아랫구멍을 원형 송곳으로 본체 안까지 통과하고, 테두리에서부터 바느질 폭이 일정한지 체크한다. 어긋나 있으면 붙이는 폭을 조절한다

05 실 여분을 남기고(나중에 손바느질 할 용도), 아랫구멍의 아래쪽 끝에 바늘을 꽂는다. 그대로 박지 않고 아랫구멍 부분을 옆을 향하게 박는다. 수동으로 박기 때문에 가방도 손으로 민다

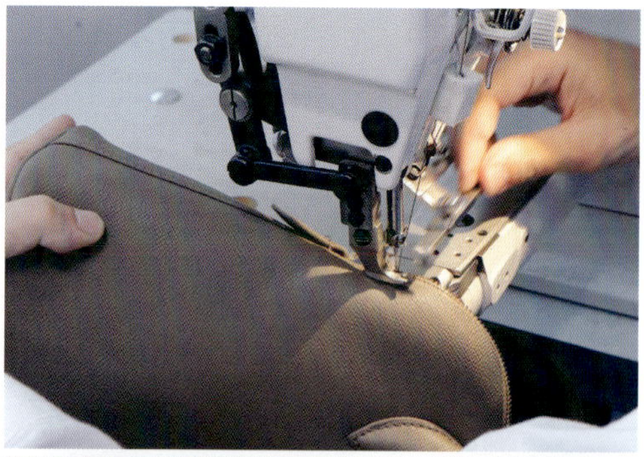

06 아랫구멍 부분 바느질을 끝낸 다음에는 백을 세로 방향으로 세우고, 일반적인 방법으로 입구를 바느질한다. 바느질 폭은 아랫구멍에 맞춰서 경계를 없앤다

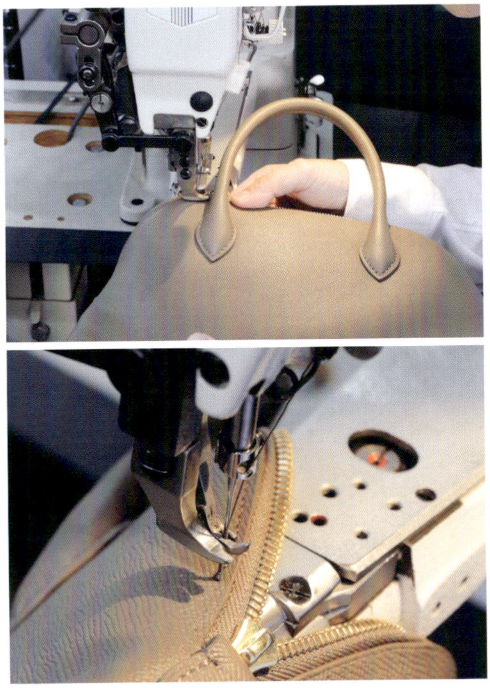

07 반대쪽의 아랫구멍 부분에 도달하면 다시한 번 가방을 옆으로 뉘이고 손으로 움직이며 바느질한다. 마지막도 박음질하지 않고 실 여분을 남겨둔다

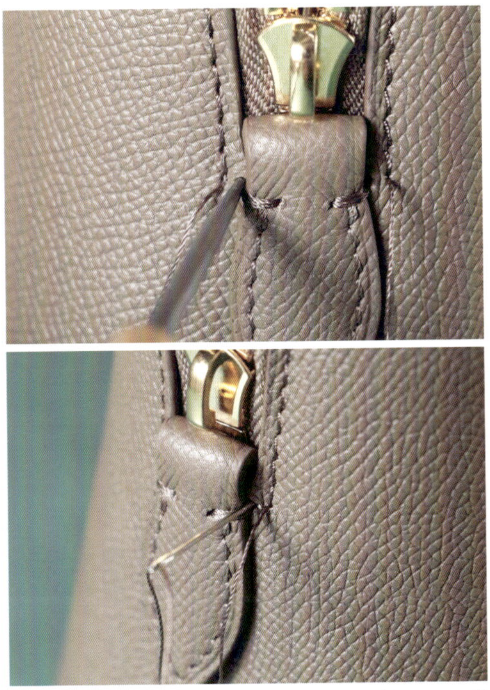

08 모모 가죽을 바느질한다. 양 끝 구멍은 원형 송곳으로 뚫는다. 입구를 바느질할 때의 여분은 실에 상하 모두 손바느질 바늘을 끼우고 구멍에 걸어 원래 구멍으로 돌아온다. 윗실을 다시 한 번 모모 가죽 구멍에 통과해서 안쪽으로 빼고, 윗실, 아랫실을 안쪽에서 열펜으로 지진다

09 나사형의 D링 나사 구멍에 풀림 방지용으로 본드를 살짝 바르고 모모 가죽에 단다

10 지퍼 풀러는 좋아하는 디자인으로 제작하거나 구입해서 슬라이더에 단다

11 | 숄더 스트랩의 개고리를 D링에 달면 백이 완성

패 턴

【주의사항】

※ 각 작품의 패턴은 책 말미의 삽지에도 나뉘어서 기재되어 있습니다.

※ 좌우로 나뉘어진 패턴은 '연결선'으로 커트해서 연결해서 사용하세요.

※ 이 책의 패턴은 모두 실 사이즈이므로 복사해서 두꺼운 종이 등에 붙이고 바깥쪽을 잘라내서 그대로 사용합니다. 복사할 때 사이즈에 오차가 생길 수 있으므로 트레이싱하거나 각 부위의 사이즈대로 따라 그리는 방법도 좋습니다.

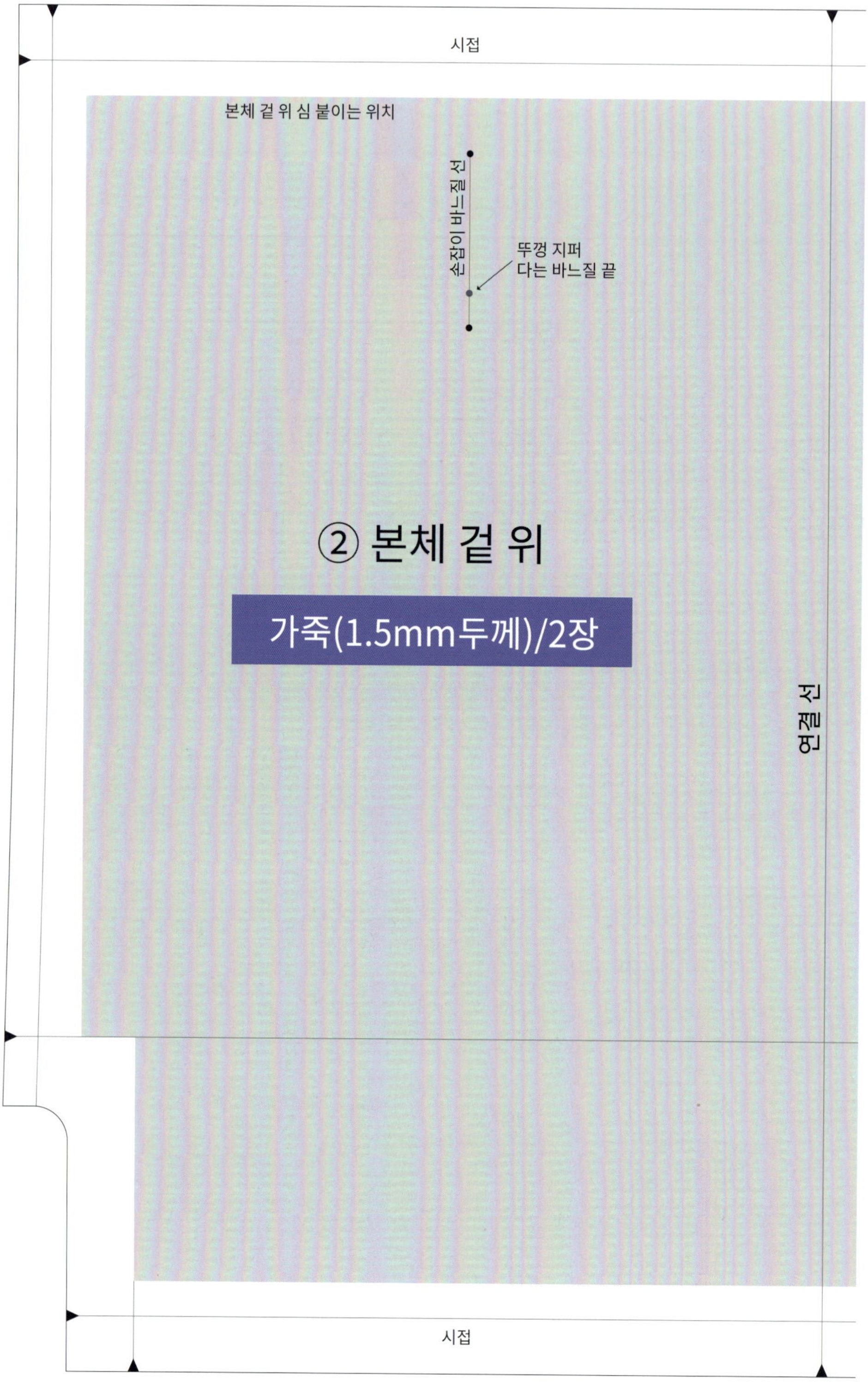
시접
본체 겉 위 심 붙이는 위치
손잡이 바느질 선
뚜껑 지퍼
다는 바느질 끝
② 본체 겉 위
가죽(1.5mm두께)/2장
연결 선
시접

연결 선

③ 본체 겉 위 심
심재(본택 #9401) /2장
연결 선
시접
시접
⑥ 본체 겉 포켓 띠
가죽(1.0mm두께)/2장
연결 선
시접

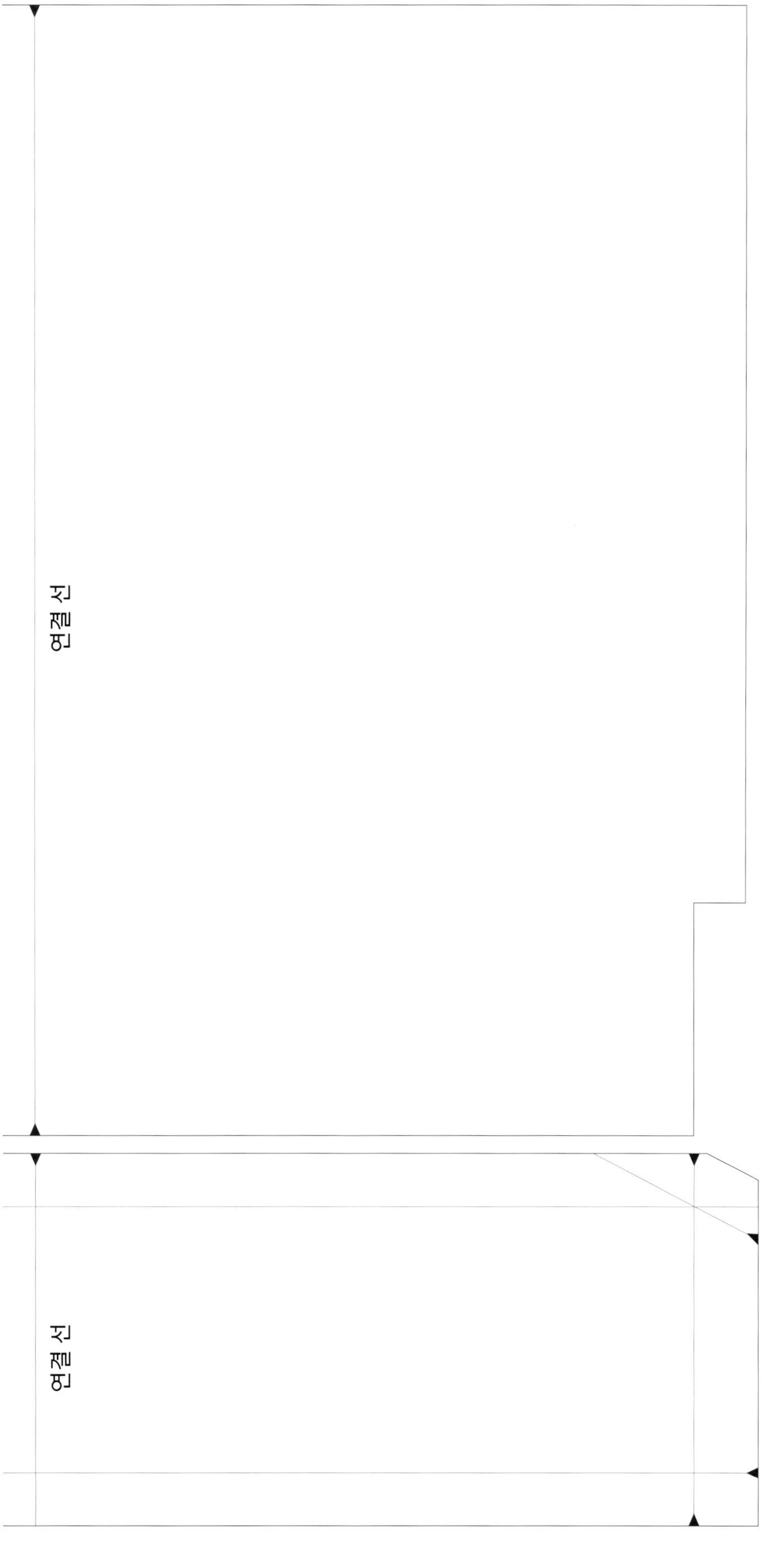
연결 선
연결 선

시접

본체 곁 아래 심 붙이는 위치

④ 본체 겉 아래

가죽(1.5mm두께)/2장

연결 선

세로 보강 심 붙이는 위치

연결 선
세로 보강 심 붙이는 위치

⑤ 본체 겉 아래 심

심재(본택 #9401) /2장

연결선

연결 선

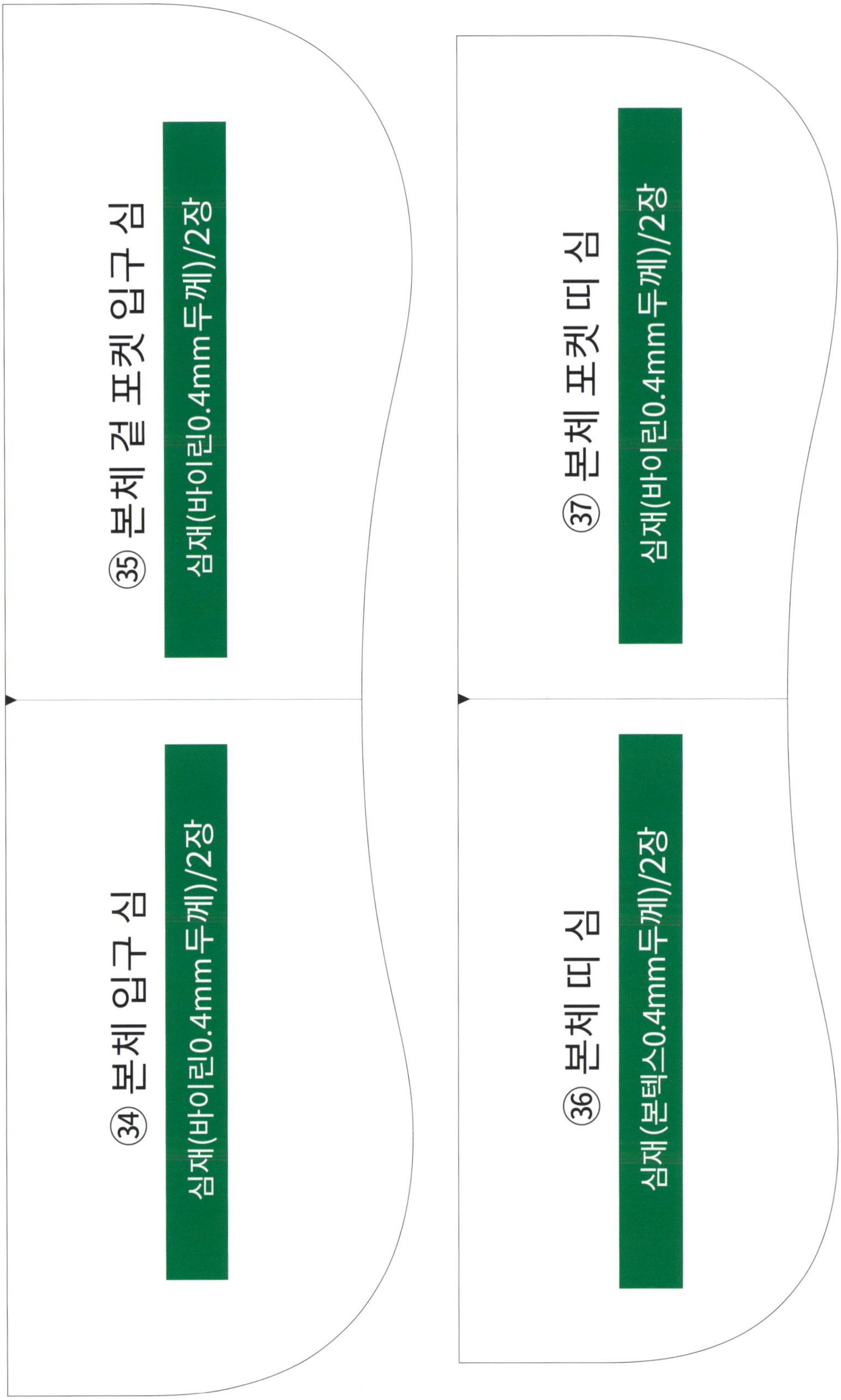
㉞ 본체 입구 심
심재(바이린0.4mm두께)/2장
㉟ 본체 겉 포켓 입구 심
심재(바이린0.4mm두께)/2장
㊱ 본체 띠 심
심재(본텍스0.4mm두께)/2장
㊲ 본체 포켓 띠 심
심재(바이린0.4mm두께)/2장

⑯ 뒷판 쪽 전체 포켓

가죽(1.0mm두께)/1장

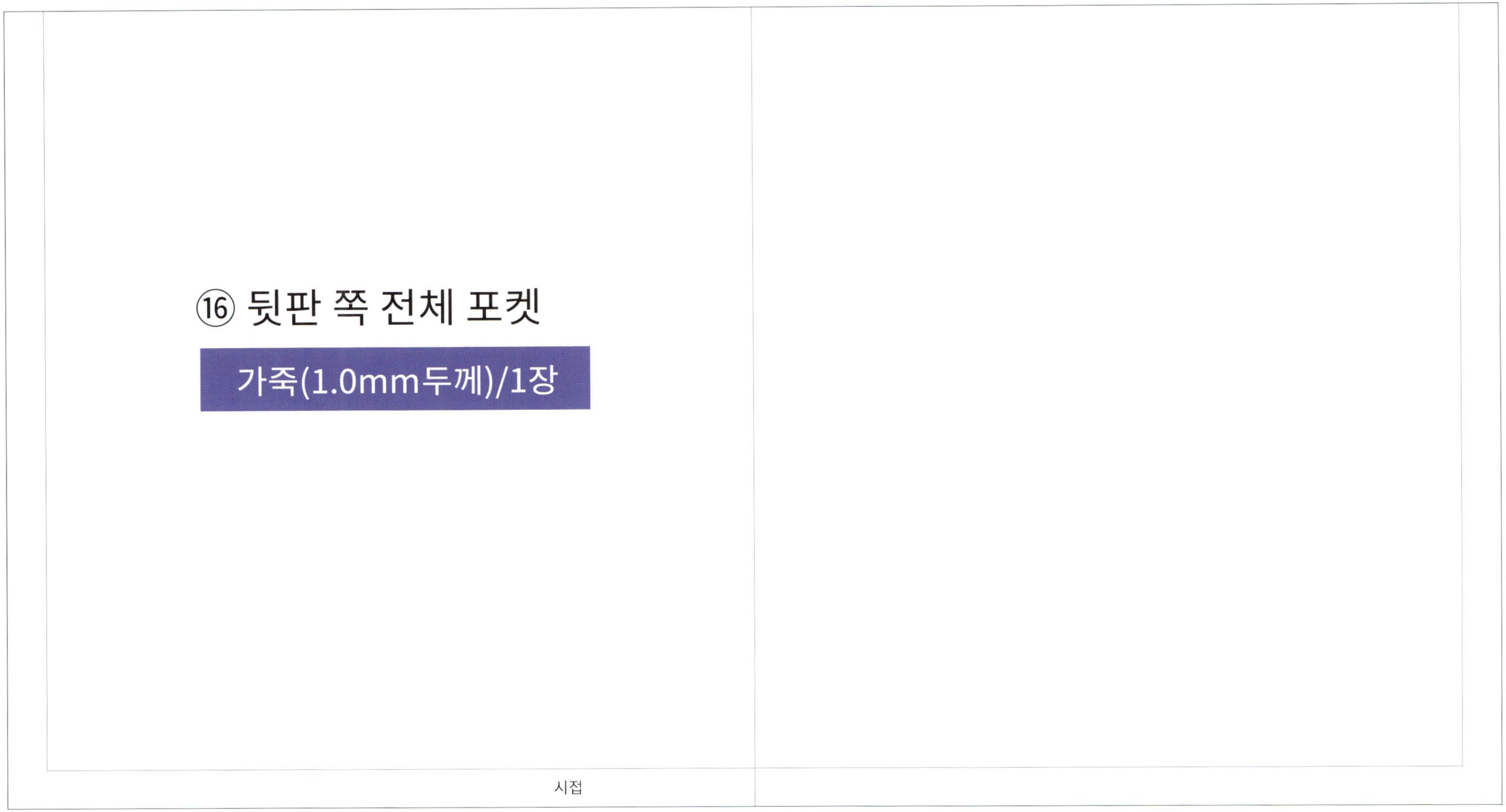

연결 선

⑦ 본체 겉 포켓

천/2장

연결 선

⑰ 뒷판 쪽 전체 포켓 안

천/1장

⑮ 전체 포켓 시접
가죽(0.8mm두께)/2장
㊵ 숄더 스트랩 단
㊴ 숄더 스트랩 단 구부리는 패턴
㊳ 숄더 스트랩 다는 패턴

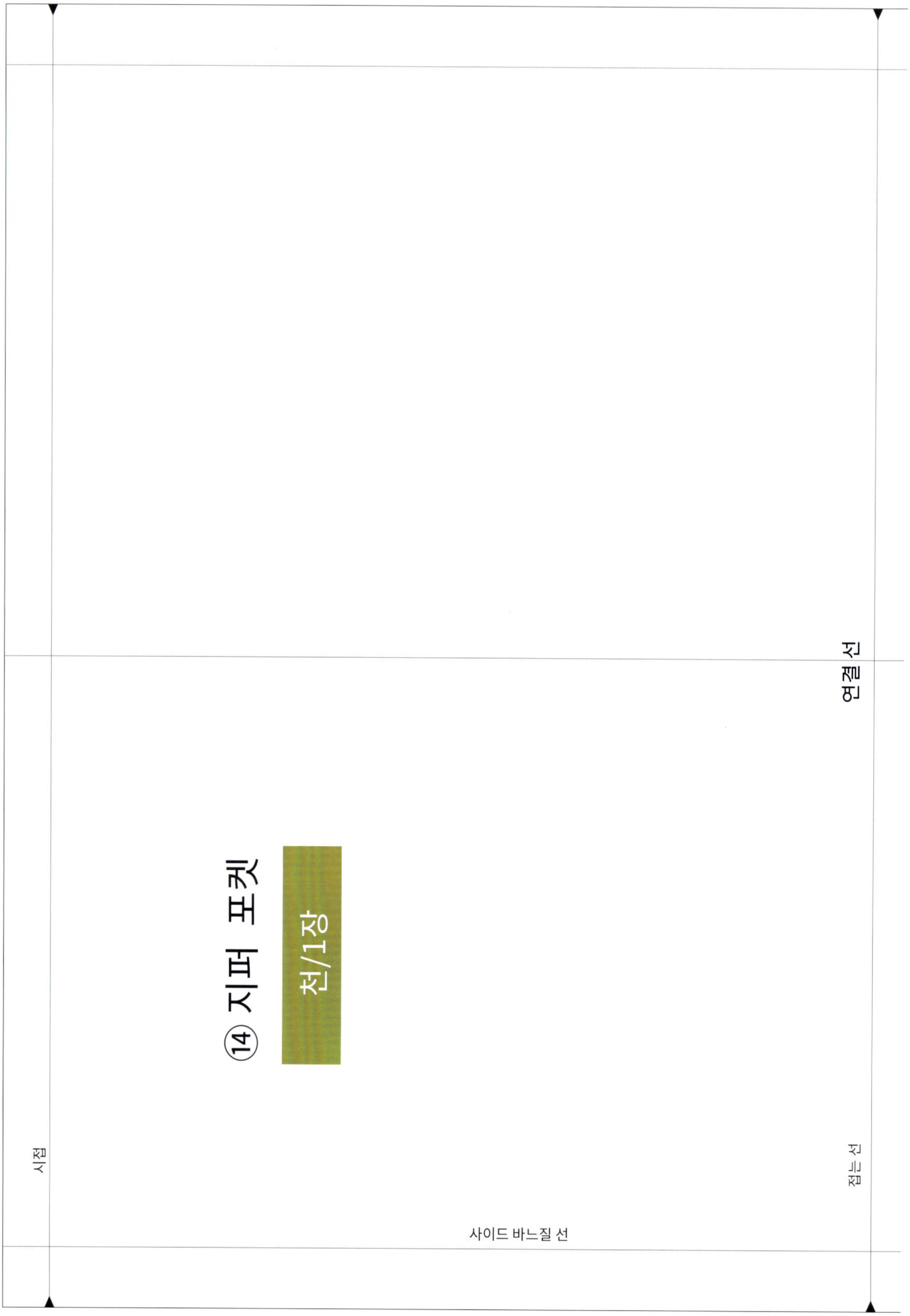
⑭ 지퍼 포켓
천/1장
연결 선
시접
접는 선
사이드 바느질 선

연결 선

접는 선

시접

연결 선

⑱ 앞판 쪽 전체 포켓

천/1장

시접

연결선

㉑ 옆판 겉 위 심

심재(본택 #9401) /2장

시접

옆판 위 심 붙이는 위치

모모 가죽 바느질 선

뚜껑 지퍼
다는 바느질 끝

⑳ 옆판 겉 위

가죽(1.5mm두께)/2장

시접
옆판 아래 심 붙이는 위치
㉒ 옆판 겉 아래
가죽(1.5mm두께)/2장

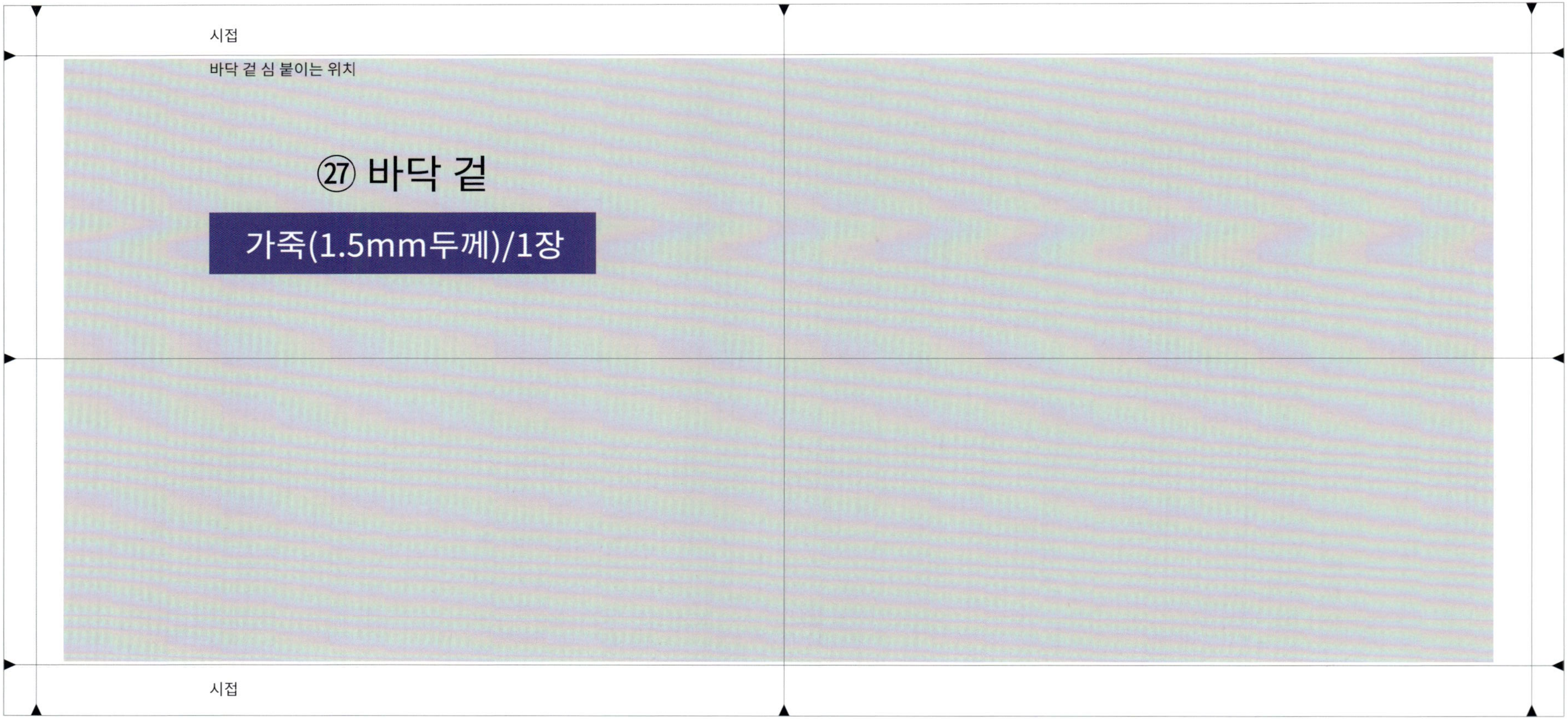
시접
바닥 겉 심 붙이는 위치
㉗ 바닥 겉
가죽(1.5mm두께)/1장
시접

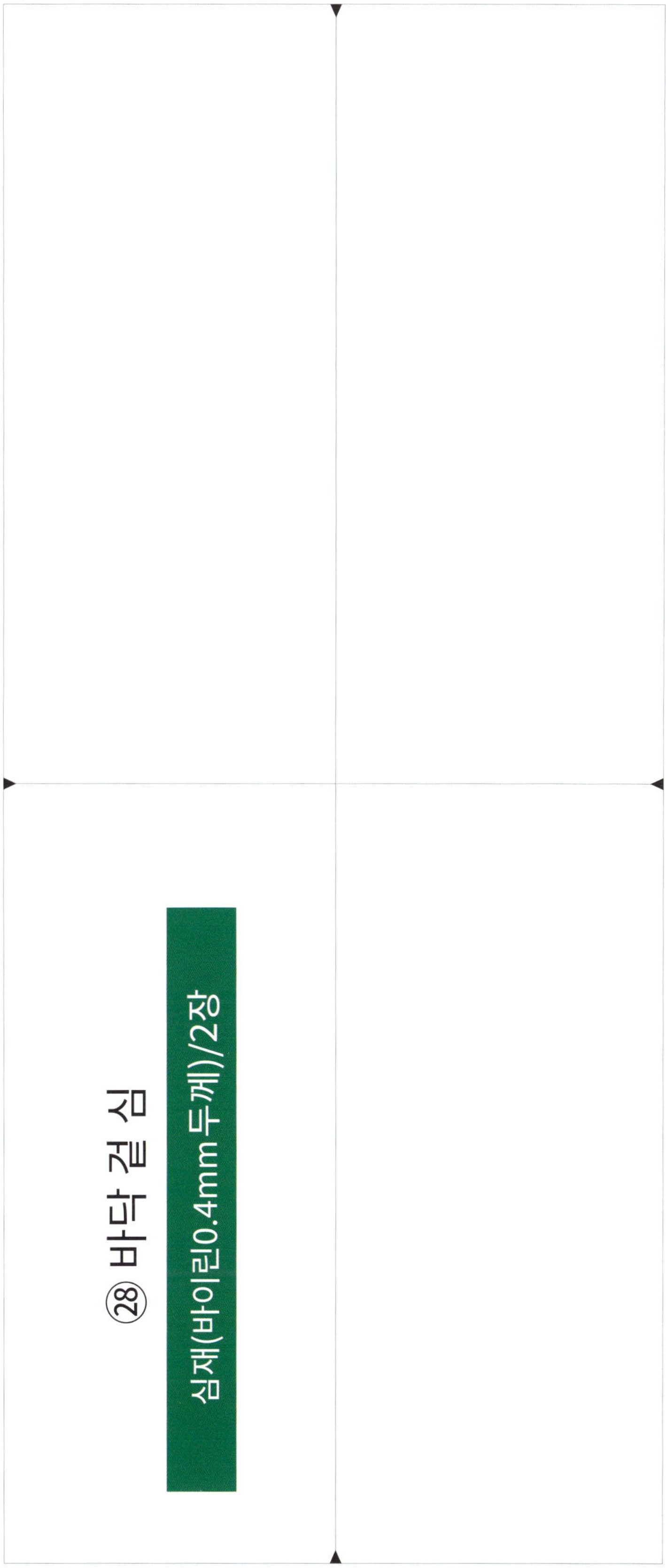
㉘ 바닥 겉 심
심재(바이린0.4mm두께)/2장

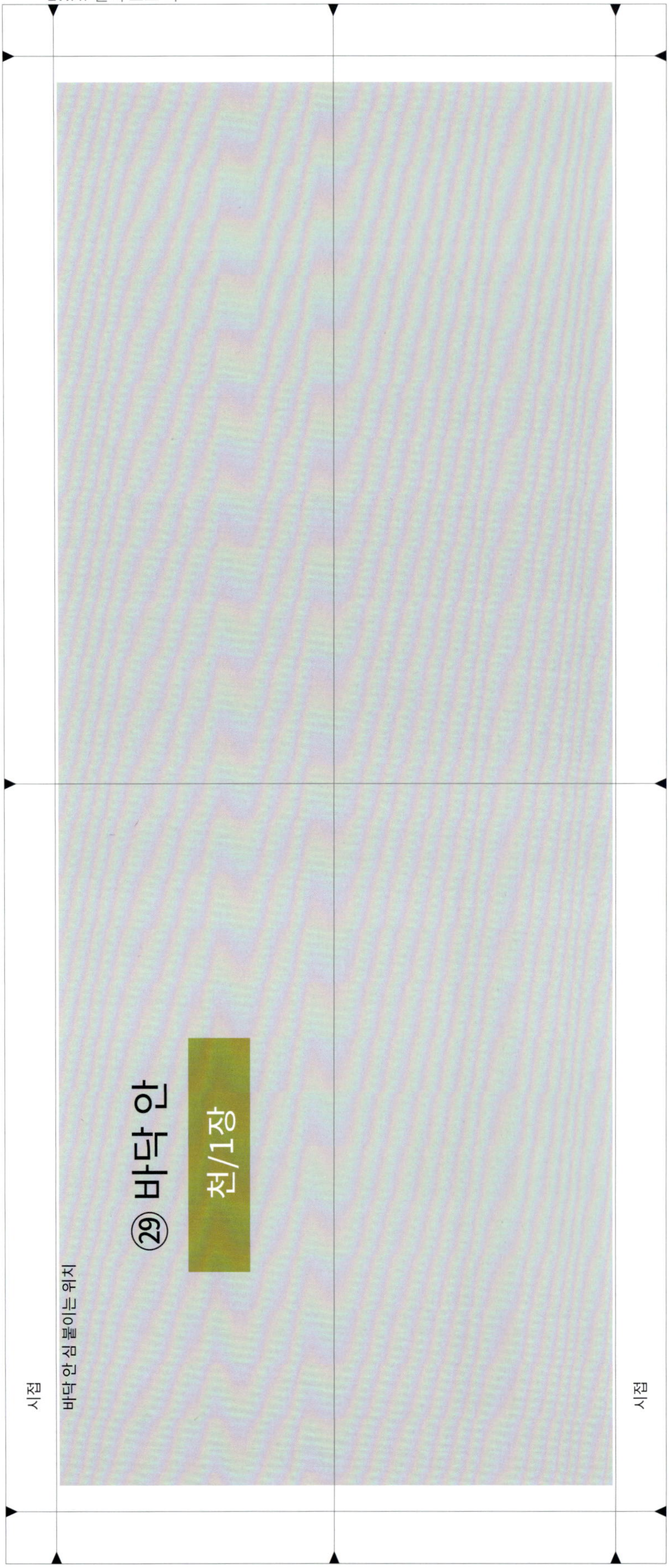
㉙ 바닥 안
천/1장
바닥 안 심 붙이는 위치
시접
시접

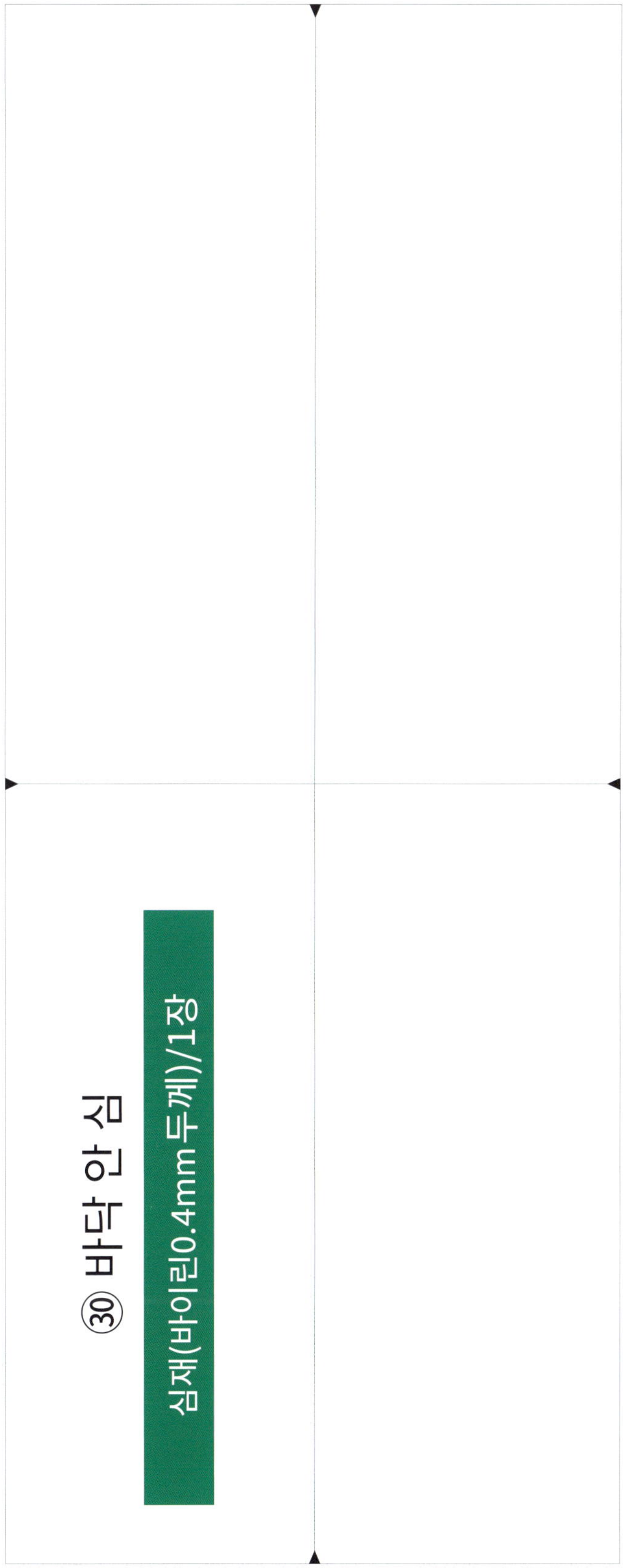
㉚ 바닥 안 심
심재(바이린0.4mm두께)/1장

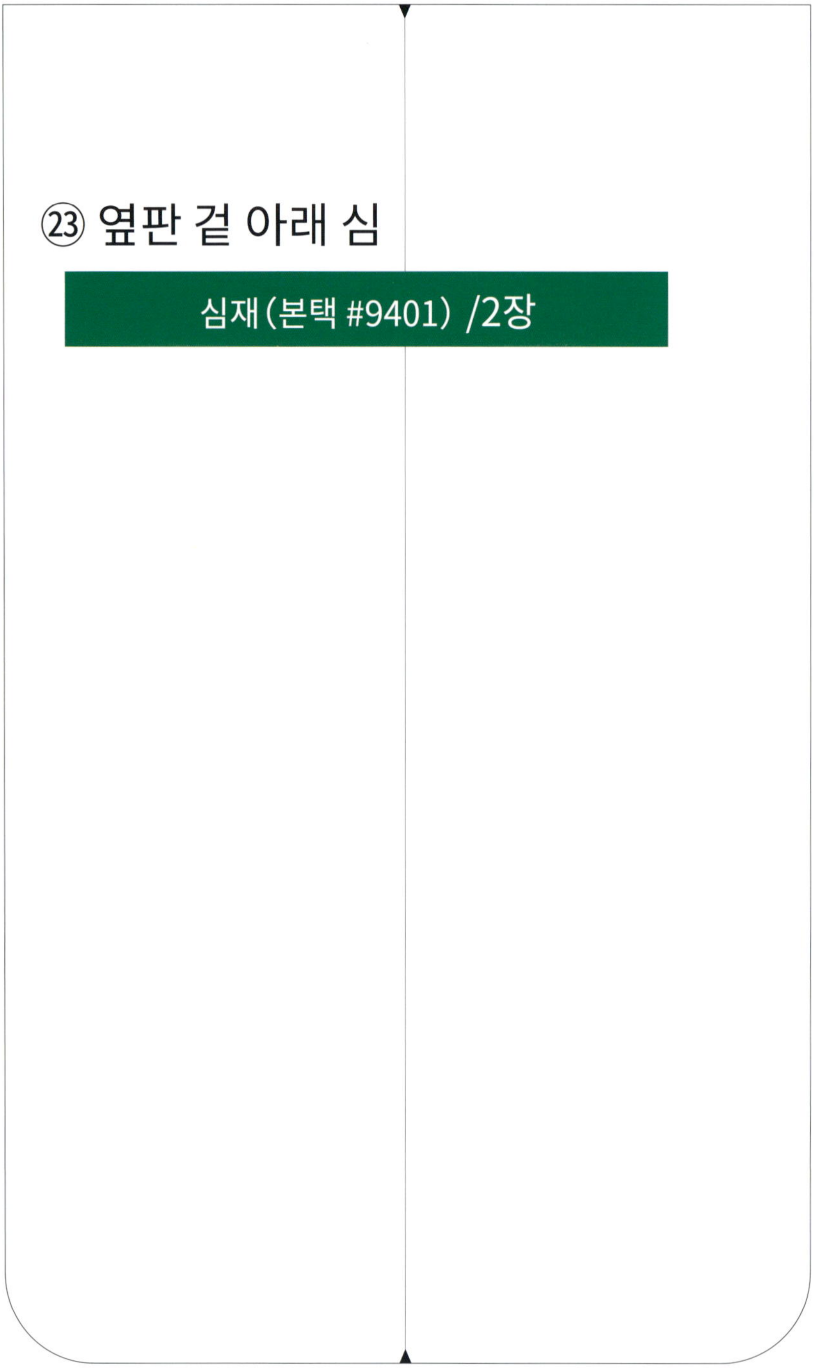
㉓ 옆판 겉 아래 심
심재(본택 #9401) /2장

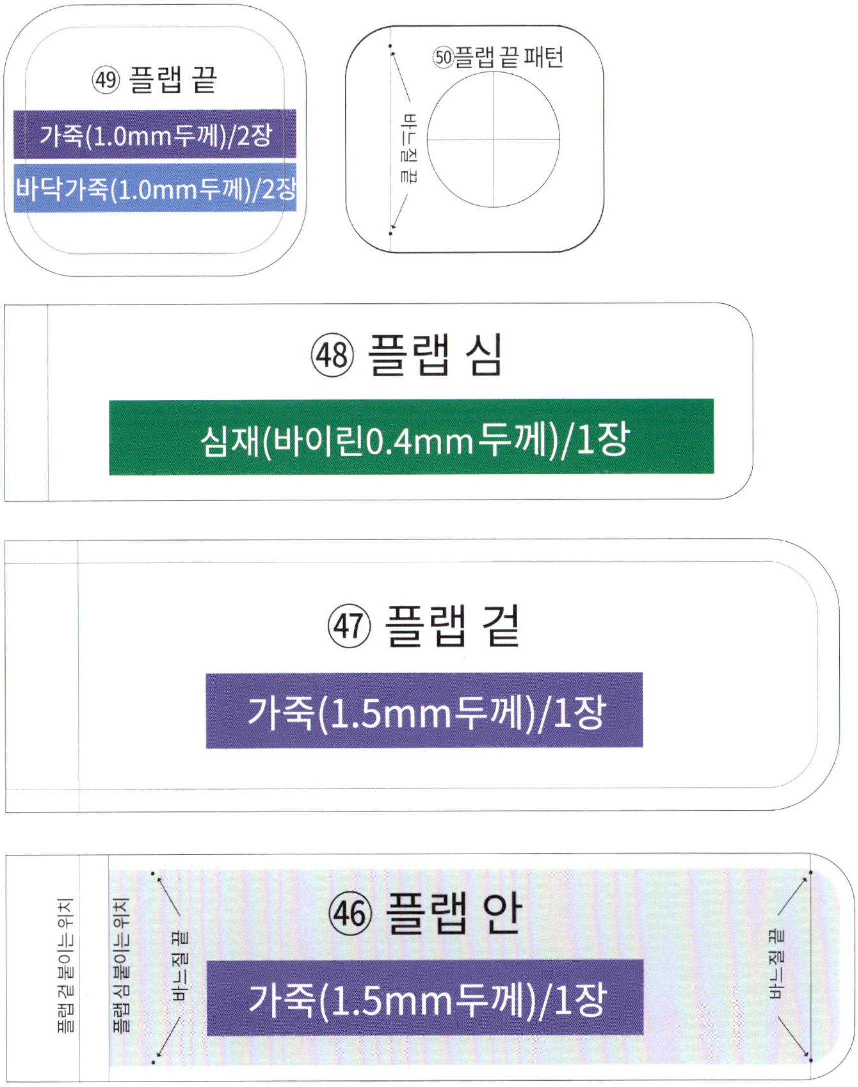
⑲ 플랩 끝
가죽(1.0mm두께)/2장
바닥가죽(1.0mm두께)/2장
㊿플랩 끝 패턴
바느질 끝
㊽ 플랩 심
심재(바이린0.4mm두께)/1장
㊼ 플랩 겉
가죽(1.5mm두께)/1장
㊻ 플랩 안
가죽(1.5mm두께)/1장
플랩 겉 붙이는 위치
플랩 심 붙이는 위치
바느질 끝
바느질 끝

시접
시접
두껑 지퍼심 붙이는 위치
시접
⑤② 뚜껑 안
천/2장
⑤① 뚜껑
가죽(1.5mm두께)/2장
⑤③ 뚜껑 심
심재(종이)/4장
⑤⑥ 지퍼 테두리
가죽(0.8mm두께)/2장
⑤⑤ 지퍼끝 안
가죽(0.8mm두께)/2장
⑤④ 지퍼 끝
가죽(1.5mm두께)/2장

부가티 지퍼 백

⑪ 본체 안 포켓 패턴

⑫ 본체 안 포켓

안감 가죽(0.8mm두께)/2장

연결 선

연결선

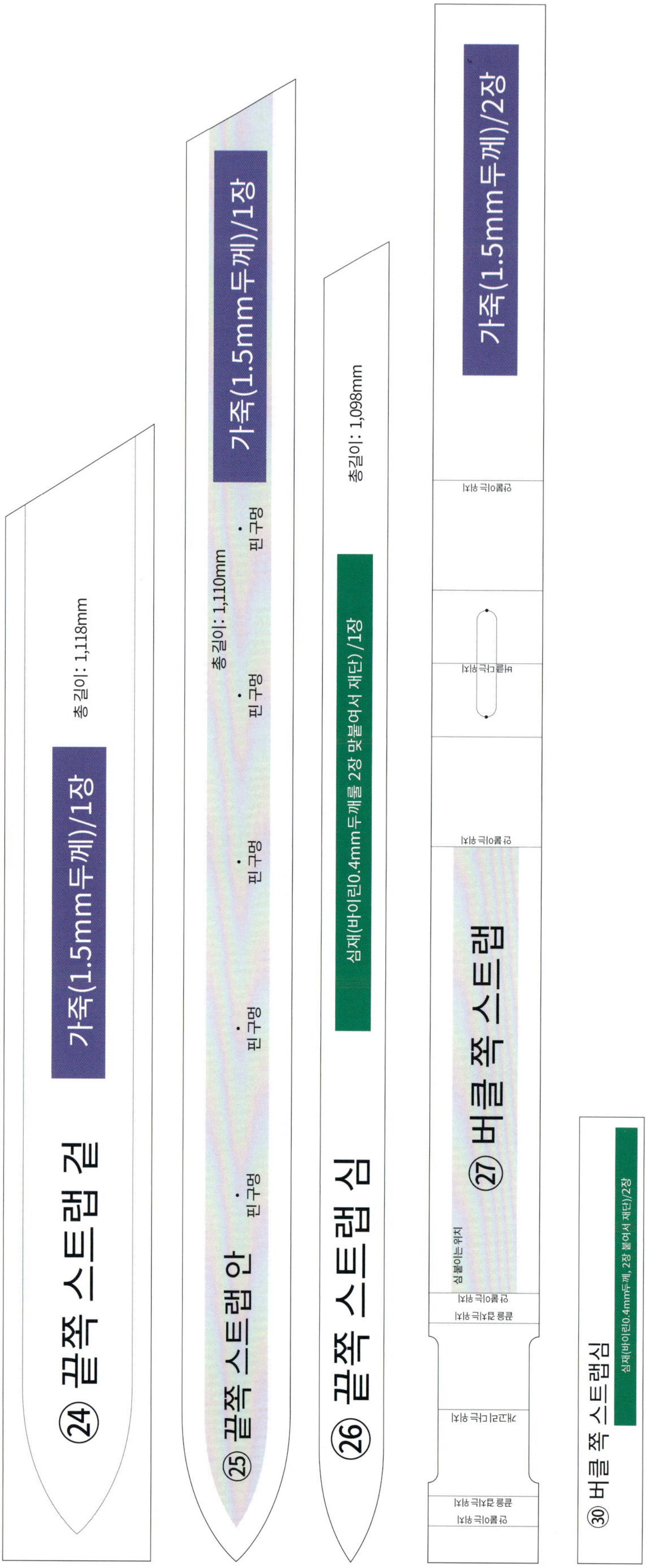
㉔ 끝쪽 스트랩 겉
가죽(1.5mm두께)/1장
총길이 : 1,118mm
㉕ 끝쪽 스트랩 안
가죽(1.5mm두께)/1장
총길이 : 1,110mm
핀구멍
핀구멍
핀구멍
핀구멍
핀구멍
㉖ 끝쪽 스트랩 심
심재(바이린0.4mm두께를 2장 맞붙여서 재단)/1장
총길이 : 1,098mm
㉗ 버클 쪽 스트랩
가죽(1.5mm두께)/2장
심붙이는 위치
㉚ 버클 쪽 스트랩심
심재(바이린0.4mm두께, 2장 붙여서 재단)/2장

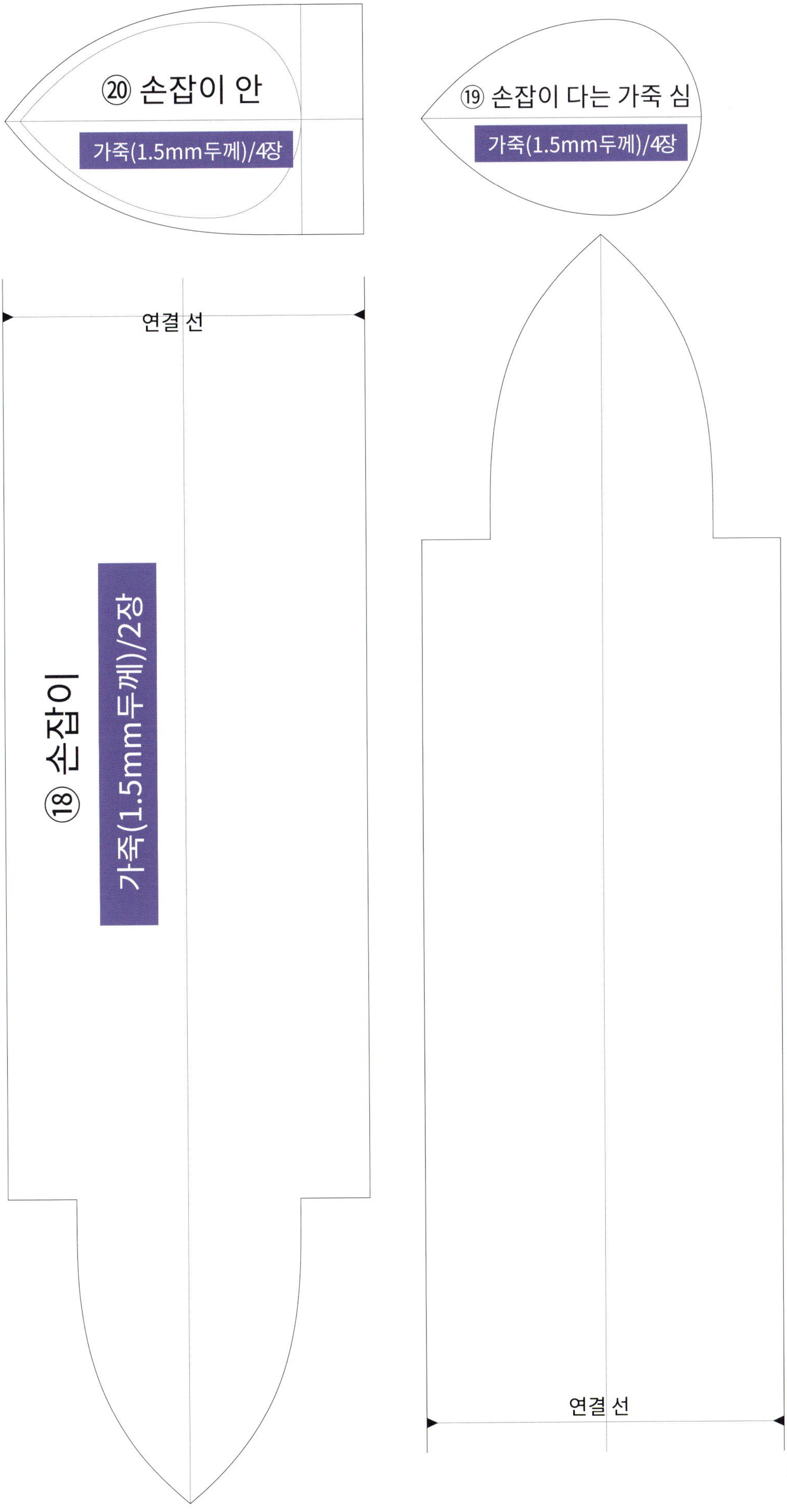
⑳ 손잡이 안
가죽(1.5mm두께)/4장
⑲ 손잡이 다는 가죽 심
가죽(1.5mm두께)/4장
연결 선
⑱ 손잡이
가죽(1.5mm두께)/2장
연결 선

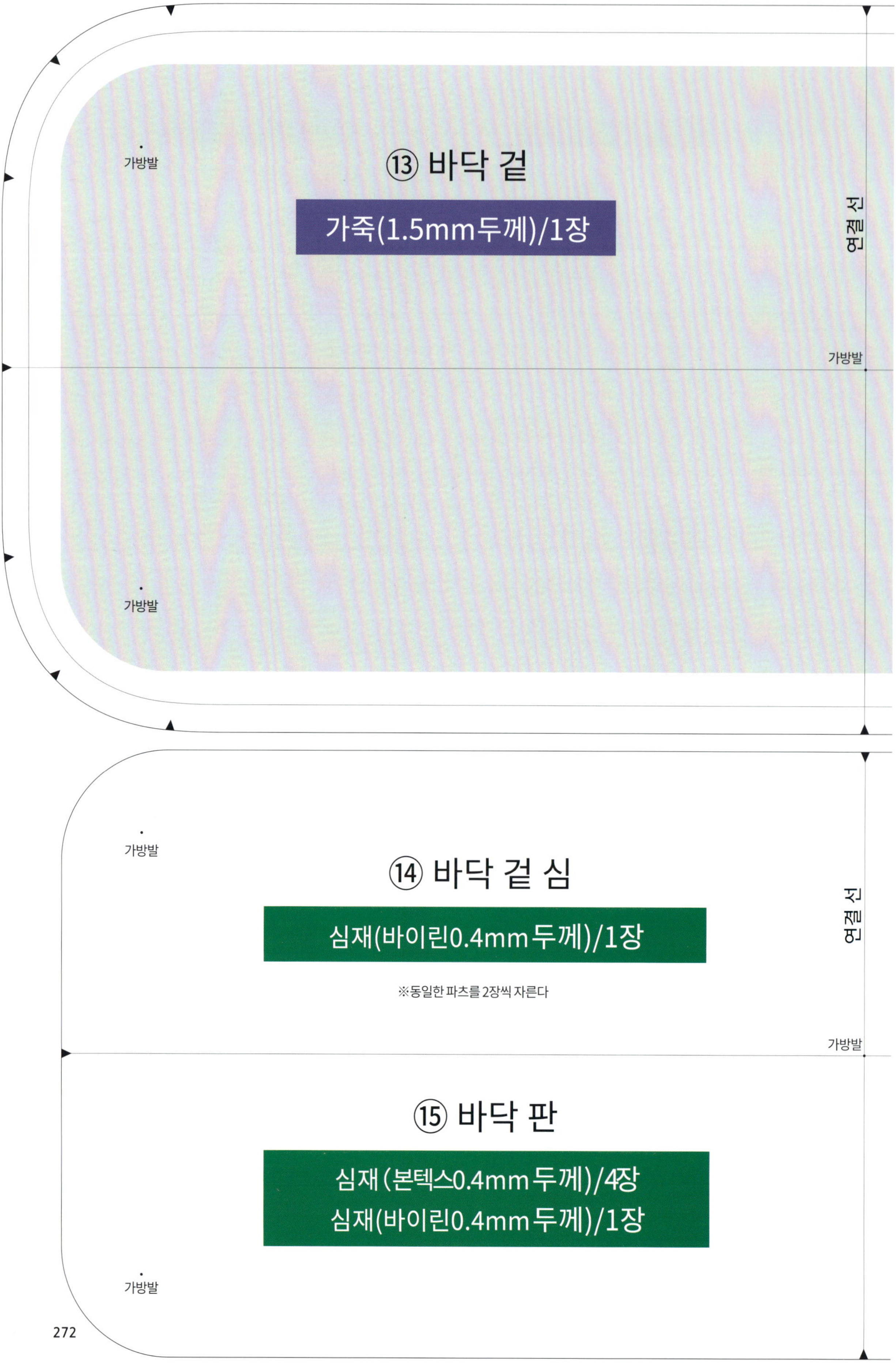

⑬ 바닥 겉
가죽(1.5mm두께)/1장
가방발
가방발
가방발
연결 선
⑭ 바닥 겉 심
심재(바이린0.4mm두께)/1장
※동일한 파츠를 2장씩 자른다
가방발
가방발
연결 선
⑮ 바닥 판
심재(본텍스0.4mm두께)/4장
심재(바이린0.4mm두께)/1장
가방발

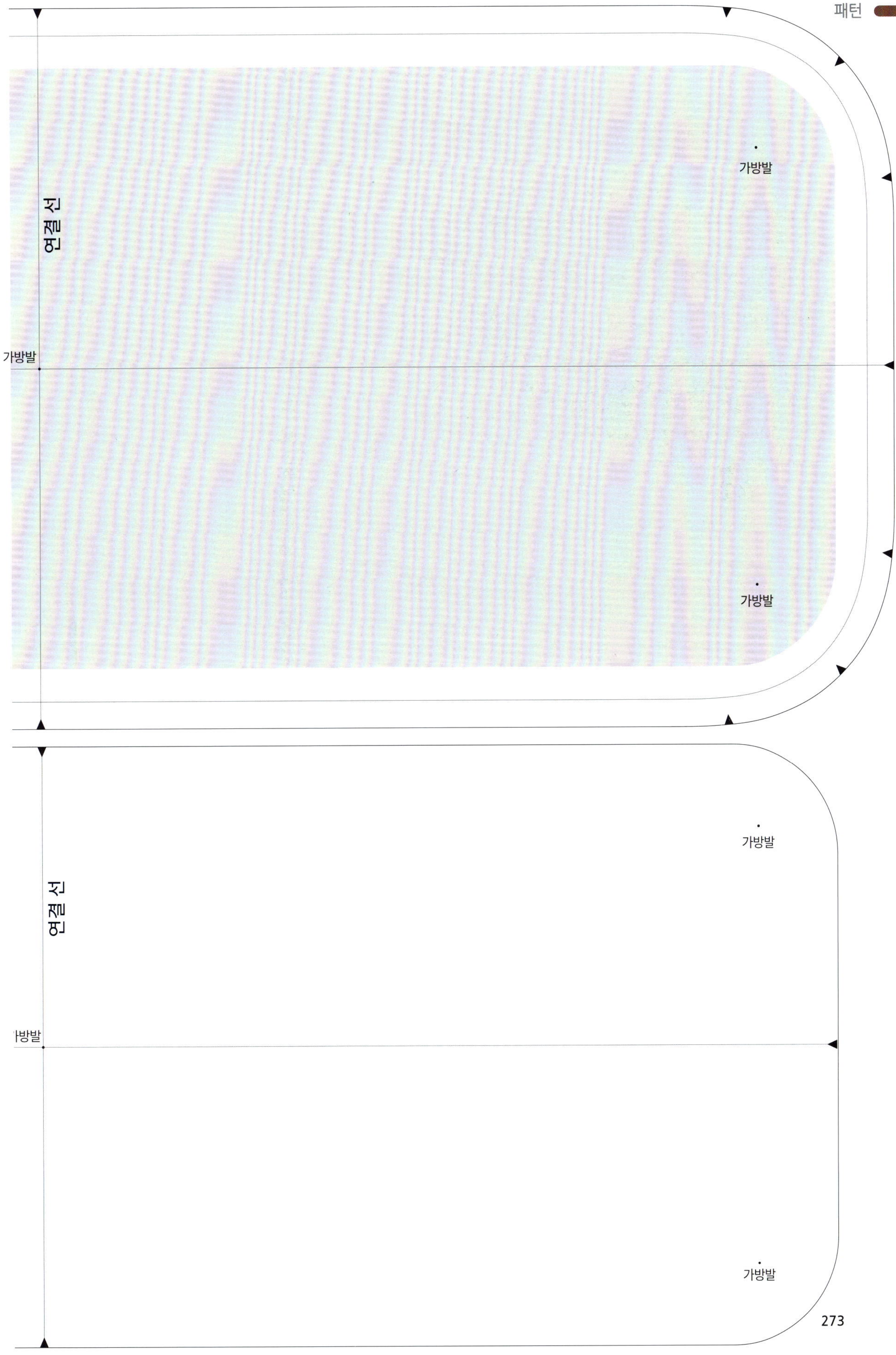
가방발
연결 선
가방발
가방발
가방발
연결 선
가방발
가방발

⑯ 바닥 안
안감 가죽(0.8mm두께)/1장
연결 선

⑰ 바닥 안 심
심재(바이린0.4mm두께)/1장
연결 선

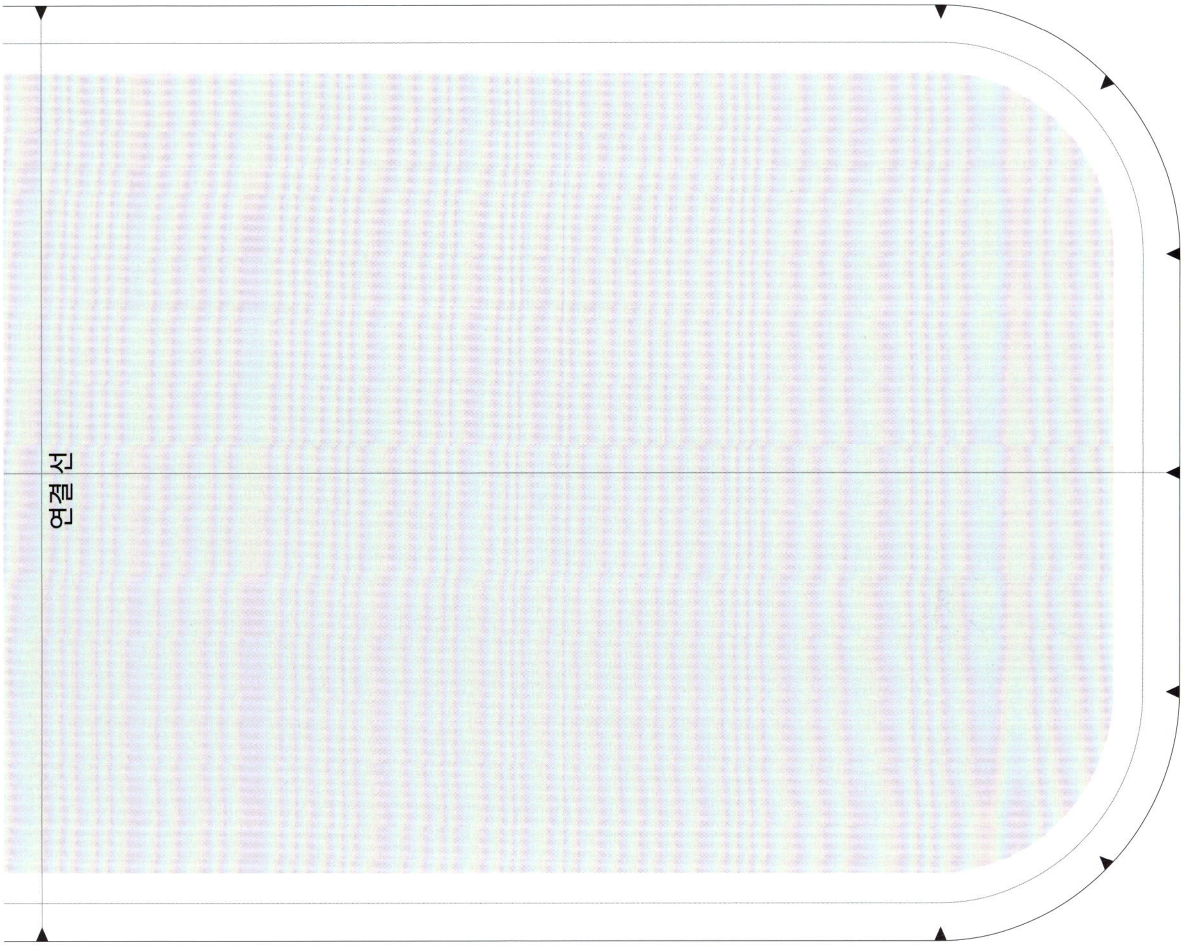
연결 선

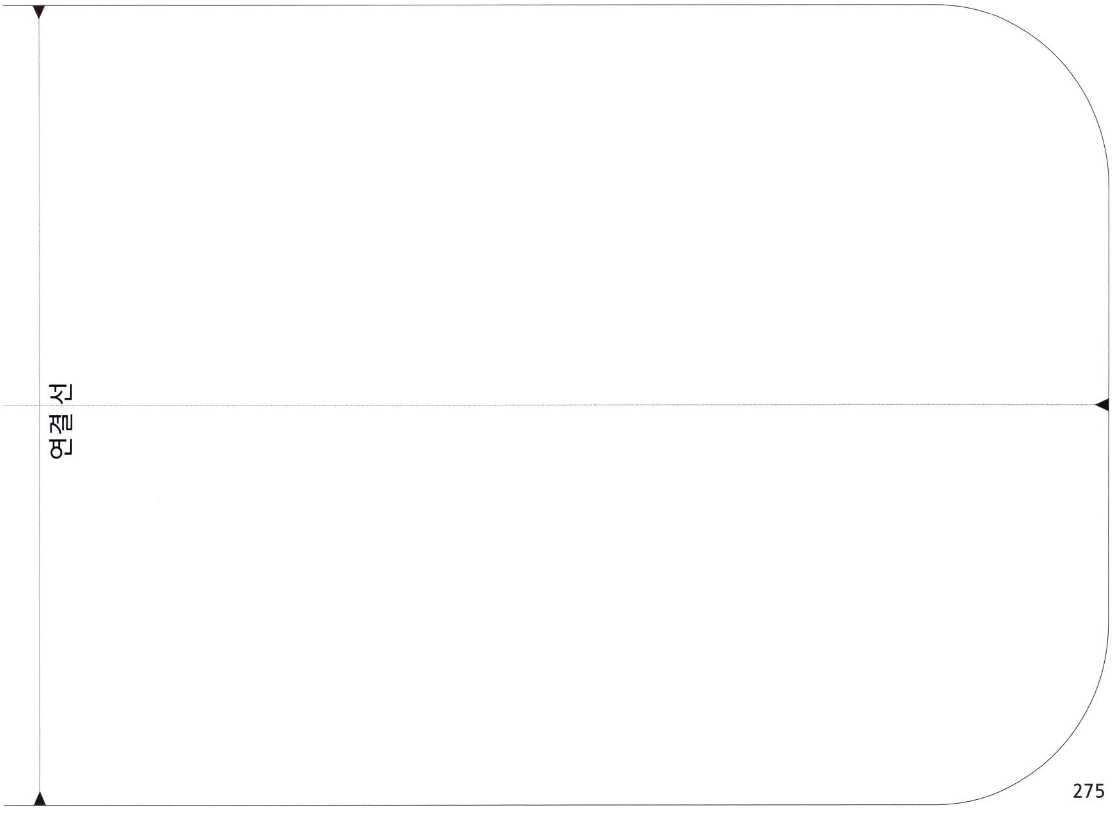
연결 선

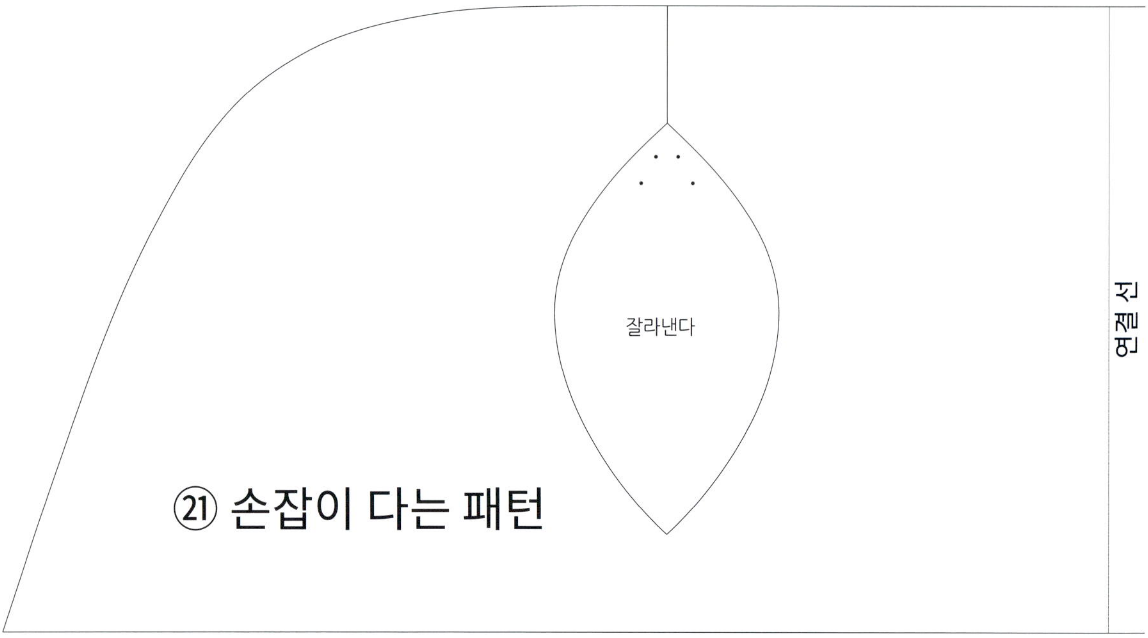
잘라낸다
㉑ 손잡이 다는 패턴
연결 선

㊱ 지퍼 틀 바닥 패턴
연결 선

바느질 끝
㉒ 모모 가죽 패턴
바느질 끝

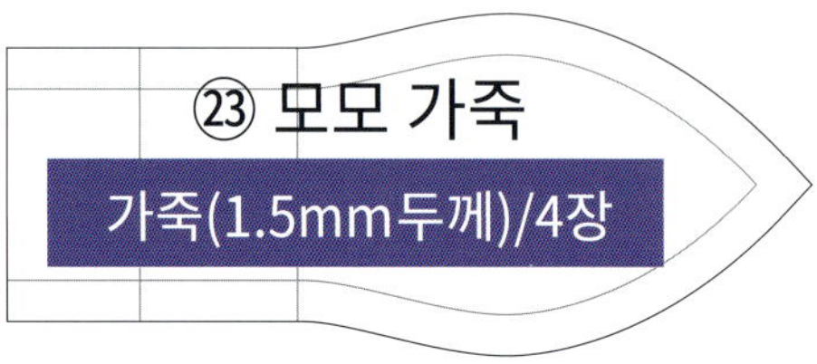
㉓ 모모 가죽
가죽(1.5mm두께)/4장

㉛ 고리 가죽

가죽(1.0mm두께)/2장

㉘ 스트랩 안 붙이기 소

가죽(1.0mm두께)/2장

㉙ 스트랩 안 붙이기 대

가죽(1.0mm두께)/2장

PRO-MENER

Produced by Atelier K.I.

실력파 샘플 장인의 아틀리에

기술과 제작법을 감수한 이케다 고헤이씨는 유명 브랜드의 샘플 제작 등을 맡아 작업하는 실력파 샘플 장인이다. 브랜드 디자인 컨셉 디자이너, 가죽학교출강 등으로 바쁜 이케다씨의 공방 Atelier K.I.를 소개한다.

Kohei Ikeda

이케다 고헤이

가죽 구두와 소품을 제작하는 메이커에서 근무하면서 샘플 제작 경험을 쌓아 2013년에 독립하여 Atelier K.I.를 설립하였다. 여러 메이커나 명품의 샘플 작업을 하는 한편, 독립 브랜드 PRO-MENER도 런칭, 자신이 강사로 일하는 가죽장인 학교의 경영 등, 정력적인 활동을 보여주고 있다.

이 책의 감수자 이케다씨는 장인의 거리인 구라마에에 서 공방 'Atelier K.I.'를 운영하고 있다. 샘플 장인은 소품, 백, 여성용, 남성용 제품 등으로 세세하게 분류되지만 이케다 씨의 강점은 다양한 장르를 망라한 노하우를 가졌다는 점이다. 가죽 제품 업계의 매우 귀중한 인재로, 유명 브랜드의 샘플 작업뿐 아니라 다양한 영역에서 활약하고 있다.

이케다씨는 오리지널 브랜드 'PRO-MENER(프로 무네)'를 운영하는 디자이너이자 프로 장인을 육성하는 가죽학교 강사이기도 하다. 가죽학교는 아틀리에 내에서 소그룹으로 열리고 있으며, 패턴 작성이나 완성 테크닉 뿐 아니라 프로가 가져야 할 노하우까지 알려주고 있다. 프로 지망생에게 꼭 추천하고 싶은 수업이다.

독립 브랜드 'PRO-MENER'은 고급 코도반, 이탈리아산 베지터블 가죽, 스페인산 램, 독일산 커프 등 다양한 가죽을 사용해서 소품부터 가방까지 폭넓은 제품을 취급한다

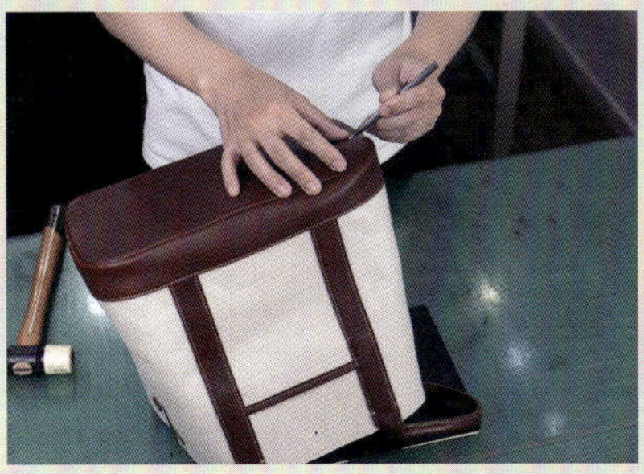

'Atelier K.I.'에서 열리는 가죽장인학교는 기초부터 하이레벨 기술까지 배울 수 있는 커리큘럼이 특징이다. 취미로 고품질의 가죽 작품을 만들고 싶은 분은 물론, 메이커나 공방, 독자 브랜드를 런칭하고 싶은 프로 지망생까지 수강하고 있다. 또한 직접 수강하는 것 만큼이나 수준 높은 기술을 배울 수 있는 동영상 수업도 인기

SHOP DATA

오에도선 구라마에 역에서 도보 5분, 아사쿠사선 구라마에 역에서 도보 3분 거리의 구라마에 빌딩 3층에 제품을 판매하는 샵, 4층에 공방이 있다

Atelier K.I.

도쿄도 다이토구 구라마에 4-20-12
구라마에 빌딩 3B
Tel.03-5829-6857
Web(브랜드) https://pro-mener.com/
Web(학교) https://atelier-ki.com/
Mail info@atelier-ki.com

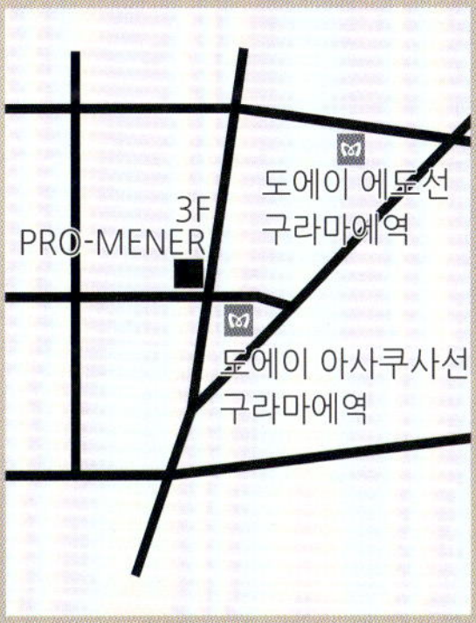

일본의 명품 장인에게 배운다

가죽공예로 만드는 브랜드 백

2023년 5월 15일 초판 1쇄 발행

- 주 의 -

- 이 책은 장인들의 지식 및 작업, 기술을 바탕으로 독자에게 도움이 된다고 판단한 내용을 재구성하여 출판하였습니다. 스튜디오 태크 크리에이티브 및 취재원들은 작업의 결과나 안전성을 보장하지 않습니다. 또 소개된 공구와 재료는 현재 판매하지 않을 수 있습니다. 작업에서 발생한 물적 손해와 상해에 대해, 출판사에서는 일체의 책임을 지지 않습니다.
- 사용하는 도구가 다르거나 사용설명서와 다르게 사용했을 경우 작업 결과가 달라질 수 있으며 사고 등의 원인도 될 수 있습니다. 판매처에서 추천하는 방법이 아닌 다른 방법으로 작업할 경우 보증을 받지 못할 수 있습니다.
- 사진과 내용 일부가 실물과 다를 수 있습니다.
- 게재된 작품의 디자인과 관계된 저작권은 모두 제작자 본인에게 귀속됩니다. 이 책에 게재된 정보는 개인적, 비상업적인 범위 내에서 사용해 주십시오.
- 이 책에 게재된 패턴과 도면의 재사용, 상업적 이용을 금지합니다.

[일본어판]
편집 도미타 신지
디자인 고지마 신야
사진 가지와라 다카시(Studio Kazy Photography)

[한국어판]
번역 위크래프트
감수 박혜정 [베아트리체 공방 / 박혜정 가죽공예 학원]
편집 위크래프트, ㅁㅅㄴ편집부

발행인 박관형
발행처 ㅁㅅㄴ(MSN publishing)
주소 [08271] 서울시 구로구 경인로20나길 30, 이좋은집 A508호
웹 http://msnp.kr
메일 mi-sonyeo@naver.com
FAX 0505-320-2033

ISBN 979-11-87939-90-0 16630